»Wie ich den Reichen ihr Geld abnahm«

Jürgen Harksen
Ulf Mailänder

»Wie ich den Reichen ihr Geld abnahm«

Die Karriere eines Hochstaplers

Scherz

www.fischerverlage.de

Erschienen bei Scherz, ein Verlag der
S. Fischer Verlag GmbH, Frankfurt am Main

Gesamtherstellung: Ebner & Spiegel, Ulm
Printed in Germany

ISBN-13: 978-3-502-15011-4
ISBN-10: 3-502-15011-7

Inhalt

Bitte um Verzeihung

Das viele Geld – es war nur ein Traum von mir. Ich hatte die Gabe, diesen Traum in Realität zu verwandeln. Obwohl ich Träume in die Hirne und Herzen meiner Anleger pflanzte, trug ich nichts zur Ernte bei. Aus purem Übermut, getrieben vom Wunsch nach Anerkennung, missbrauchte ich das Vertrauen von Menschen, die nur das von mir wollten, was ich von ihnen bekam: Geld. Dafür bitte ich um Verzeihung.

Schnallen Sie sich gut an!

Wer die Menschen betrügen will,
muss vor allem das Absurde plausibel machen.

Johann Wolfgang von Goethe, *Maximen und Reflexionen*

Ich werde Ihnen jetzt meine Lebensgeschichte erzählen: unglaublich, aber wahr. So wahr ich schon immer mit Geschichtenerzählen mein Geld verdient habe.

Die Gefängniszelle ist kein schlechter Ort, um die Dinge in Ruhe Revue passieren zu lassen. Mir geht es so gut wie in der ganzen Zeit meines persönlichen Mondflugs nicht. Endlich lebe ich ohne den Zwang, mir jeden Tag eine neue Geschichte ausdenken zu müssen. Ich bin jetzt kein Getriebener mehr, der ständig nach dem Wind hascht, im Nacken die höllische Angst vor dem Einsturz seiner Lügenwelt. Von mir abgefallen ist die größenwahnsinnige Arroganz eines Mannes, der sich für einen Riesen unter Zwergen hält. Dafür habe ich Boden gewonnen, größere Klarheit und innere Ruhe. Unten schläft es sich leichter. Ein Blick in den Spiegel, und ich weiß: Das Spiel muss ich nicht mehr spielen.

Das Gefängnis ist wie jeder andere Ort eine Wirkungsstätte des Karmas. Hier heißt es ausharren und warten: auf die Bescheide der Anträge zur Haftlockerung, auf den Besuch meiner Kinder, auf den großen Tag der Entlassung. Warten ist nicht immer leicht, und allmählich erst verstehe ich, was ich meinen

Kunden antat. Ihre Schmerzen kehren in verwandelter Form zu mir zurück. Das Gefängnis ist ein Ort der Reue, aber auch der Sühne: deshalb fließen alle Erlöse aus diesem Buch in den Täter-Opfer-Ausgleich.

Der Mondflug war grandios. Einmal von ganz unten nach ganz oben – und retour. Ich war ein wundersamer Geldvermehrer für die einen, ein schrecklicher Geldvernichter für die anderen, mitunter beides in Personalunion. Die reiche Hansestadt Hamburg war mein Revier. Allen, denen ein »Schuss Harksen« fehlte, um wirklich zu den guten Kreisen zu gehören, bot ich die Gewinnchance des Lebens. Ich war der, den man sich gönnte, wenn man sich schon alles gegönnt hatte oder sich sonst nie etwas gönnen wollte, obwohl man bereits zu viel hatte.

Als personifizierte Chance auf den superschnellen Reichtum brachte ich Menschen dazu, ihre eigenen Reichtümer per Umweg über mich zu konsumieren, wenn ihr gesteigerter Hortungstrieb nur diesen Ausweg ließ. Gier und Geiz der Reichen – das war meine Chance, und ich habe sie genutzt. Meine besten Kunden waren Söhne von Beruf, geboren, einen Reichtum zu verzehren, der ihnen in den Schoß gefallen war, und Geschäftsleute, bei denen das Bestreben, den ererbten oder leicht verdienten Reichtum zu vermehren, allmählich in Vernichtungsexzesse umkippte. So gesehen war ich eine wandelnde Zwangssteuerstelle für Leute, die das Finanzamt aus der Hosentasche bezahlen.

Mit den Hanseaten verband mich eine Hassliebe. Natürlich bewunderte ich als Trinkersohn, der wegen Legasthenie zur Sonderschule geschickt worden war, die vom Schicksal Verwöhnten, die all das besaßen, was mir fehlte: eine behütete

Kindheit, einen wohlklingenden Familiennamen und das nötige Kleingeld, um sich überall und sofort Respekt erkaufen zu können. Ich wäre gern so gewesen wie sie, und so träumte ich mich schon als Kind vorm Fernseher in die *Dallas*-Welt der Reichen und Schönen hinein. Was blieb mir anderes übrig, dem dicken, schielenden Jungen, der ich einst war.

Aber je tiefer ich auf meinem Weg in ihre Welt eindrang, desto größer wurde meine Empörung. Welche Verachtung sie für meinesgleichen hatten! Wie abschätzig sie von allen Menschen redeten, die ärmer waren als sie! Als hätten nur Millionäre ein Recht auf Leben, als sei für den armen Abschaum ein Sklavendasein schon eine mildtätige Verschonung. Diesen Söhnen, wie ich sie oft höhnisch nannte, wollte ich es zeigen, frei nach Robin Hood, der den Reichen nahm und den Armen gab. Der Arme, das war ICH!

Also nutzte ich die Mittel, die mir zur Verfügung standen: die Gabe der Erfindung und die Gabe der Rede. Faktor 13 hieß meine Angelrute: Du gibst mir hundert, ich geb dir tausenddreihundert zurück. Ich wusste, wie ich meine Kunden an ihrem Giernerv packen konnte. Oft ging es mir gar nicht um das liebe Geld. Ich brauchte die Bestätigung, dass meine Inszenierung funktionierte, wenigstens bis übermorgen. Ich wollte sehen, wie weit ich gehen konnte, und war immer wieder überrascht, was meine Legenden bei Menschen bewirkten, die sich allesamt für Realisten hielten.

Als Deutschlands bestbezahlter Märchenerzähler inszenierte ich eine Märchengeschichte mit real existierenden Personen. Ich konnte Menschen und ihre Legenden leben lassen, sterben lassen und zu neuem Leben erwecken. In meiner Märchengeschichte zeigen sich die magischen Bewegungsgesetze des großen Geldes. In der Welt der kleinen Scheine, der Zehner, Hunderter und Tausender, hat es den Anschein, als müsse mit Geld kleinlich gerechnet werden, als seien Arbeit und Mühe die einzige Art, wie Menschen zu Geld kommen oder Geld loswerden könnten. Wo aber die Millionen und Milliarden sich tummeln, da geht es mit anderen Mitteln zu: da wird gesäuselt, geflötet, geblinzelt und geblufft, was das Zeug hält, und wer am Ende des Tages Sieger ist, dem fliegen die großen Summen nur so zu.

Geld will sich verausgaben. Je prüder es sich gibt, desto heftiger lodert seine Leidenschaft, sich nutzlos zu verschwenden. Geld will nicht gesund wachsen und schrumpfen wie die Wesen in der Natur, Geld will Geld aus sich selbst zeugen, so wie sich die Krebszellen aus sich selbst heraus vermehren. Und wie die Krebszellen den Körper, so frisst die Gier nach Geld die Seele und den Verstand. Wer wie ich das magische Versprechen der »Ausschüttung« wie ein Banner vor sich her trug, musste sich nicht wundern, wenn das Geld ihm nachlief. Denn als magische Substanz fliegt es dem zu, der am heftigsten davon träumt, und es zerrinnt in den Händen seiner allzu ängstlichen Liebhaber. So ist meine Geschichte auch die Läuterungsgeschichte einer männlichen Konkubine des ewig notgeilen Kapitals.

Ich spielte mit den Geldgefühlen meiner Kunden. Wer viel hat, hat ja noch lange nicht genug. Verlustängste plagen den reichen Mann, die reiche Frau! Wie klein erscheint, was schon da ist, im Vergleich zu dem, was andere haben und was theoretisch erreichbar wäre – egal, wie viele Stellen schon vor dem Komma sind. Meine Kunden gingen persönliche Risiken ein, die sie gewöhnlich scheuen wie der Teufel das Weihwasser. Die Ewiggeizigen zogen ihre Spendierhosen an, bevor sie zu mir ins Büro kamen, die Sachverständigen ließen ihren Sachverstand fahren und die Rechtsanwälte ihren Rechtsverstand, während ich sie sanft betäubte mit der süßen Illusion des großen Reichtums. Erst verfielen sie vor lauter Gier dem Sog meiner Geschichten, dann waren sie gelähmt vor Angst, sich einen Verlust eingestehen zu müssen. Wenn es nur das Geld gewesen wäre! Aber ich nahm die Gewissheit, sich nicht irren zu können, den Stolz, sich in Gelddingen kein X für ein U vormachen zu lassen – das war viel schlimmer.

Meine Kunden waren gierig nach Geld, ich gierte nach Anerkennung. Das Geld war nur ein wunderbarer Nebeneffekt. Als die Millionen auf meinen Konten einrollten und sich kofferweise in meinen Tresoren stapelten, war das schön und beruhigend. Lieber ein Problem mit Geld als eins ohne. Was die so genannten schönen Dinge des Lebens anging, hatte ich als Zukurzgekommener reichlich Nachholbedarf. Deshalb griff ich nach anfänglichem Zögern ungeniert zu, wenn mir das Geld hinterhergetragen wurde nach der Devise: »Darf es noch etwas mehr sein, Herr Harksen?« Kein Luxus war mir zu teuer: Autos, Villen, Learjets, die besten Hotels, Boutiquen und Restaurants, die besten Berater und Anwälte.

Mehr noch als die Lust am Ausgeben trieb mich der Jagdinstinkt: Schaffe ich diesen hanseatischen Kunden auch noch? Schaffe ich diesen Wirtschaftsprüfer? Schaffe ich diesen Schnöselsohn? Und schaffe ich diesen gelehrten Besserwisser, der nichts von seinem Wissen umsetzen kann? Kann ich diesen arroganten Kerlen, die auf Leute meiner Herkunft abschätzig herabblicken, mal zeigen, wo der Hammer hängt? Wenn ich ein Vermögen witterte, war ich wie ein Tiger auf der Jagd. Meine Zähne waren Worte, mit denen ich den Giernerv meiner Opfer traf. Sie wurden hörig und wollten immer mehr Geschichten hören, und wenn sie ahnten, dass ihr Geld verloren war, wollten sie mit Lügen eingeseift und mit rhetorischen Schlaftabletten ruhig gestellt werden. Sie bekamen von mir alles, was sie brauchten, und dafür nahm ich ihnen alles ab, was sie offenbar nicht brauchten.

Für meine Opfer war ich eine Art Guru und blieb es bei manchen auch im Scheitern noch. Weltweit dürfte es ein Dutzend Leute geben, die noch immer glauben, dass der sagenhafte Reichtum nach der Haftentlassung auf mich wartet – wie gewohnt kurz vor der Auszahlung. Zum Glück gehörten meine Richter nicht dazu. Allen anderen Kunden habe ich Lehrgeld abgenommen, wie jeder andere vermeintliche Guru auch.

Rechtsanwälte, Bank- und Konzernvorstände, Steuerberater, Ärzte, Wirtschaftsprüfer und was der ehrbaren Berufe mehr sind – ich führte sie alle hinters Licht, absichtlich zwar, aber ohne Plan. Immer saß ich auf der Rutsche und wusste nie, was als Nächstes kommt: Lande ich im Wasser oder lande ich auf der Erde? Oder gar, wie fast immer, auf dem Mond? Katapultierte mich der vermeintliche Fall in ungeahnte Höhen?

Ich musste immer das Beste aus den Dingen machen, die sich nun einmal so ergeben hatten. Karriereplanung war nicht meine Sache. Oft schaute ich mir selbst zu, wie in einem großen Theater mit seltsamsten Regieeinfällen, ohne die geringste Ahnung, wie mir gerade geschah. Zum Glück besaß ich die große Gabe der Improvisation: Gib mir eine Katastrophe, und ich zeige dir, wie du aus ihr einen Vorteil schlägst. Das hatte ich schon früh gelernt.

Meine große Zeit waren die späten achtziger und frühen neunziger Jahre des letzten Jahrhunderts. Damals floss das Geld in Strömen, Schwarzgeld, geerbtes Geld oder leicht verdientes Geld. Und es floss auch zu mir: Waren es hundert oder zweihundert Millionen Mark? Sechshundert Millionen, wie die Boulevardpresse schrieb, die es mit Zahlen noch weniger genau nimmt als ich, waren es jedenfalls nicht. Ungefähr achtzig Millionen habe ich wieder zurückgezahlt. Ordentliche Buchhaltung hat mich nie interessiert, das war Sache der Steuerfahndung. Den ganzen Rest habe ich verbraten.

Im April 2005 bekam ich, ein geständiger und verurteilter Hochstapler, vom Hamburger Finanzamt einen Steuerbescheid über mehr als hundertvierzig Millionen Euro. Da dachte ich mir: Glaub es doch, Jürgen, dein Vermögen existiert! Nimm dir ein Vorbild an den deutschen Steuerbehörden!

In Hamburg hatte ich als Geldguru eine gläubige Gemeinde. Meine Kirche nannte ich das »Dauert-noch-Haus«, lächelnd ganz für mich allein. Natürlich gab es jede Menge Glaubenskrisen in meiner Gemeinde. Wer glaubt, muss unter seinem Glauben leiden, sonst ist er kein wahrer Gläubiger. Wer aus der Gemeinde austrat, tat dies in Form einer Anzeige gegen mich, oder sah davon ab, als ich später in Südafrika weilte, weil er mit dem Glauben an mich zugleich den Glauben an die Justiz verloren hatte. Bei Glaubenskrisen lief ich zur Höchstform auf: Das war die Stunde meines Auftritts. Mochten die Mienen noch so finster und Pistolen in Sprechblasen auf mich gerichtet sein, sobald ich den Raum betrat, wandelten sich die Dinge zum Besseren. Die Pistolen formten sich im Geiste zu Fontänen, aus denen Geld sprudelte – gegen die bloße Offenbarung wunderbarer Geschäftsaussichten.

Ich stellte Schuldverschreibungen aus – mal in vierfacher, gewöhnlich in dreizehn-, aber auch in sechzig- oder hundertfacher Höhe der Einlage, ohne festes Rückzahlungsdatum, nur wegen des guten Rufs, der sich mit meinem Namen verband.

Ich genoss eine unermessliche BONITÄT – das ist die höchste Auszeichnung, die man in Kreisen der Geldanbeter bekommen kann, eine Art Heiligenschein in der Welt des Geschäftemachens.

Insgesamt kamen da einige Milliarden an Schulden zusammen – auf dem Papier. Geld, das ich selbst nicht besaß, anderen großzügig zu überlassen, das konnte ich schon immer gut. Wie einst Eulenspiegel bezahlte ich statt mit Gulden mit dem Klimpern von Gulden. Über Jahre, immer dienstags und donnerstags, kündigte ich den Tag der »Ausschüttung« an. So ergoss sich das Geld auf meine Konten in der Hoffnung auf eine künftige Riesenausschüttung.

Auch mit legalen Geschäften verdiente ich prächtig, aber eben nicht genug. Dieses Problem teilte ich mit meinen Kunden. Dass ich kein Milliardär war, wollte ich oft nicht wahrhaben, weil ich es als echten Ausgleich für meine schwere Kindheit empfand. Aber dass man mich bei einem vergleichsweise geringen Selbstdarstellungsaufwand für einen Milliardär hielt – das empfand ich als echte Chance. Das Geld für die Requisite bekam ich ja gestellt, und deshalb konnte ich mich diese Vorstellung manches kosten lassen.

Als großer Gierhals, der die Gier wie kein anderer wecken konnte, war ich bestimmt kein Horter und Knauserer. Die eher dezenten Hanseaten beeindruckte daher mein Gönnertum, das sich im großzügigen Verleihen von Luxusschlitten ebenso zeigte wie in der Spendenfinanzierung des Hamburger Knochenmarkzentrums und anderen Spendenaktionen. Als Zukurzgekommener hatte ich schon immer ein Herz für andere Zukurzgekommene.

Was hinten reinkam, gab ich vorne wieder aus. Ein bisschen wurde auch gespart bei meinem Schweizer Treuhänder Wotan, der mit mir ein ähnliches Spiel trieb wie ich mit meinen Anlegern, nur mit bescheideneren Gewinnversprechen. Er war mein Lehrer und Retter in der Not. Denn Not litt ich jeden Tag während meines Mondflugs inmitten all der Luxusgüter, mit denen ich mich umgab. Innere Not, den Schmerz und die Verwirrung der Lüge. Je fester und blinder die Leute mir glaubten, desto mehr verschwammen in mir Wahrheit und Legende, und am Ende glaubte ich selbst an die Phantasiefigur des Finanzmoguls, die ich mir ersonnen hatte. So verlor ich zeitweise den Kontakt zur Realität und traf Entscheidungen, die ich heute bereue.

War es einst in der Hamburger Upperclass schick, sich eine Portion Harksen zu gönnen, gilt es heute als Ehrenauszeichnung, nicht auf mich hereingefallen zu sein. Zur Ehrenrettung meiner Kunden sei gesagt: Niemals setzte ich gefälschte Papiere ein, um Geld von ihnen einzuwerben – dazu reichte mein Mundwerk und die Mund-zu-Mund-Propaganda. Deshalb wurde ich auch später nur wegen einfachen Betrugs verurteilt. Mit gefälschten Unterlagen arbeitete ich erst in Südafrika. Sie dienten zur »Seelenpflege«, um die schlaflosen Nächte meiner Anleger durch den Schlummer der Illusion zu verkürzen – was die Wahrheit am Ende nicht hinderte, ans Tageslicht zu kommen. Und mit ihr kam der Schrecken, sich getäuscht zu haben. Der Schrecken, sich seine Unfehlbarkeit nur eingebildet zu haben. Wie sich dieser Schrecken anfühlt, lernte ich in langen Gefängnisnächten, als ich nach und nach aus meinen eigenen Träumen erwachte. Ich selbst war ja mein größter Gläubiger. Aus den eigenen Illusionen zu erwachen, das tut weh.

Der Flug war so rasant wie der Aufprall hart. Verloren habe ich neben dem vielen Geld, das mir nie richtig gehörte, vor allem das Vertrauen meiner Familie. Meine Frau Jeanette und meine drei Söhne Julien, Jerome und Joel bedeuten mir nach wie vor mehr als alles andere. Es ist ein Puzzle mit zwar nur fünf Teilen und somit das kleinste der Welt, aber ich kann es mir bis heute nicht größer und schöner vorstellen. Dieses Puzzle bewahre ich mir tief in meinem Herzen und zehre täglich davon. Doch kein Tag vergeht ohne die bohrenden Fragen: Was habe ich falsch gemacht? Wie kann ich es besser machen?

Bei mir kommt es im Leben eben immer knüppeldicke. Ich bin ein Glückspilz ohnegleichen, der lauter Überraschungseier findet, und ich bin auch ein Unglücksrabe, auf den die Schicksalsschläge im Stakkato niederprasseln. Aber in der tiefsten Nacht der Seele weiß ich: Wo ein Jürgen, ist auch ein Weg. Mittlerweile finde ich Gefallen an der Ehrlichkeit, nachdem ich mein ganzes Leben damit verbracht habe, Peinliches zu vertuschen und Schwindeleien auf Schwindeleien zu türmen, bis schließlich ein Riesengebirge aus Lügen und Spekulationen entstand, zerklüftet von einer Unzahl von Schluchten aus Notlügen, Neben- und Metaspekulationen, die ich mit Hilfe einer gläubigen Gemeinde aufrechterhalten konnte.

Auch wenn die Gerichtsakten genügend beweiskräftiges Material für die Verstrickung der Gemeinde in meinen Fall liefern, musste ich in diesem Buch weitgehend auf die Nennung von Klarnamen verzichten – die Gesetzeslage will es so. Auch will ich denen, die schon einmal per Kollekte büßen mussten, den nachträglichen Spott ersparen, um ihren Groll zu besänftigen. Wenn Menschen gemein zueinander waren, heißt das nicht, dass sie damit nicht aufhören können. Alle Menschen, denen ich Leid zugefügt habe, schätze ich als lernende Wesen, von einigen wünsche ich mir sogar Freundschaft.

Zu guter Letzt danke ich Ulf Mailänder. Als Coach vertiefte er meine Selbsterkenntnis, als gewitzter Texter bescherte er uns so manchen heiteren Moment inmitten all der Sehnsucht, wieder mit allen Kräften am Leben teilzuhaben. Die Gespräche mit ihm gaben mir Kraft – jetzt vermisse ich sie.

Nun, die Turbinen laufen schon. Schnallen Sie sich gut an!

Woher ich komme

Flensburg, kurz vor der dänischen Grenze. Da mein geliebter Vater kurz vor Mitternacht zu betrunken war, um meine Mutter ins Krankenhaus zu chauffieren, kam ich im engsten Kreis der Familie zur Welt. Eine Viertelstunde später war Silvester 1960.

Das Wirtschaftswunder stand vor der Tür, aber nicht vor unserer. Wir lebten in einer unsanierten Altbauwohnung in der Appenrader Straße. Mein Vater musste nach jedem Rückfall einen neuen Job suchen. Begonnen hatte er das Trinken als Panzerfahrer in Russland, wo feste Nahrung die Ausnahme war. Nach dem Krieg hatte er aufgrund seiner Sprachbegabung ein Studium als Auslandskorrespondent absolviert, aber beruflich nichts damit angefangen. Er arbeitete als Fahrer und als Vertreter für Gartenbedarf, später machte er eine Umschulung zum Speditionskaufmann.

Meine Mutter Meta hatte ihren Beruf als Friseurin aufgegeben und im Abstand von jeweils drei Jahren drei Jungen bekommen, Michael, Gerhard und mich. Sieben Jahre nach mir folgte Schwester Anette, genannt Pule. Das dichte, dunkle Haar der Mutter, ihre vollen Brüste und ein liebevolles Kneifen ihres Daumens und Zeigefingers im Nacken fühlen sich bis heute wohlig an. Wenn sie aber zusammen mit den älteren Brüdern meinen Vater, einen schweren Einsneunzigmann, im Zustand der Volltrunkenheit eine Treppe tiefer auf die Toilette schleppte, standen die Nachbarn im Treppenhaus und zischten: »Der Harksen wieder! Dass die Frau das mitmacht!« So wollte ich auf keinen Fall werden.

Mein Vater brauchte fast alle mütterliche Fürsorge und Aufmerksamkeit. Nach meinen Brüdern war ich immer als Letzter dran. Ich hungerte nach Beachtung und bekam doch immer nur kleine Krumen ihrer Liebe. Irgendwie muss sie sich mit einem Quartalssäufer als Mann abgefunden haben. Mit welcher Engelsgeduld sie ihn trockenlegte, wusch und windelte, bewundere ich bis heute. Sie ließ sich ihre Verzweiflung nicht anmerken, und ich tat alles, um meinen Schmerz nicht zu spüren.

Manchmal machten wir Ausflüge ins Umland mit unserem grauen VW-Käfer. Ich lag hinter der Rückbank wie ein kleines Paket gemütlich in der Kofferablage und himmelte meinen Vater vorn am Steuer an. Wenn er nicht gerade betrunken war, hatte ich den besten Vater der Welt. Er verwöhnte mich, wie er konnte: mit Matchboxautos, *Bravo*-Heften und Süßigkeiten.

An schlimmen Tagen aber saß er zu Hause und legte die immer gleichen Platten auf: *Griechischer Wein* von Udo Jürgens, *Theo, wir fahr'n nach Lodz* von Vicky Leandros und *Strangers in the Night* von Al Martino. Wir Kinder hielten uns die Ohren zu. Vollgesogen mit Whisky und Korn war er zum Glück nie aggressiv. Ihm stand nur der Schaum vorm Mund, während er die Augen geschlossen hielt.

Auf drei Monate Nüchternheit folgte unweigerlich der Absturz. Sobald Vater im Koma lag, rief Mutter den Notarzt. »Tack, Tack, Tack«, klopfte es auf den Flurboden, nachdem der Arzt, ein Kriegsveteran mit hölzernem Hinkebein, die Wohnung betreten hatte, während wir Kinder eingesperrt an der Zimmertür lauschten. Kurz darauf hielt ein Krankenwagen mit Blaulicht vor unserer Haustür. Auf der Bahre liegend verschwand mein geliebter Vater für drei bis vier Monate zur Entziehungskur in die geschlossene Anstalt nach Schleswig.

Wenn kein Geld für den Bus da war, nahm meine Mutter mich auf den Arm und trampte zur Klinik. Ein gut gebauter Mann, mit glasigen Augen und vollgepumpt mit Medikamenten, die ihn vor dem Alkohol schützen sollten, empfing uns voller Freude. Mein Vater! Am liebsten wäre er gleich mit uns gegangen, aber das ging nicht. Wenn er wieder zu Hause war, glaubten wir jedes Mal: Jetzt hat er es für immer geschafft. Aber er schaffte es nie.

Meine Brüder nahmen mich jeden Sonntag um zwei ins Kino mit, entweder ins Roxy gleich bei uns um die Ecke oder ins Collosseum am anderen Ende der Stadt. Anfangs war das für mich der Höhepunkt der Woche, später fühlte ich mich wie ein Klotz am Bein. Wenn ich einen Film toll fand, kam ich aus dem Schwärmen nicht mehr heraus. Ich wollte meine Brüder und alle Menschen glücklich machen mit dem, was mich selbst glücklich machte, und ich wollte die Anerkennung, die mir vom Vater fehlte, wenigstens von den Brüdern haben.

Wir unternahmen öfters Butterfahrten nach Dänemark, bei denen sich meine Mutter als gelernte Friseurin ein paar Mark dazuverdiente. Nur an Bord bekam ich etwas zu naschen, ansonsten herrschte Ebbe in der Haushaltskasse. Auf dem Rückweg schmuggelte sie immer ein paar Schachteln Zigaretten. Sie trank keinen Schluck Alkohol und rauchte dafür wie ein Schlot.

Da meine Mutter gebürtige Dänin war, ging ich mit vier in einen Kindergarten der dänischen Minderheit, die in Flensburg sogar mit einer eigenen Partei vertreten ist. Unter Gleichaltrigen wurde ich ständig verhohnepipelt. Wegen meiner

Brille, die den Charme von Glasbausteinen hatte, hieß ich »Schielauge«. Freunde fand ich in dieser Zeit nicht, ich war mehr ein Einzelgänger, immer auf der Suche nach Gelegenheiten, der Welt meine Liebenswürdigkeit zu beweisen. Nur einen Freund hatte ich unter den Nachbarsjungen: Marco. Als Sechsjähriger lernte ich zum ersten Mal die rauen Regeln des Geschäftslebens kennen.

Die Matchbox-Lektion

Matchbox-Autos waren ein gängiges Zahlungsmittel unter uns Kindern. Davon hatte ich mehr als alle die anderen, besser gestellten Kinder, einen Fuhrpark von über hundert Stück. Um Spielkameraden zu gewinnen, verschenkte ich öfters Autos, denn ich sah nicht gerade attraktiv aus als pummeliger Glasbausteinträger. Eine der Kindergartenmütter tratschte herum, wie es um meinen Vater stand. Ihr Sohn Ralf drohte mir mit Schlägen, wenn ich nicht gelegentlich mal ein Auto herausrückte. Seine Freunde molken mich dann wie eine Kuh. So kam ich Tag für Tag mit Autos zum Spielplatz und ging abends ohne Autos nach Hause, wütend und traurig zugleich. Wenn ich mich wehrte, wurde mir Sand ins Gesicht geworfen oder die Brille zertreten. Als ich kaum noch Autos besaß, musste ich pro Schultag mehrere abliefern, um den Tag unversehrt zu überstehen.

Zwei Wochen vor dem Ende der Kindergartenzeit lag mein erster Konkurs in der Luft: Bis dahin würde ich nicht nur keine Autos mehr haben, sondern sogar Autoschulden. Mit der Kindergärtnerin zu sprechen, hatte keinen Sinn. Die würde mit den Eltern reden, die Eltern wieder mit den Kindern und die dann alle zusammen mit mir – in einer schwer einsehbaren Ecke. Da wäre ich wieder nur der Loser. Was konnte ich tun? Ob die »Unzertrennlichen«, Erwin und Andreas, mir helfen würden? Eine Woche zuvor hatten sich Ralf und zwei seiner Freunde kräftige Ohrfeigen von ihnen eingefangen. Mehr als nein sagen konnten sie schließlich nicht.

Am nächsten Tag sah ich sie zu zweit mit meinen Autos im Sandkasten spielen. Entschlossen ging ich in die Löwengrube.

»Raus!«, sagte Andreas ohne aufzublicken. Um ihn nicht zu provozieren, schaute ich beiseite. Er fuhr mich an: »Was willst du?«

Nun nahm ich all meinen Mut zusammen und schilderte das Problem. Ab und zu unterbrach mich Andreas, um kurz eine Frage einzuwerfen, ansonsten redete ich wie ein Wasserfall. Als mir nichts mehr einfiel, sah ich sie an, jederzeit sprungbereit. Andreas suchte gemächlich meine Autos zusammen. Dann sagte er: »Hier hast du deine Autos. Für diese zwanzig Autos hast du mir gerade alle Autos verkauft, die du Ralf und seiner Clique geliehen hast, okay?«

Ich nickte dankbar.

»Hey, du da, komm her!«, rief Erwin und zeigte auf Ralf, der ein paar Meter entfernt vom Sandkasten stand. Ralf zögerte. »Oder müssen wir dich holen?«

Ich wollte mich still und leise verkrümeln, doch Andreas kam mir zuvor: »Du bleibst hier.«

Inzwischen war Ralf in den Sandkasten eingetreten. Andreas musterte ihn und sagte, »Hör mir genau zu, sonst setzt es was, klar?«

Ralf nickte ängstlich. »Harksen hat dir und deiner Möchtegern-Bande meine Autos geliehen, etwa hundert Stück. Du bist doch der Anführer, oder? Also sammelst du meine Autos für mich ein. In einer Woche will ich die gewaschen und vollzählig von dir wiederhaben. Kapiert?«

Ralf blickte in meine Richtung. »Ich habe keine Ahnung, wer welche Autos hat. Die Brillenschlange hat uns die Autos geschenkt«, sagte er mit hasserfülltem Blick.

Zwei Ohrfeigen landeten in seinem Gesicht. Andreas zog ihn zu sich heran, er begann zu weinen. »Hör auf zu jammern, du Memme. Wehe, du nennst meinen Freund noch einmal ›Brillenschlange‹! Sollte einer deiner Freunde ihm auch nur ein Haar krümmen, wirst du es büßen. Kapiert? Und jetzt verpeste die Luft woanders!«

Ralf nickte und verschwand eilig um die Ecke. Ich bedankte mich bei den beiden und durfte dann auch gehen.

Ob sie die Autos bekamen, erfuhr ich nie, denn kurz darauf wurde ich krank. Drei Dinge hatte ich nun gelernt: Wer etwas hat, ist es schnell wieder los. Und: In jeder Lage gibt es eine Rettung. Vor allem: Auf die richtigen Worte kommt es an.

Ein Jahr lang ging ich auf die normale Schule, dann bekam ich die ärztliche Diagnose Legasthenie. In die Sonderschule versetzt, hieß ich fortan bei den Nachbarskindern »der von der Doofenschule«. Statt bei Gleichaltrigen vergeblich um Anerkennung zu buhlen, wollte ich nun die Welt der Erwachsenen erobern und Geld verdienen. Wenn ich bei den Hausaufgaben Mist baute, ermahnte mich die Mutter: dazu müsse ich erst einmal gut rechnen können. So hatte ich genug Antrieb, um wenigstens beim Rechnen in der Sonderschule mitzukommen.

Andere Kinder bekamen Anerkennung, weil ihre Eltern einen guten Namen trugen oder ihre Väter einen tollen Beruf hatten, etwa als Piloten oder Ärzte Menschenleben retteten – aber was sollte ich sagen? Die Wahrheit zuzugeben hätte meine

Lage noch weiter verschlimmert. So übte ich mich früh in der Kunst des Geschichtenerzählens. Als mein Vater einen neuen VW kaufte, machte ich gleich einen BMW daraus. Wenn wir mit dem Auto nach Österreich fuhren, behauptete ich stolz, wir wären mit dem Flugzeug nach Mallorca gedüst. Das ließ mich kurzfristig in der Achtung meiner Mitschüler steigen – bis die Lügenmärchen aufflogen und ich als Aufschneider vor allen dastand. Noch mehr schämte ich mich, wenn mein Vater sternhagelvoll zum Abholen in den Klassenraum kam – fünf Minuten vor dem Klingelzeichen.

Zu Weihnachten hatte ich mir einen Bollerwagen gewünscht und prompt bekommen. Auf den pinselte ich in Großbuchstaben JÜRGEN. Jetzt konnte ich neben der Schule meine geschäftliche Zukunft in Angriff nehmen. Mit dem Gemüsemann vom Wochenmarkt hatte ich seit Wochen um einen kleinen Handlangerjob verhandelt. Schließlich durfte ich alten Damen Taschen und Tüten nach Hause schleppen.

Am 14. Januar 1968 war mein erster offizieller Arbeitstag. Draußen herrschten Minusgrade. Ich tauschte leere Kisten gegen volle aus oder füllte die Fächer wieder auf. Als Bezahlung nahm ich nach Geschäftsschluss Obst und Gemüse mit und verkaufte es von Haustür zu Haustür. Zum ersten Mal klimperte Selbstverdientes in meinen Taschen! Auch die Familie bekam reichlich Frischkost, den Rest verteilte meine Mutter großzügig an die Nachbarn. Mein Chef war zufrieden und beförderte mich zum Marktschreier. Nun durfte ich schon vorm Stimmbruch mit hoher Stimme Birnen und Bananen anpreisen.

Bald hätte ich die ganze Appenrader Straße versorgen können. Nun riskierte ich alle Ersparnisse und schaffte zusätzlich zwei Bollerwagen an: JÜRGEN 2 und JÜRGEN 3. Dann vermietete ich sie an zwei Gleichaltrige aus der Parallelklasse gegen zehn Prozent der Einnahmen. Wir räumten für alte Leute die Keller leer, brachten Altmetall zum Schrottplatz, alte Zeitungen zur Altpapierverwertung und aussortierte Kleidung zur Altkleidersammlung. Wenn Auftragsflaute herrschte, kletterte ich zusammen mit meinem Freund Marco hinten über den Zaun vom Schrottplatz, um ein paar wertvolle Stücke nach draußen zu werfen und am Eingang wieder zu verkaufen.

Das Geschäft als kleiner Speditionskaufmann lief blendend, bis ich vierzehn wurde. Nun durfte ich offiziell Geld verdienen und stellte meinem Chef Lohnforderungen, die er dankend ablehnte. Mehr als Naturalien war ich ihm offenbar nicht wert. Wir trennten uns im Guten, da ich ihm Ersatz besorgte.

Mein Talent zur Schaffung von Tatsachen gebrauchte ich schon früh zu Freundschaftsdiensten. Marco war zwei Jahre jünger als alle in der Clique und hatte deswegen Komplexe. Einer der Jungen ging schon zur Karateschule und war deshalb besonders gefürchtet. Ich fand heraus, wann er Geburtstag hatte, gratulierte ihm an diesem Tag im Beisein aller anderen und setzte hinzu:

»Aber du bist nicht der Älteste in der Runde. Das weiß ich.«

Nun tippte ich mit dem Zeigefinger auf den schmächtigen Marco.

»Er hatte schon vor zwei Monaten seinen dreizehnten Geburtstag.«

Dann nannte ich sein Geburtsdatum, um zwei Jahre vordatiert. Fortan hatte Marco nichts mehr zu befürchten.

Mit fünfzehn wurde ich aus der Sonderschule entlassen und kam ins dänische Internat. Meine Eltern glaubten, dass ich dort besser gefördert und weniger gehänselt würde, da Dänemark weniger bedrückend, freier und selbstbewusster als Deutschland sei. Das Jugendamt willigte ein: so entkäme ich wenigstens der belastenden Atmosphäre im Elternhaus. Nur am Wochenende durfte ich nach Hause. Oft wartete ich vergeblich auf meinen Vater, der versprochen hatte, mich abzuholen. Wenn er nüchtern war, machte er sich ernsthafte Sorgen um meine berufliche Zukunft: Wegen der Legasthenie würde ich es schwer haben im Leben. Eine Lehre als Koch solle ich machen oder es als Kioskbetreiber versuchen – einen passenden Laden wollte er für mich kaufen.

Dazu bekam er keine Gelegenheit mehr. Am Sonntag, dem 13. März 1977, hockte die Familie vor dem Fernseher und schaute *Wenn der Vater mit dem Sohne* – Heinz Rühmann in der Rolle eines alternden Musikclowns, der sich rührend um seinen Sohn Ulli kümmert. Danach sollte ich wieder ins Internat fahren. Mein Vaters saß in einem großen Lehnstuhl neben seinem Tisch mit den Pfeifen. Da sein Schnarchen den Ton störte, raunzten wir ihn abwechselnd an. Er blieb stumm. Plötzlich hörte er auf zu schnarchen. Jetzt hat er's begriffen, dachte ich. Aber in Wirklichkeit hatte er aufgehört zu atmen. Vor Schreck war ich wie versteinert. Die Mutter rief sofort den Notarzt, der nichts mehr für ihn tun konnte. Mein Vater war einfach so weggedämmert, mitten unter uns. Diesen tiefen Schmerz trage ich bis heute in mir.

Von diesem Tag an ging es mit meiner Mutter bergab. Nun begann sie, die am meisten unter seiner Sucht gelitten hatte, selbst zu trinken und verkam dabei immer mehr. Eines Tages lernte sie einen Langzeitalkoholiker kennen, der bei ihr einzog und sie schamlos ausnutzte. Wir Geschwister redeten vergeblich auf meine Mutter ein, dass der Umgang mit diesem Mann nicht gut für sie sei.

Da tat mir die Ferne von zu Hause eher gut. Im Internat in der Nähe von Tondern machte ich erst den Hauptschul- und dann den Realschulabschluss. Da ich gut kochen konnte und an den Wochenenden öfters dort blieb, wurde ich zum Liebling des gesamten Kollegiums. Einige Lehrer luden mich privat zu sich ein, damit ich meine Kochkünste an ihrem Herd unter Beweis stellen konnte.

Wenn wir Sport hatten, meldete ich mich anfangs regelmäßig als Freiwilliger für den Fegedienst. So konnte ich allein duschen und schützte meine, wie ich fand, viel zu klein geratene »Ausstattung« vor neugierigen oder abfälligen Blicken. Erst später merkte ich durch vergleichende Studien, dass ich gut im Mittelfeld lag. Blieb nur noch mein Schielen. Deshalb wollte mich die Bundeswehr nicht haben, das sollte mir recht sein.

Auf einem Tunesienurlaub mit meiner Mutter und Schwester im Sommer 1978 verliebte ich mich zum ersten Mal. Jeanette war sechzehn, sportlich, selbstbewusst und sah sexy aus – das glatte Gegenteil von mir. Sie gewährte ihre Gunst mal dem einen, mal dem anderen. Als guter Kumpel war ich bei ihr gefragt, zu mehr reichte es nicht. Voller Sehnsucht, in ihren Armen zu liegen, durfte ich nur tröstend Händchen halten. Sobald einer der muskulösen Tunesier sie mit einem erobernden Lächeln anblitzte, versank ich augenblicklich im Nichts.

Um meinen persönlichen Kurswert zu steigern, spulte ich ein ganzes Rollenrepertoire von Romantiker bis Tolpatsch herunter. Mein Ziel schien immer unerreichbarer – ich fühlte mich zunehmend hilfloser. Was es hieß, »Jürgen« zu sein, erlebte ich Tag für Tag am eigenen Leib. Wenn aber das Gefühl der Sinnlosigkeit sich in mir breit machte, fand ich mich »am Jürgensten«. Eine größere Qual konnte es nicht geben.

Dennoch tauschten wir Adressen aus und vereinbarten, in Kontakt zu bleiben. In Deutschland rief ich sie gleich an, wir sahen uns zweimal, aber mein Werben blieb unerwidert. Dann herrschte Funkstille.

Als Jobber in Dänemark

Auf einer Mallorcareise 1981 lernte ich Jasmin kennen. Sie kam aus Odense, der Geburtsstadt des größten dänischen Märchenerzählers. Ihre Augen schimmerten grünbraun, und sie hatte eine tolle Figur. Als Tochter eines Bankiers machte sie gerade eine Lehre im Einzelhandel. Nach einigen gegenseitigen Besuchen verlobten wir uns. Die Eltern akzeptierten mich sofort. Mein Schwiegervater in spe wollte mir durch seine Verbindungen eine Lehrstelle als Koch besorgen. Er gab mir Einblicke ins Bankgeschäft und nahm mich mit auf Tagesreisen. Für ihn kopierte ich Dokumente und lernte herauszufinden, warum sich ein bestimmter Aktienkurs bewegt hatte.

Einmal sollte ich alle Privatbesitzer eines bestimmten Flugzeugtyps in Europa ausfindig machen und mit ihnen in Verhandlung treten. Eine dänische Firma, die zu den Kunden seiner Bank zählte, hatte billig ein Lager für Flugzeugersatzteile dieser Marke gekauft. Ich fand einen Deutschen aus Hildesheim, der eine ganze Maschine zum Ausschlachten kaufte. Dieser Auftrag brachte mir 20 000 Kronen Provision. Nun hatte ich Investitionskapital, es fehlte nur noch eine Gelegenheit zur Anlage.

Der teuerste Schweinebraten meines Lebens

Jasmin und ich saßen in meinem Lieblingsrestaurant in Odense. Ein Schweinebraten, aus dem das Blut rot tropfte, kam auf den Tisch. Meine höfliche Beschwerde, ich hätte kein saftiges Steak bestellt, auf Dänisch mit deutschem Akzent vorgetragen, regte den Kellner gewaltig auf: »Ihr Deutschen müsstet doch alle Einreiseverbot haben, bei eurer Vergangenheit!«

»Kann ich mal den Chef sprechen?«

»Wieso?«

»Ich möchte mich über Ihr Verhalten beschweren.«

Vor den Augen von Jasmin konnte ich diese Schmach nicht auf mir sitzen lassen. Beim Hineingehen war mir ein *Zum Verkauf*-Schild an der Hauswand aufgefallen. Der Chef erschien an meinem Tisch. Ich bot ihm Platz und begann: »An der Immobilie bin ich nicht interessiert, aber ich würde gerne ihr Geschäft kaufen.Was soll das kosten?«

»Fünfundvierzigtausend Kronen«

»Ich habe nur dreißigtausend, ginge der Rest in Raten?«

»Okay.«

»Eine Bedingung: Der Kellner wird auf der Stelle gefeuert.«

»Herr Harksen, Sie sprechen mir aus der Seele. Den Kerl wollte ich schon lange loswerden, aber sie wissen ja – die Gewerkschaften. Sie als neuer Inhaber könnten ihm natürlich wegen Eigenbedarf kündigen.«

Nun wurde der Kellner herbeizitiert, und ich erklärte ihm in kurzen Worten seine Entlassung. Erst bleich und dann rot vor Zorn, wandte er sich schließlich Hilfe suchend an seinen Chef, der nur gütig lächelnd mit den Achseln zuckte. Der Kellner zog mit rotem Kopf von dannen. Es war sein letzter Arbeitstag als Kellner, denn die Geschichte sprach sich schnell in der Umgegend herum.

Der Besitzer war nicht verärgert, als ich zwei Wochen später den Kaufvertrag annullierte. »Ich hatte mir schon gedacht, dass da Übermut im Spiel ist. Aber jetzt bin ich wenigstens den unverschämten Kerl los.«

Als Gebühr für das falsche Kaufversprechen verlangte er dreitausend Kronen, von denen ich tausend Kronen in Form von freier Kost zurückerstattet bekommen sollte. Seitdem kann ich in Odense umsonst essen gehen.

Eines Samstags hatte Jasmins Familie Freunde zum Essen eingeladen. Ausgerechnet bei einem Gespräch über das Thema »peinliche Vorfälle« fiel mir eine Frikadelle auf den Teppichboden. Anstatt mich gleich für den Fauxpas zu entschuldigen, schob ich sie unmerklich mit der Schuhspitze immer weiter unter das Sofa. Zwei Wochen später fand Jasmins Mutter die schimmelbedeckten Reste. Da sie anhand der Sitzordnung rekonstruieren konnte, wer wo gesessen hatte, stellte sie mich zur Rede. Der Schimmel hatte sogar den Teppich verfärbt. Also ging ich in die Offensive: »Ich kann es nicht gewesen sein, Frikadellen verabscheue ich.«

Fehler zugeben war noch nie meine Stärke. Im Gegenteil: Großmäulig hatte ich mich bei der ersten Vorstellung im Elternhaus gleich zum Führerscheinbesitzer erklärt. So musste ich einmal die ganze Familie chauffieren, weil der Vater bei einer Betriebsfeier zu viel getrunken hatte. Als ich dann bei einem Fahrlehrer in Odense Fahrstunden nahm, um die Wahrheitslücke endlich zu schließen, kam sie erst recht ans Tageslicht. Der gute Mann tauchte nämlich eines Tages in der Bank meines Schwiegervaters auf und lobte seinen begabten Fahrschüler. Der fiel zwar aus allen Wolken, aber er gab mich nicht auf. »Jürgens gute Seiten sind wichtiger als die schlechten«, betonte er immer wieder. Das war Balsam für meine Seele.

Jasmin war vor allem meine Legasthenie peinlich. Wenn ich

einen Satz schreiben sollte, verteilten sich die Buchstaben in den Worten je nach Befindlichkeit immer anders; daran hatte auch der Realschulabschluss nichts geändert. In ihr verstärkte sich der Eindruck, dass ich nicht zu ihrer Familie passe, und so lösten wir die Verlobung im Frühjahr 1983.

Ich blieb in Odense. Wohin sonst hätte ich auch gehen sollen? Ein Jahr zuvor war mein Bruder mir gefolgt und beschenkte mich mit dem Gefühl, etwas für ihn tun zu dürfen, indem ich ihn durchfütterte. Blut ist eben dicker als Wasser. Zum Geldverdienen hatte er als braver Trinkersohn keine Energie. Da war ich anders gestrickt.

Zufällig lernte ich einen Diskothekenbesitzer kennen, der nebenbei auch ein Restaurant besaß, in dem ich öfters verkehrte. Er fand mich sympathisch und gab mir ein Taschengeld, um deutsche Butterfahrttouristen in seine Lokale zu lotsen. Auf Menschen zuzugehen und ihnen etwas schmackhaft zu machen, fiel mir aufgrund meiner Marktschreiervergangenheit nicht schwer. So kam ich zu meiner ersten Firma : J. H. Marketing, Durchführung von Veranstaltungen für Deutsche in Dänemark und für Dänen in Deutschland. Ertrag: zu wenig. Kurz darauf gründete ich eine Firma namens Danish-Fashion-Team – eine grenzübergreifende Model-Agentur – und vertrat zeitweilig zwölf junge hübsche Damen. Mit einigen von ihnen bändelte ich auch an und verlor auf diese Weise das Gefühl, bei Frauen sowieso keine Chance zu haben. Der Name meiner Firma kam so gut an, dass meine Models bei Kulturveranstaltungen als T-Shirt-Werbeträgerinnen für Prince of Denmark-Zigaretten und Tuborg-Bier gebucht wurden. Das Geschäft lief nicht schlecht, aber um weiter zu expandieren, hätte ich ein Auto gebraucht.

Eines Tages standen vor meiner Wohnungstür fünf mannshoch getürmte Pappkartons voller Marzipan. Am nächsten Tag steckte ein Zettel in meinem Briefkasten: Wenn du wissen willst, wer dir diese Freunde gemacht hat, komme bitte am Tag X ins Restaurant Y.

Mich erwartete dort eine Frau mit dunklem Haar und verschmitztem Lächeln, eine Apothekerin, die ich vor Monaten auf einer Veranstaltung kennen gelernt hatte. Sie war zufällig in die gleiche Straße gezogen und hatte anscheinend ein Auge auf mich geworfen. In den folgenden Monaten schlossen wir Freundschaft und kochten viel zusammen, aber dabei blieb es. Sie gab mir Geld für ein Auto, das ich in Raten abstottern konnte.

Am 1. April 1983 bekam ich einen Anruf vom Freund meiner Mutter – sie sei in der Nacht gestorben. Ich fuhr sofort zu ihr. Sie war an ihrem Erbrochenen erstickt, denn sie hatte Medikamente auf Alkohol genommen. Nun war ich zum erste Mal ganz allein auf der Welt. Das fühlte sich sehr elend an.

Nach der Beerdigung meiner Mutter fuhr ich zurück nach Odense. Nun lebte ich ganz von der Sozialhilfe. In mir kämpfte die kranke Neigung, mich wie mein Vater fallen zu lassen, mit dem gesunden Wunsch, das Leben auf eigene Faust anzupacken. Die Stütze reichte nicht. Also nahm ich bei einer Flensburger Bank einen Ratenkredit auf. Um mein Geschäft zu führen, musste ich wenigstens anständig aussehen.

Auf einer von mir organisierten Ausstellung, bei der Deutsche an der dänischen Grenze mehrwertsteuerfrei Orientteppiche kaufen konnten, machte ich Bekanntschaft mit Martha, einer älteren Händlerin. Wir freundeten uns schnell an. Da sie kinderlos geblieben war, wohnte ich in den ersten Monaten bei ihr, leistete ihr Gesellschaft und sparte dabei noch Geld für die

Miete. Für sie war ich Sohnersatz, für mich war sie Mutterersatz. Sie schenkte mir Möbel und auch mal Bares, um ihren beiden Neffen, die sie vernachlässigten, beim Erbe ein Schnippchen zu schlagen. Wegen ihrer Gehbehinderung kaufte ich für sie ein und bekam Blankoschecks, um ihre Rechnungen bei der Sparkasse zu bezahlen. Das klappte über Monate gut, doch eines Tages war die Kontodeckung erschöpft. Die Schecks platzten, und mir als Überbringer wurde die Schuld daran gegeben, obwohl ich weder eine Kontovollmacht besaß noch je einen ihrer Schecks unterschrieben hatte.

1984 lernte ich einen Bankdirektor kennen. Er fragte mich, ob ich ihm einige Farbfernseher und Videorecorder in Deutschland besorgen und illegal über die Grenze schmuggeln wolle. Für mich wären dabei hundert, zweihundert Kronen als Gewinnbeteiligung drin. Statt mir Bargeld in die Hand zu drücken, räumte er mir ein Scheckkonto ein, das von ihm auf Abruf gefüllt wurde. Also unternahm ich Touren nach Flensburg, bis mich eines Tages der dänische Zoll mit einem Farbfernseher und einem Videorecorder erwischte. Nun hatte ich ein Zollverfahren am Hals. Da die Schecks, mit denen ich die Geräte bezahlt hatte, wegen ausbleibender Lieferung platzten, bekam ich zusätzlich ein Ermittlungsverfahren wegen Scheckbetrugs.

Jeanette – die Frau meines Lebens

Nachdem ich bei Martha ausgezogen war, lebte ich in einem Holzhaus auf einer Gutsplantage in der Nähe von Odense. Ich hatte trotz zweier linker Hände den Holzfußboden selbst abgeschliffen, die Wände selbst gestrichen und im Garten Kartoffeln gepflanzt. Als ich am Kaminfeuer sitzend alte Adressen durchging, stach mir plötzlich Jeanettes Nummer ins Auge. Spontan rief ich ihre Eltern an und erfuhr, dass sie in Gießen Medizin studierte. Gleich danach hatte ich sie an der Strippe. Fast zwei Stunden sprachen wir, als ob wir uns schon ewig gekannt hätten und nie getrennt gewesen wären.

»Ich bin nicht mehr ganz so schlank, Jürgen.«

»Das macht nichts, auch ich habe zugelegt.«

Wir verabredeten uns. Im Bahnhof von Odense liefen wir schon von weitem aufeinander zu. Das Holzhaus, meine Möbel und meine Kochkünste beeindruckten sie schwer. Wir unternahmen Spaziergänge durch die Plantage, fuhren zum Strand und führten stundenlange Gespräche auf dem Fußboden. Nun fühlte ich mich ihr endlich ebenbürtig, denn auch ich hatte durch ein paar Liebschaften Charme gewonnen.

Gegen Mitternacht schlug ich ihr vor:

»Du kannst bei mir im Bett übernachten, garantiert ohne Hintergedanken.«

Jeanette war mit dem gemeinsamen Bett einverstanden und zog ihre Einwilligung auch nicht zurück, als ich ihr gestand: »Ich schlafe aber nackt.«

»Das macht nichts, ich vertraue dir.«

Als wir zusammen unter der Decke lagen, war an Schlaf nicht zu denken. Die Stimme meines Versprechens wurde immer leiser, während meine Finger sich behutsam auf den Weg machten, die Konturen des kostbaren Schatzes zu erfühlen. Sie streifte die ungebetenen Krabbler gemächlich ab und versank bald darauf in süßen Schlummer.

Bereits ein paar Wochen später kam sie wieder und blieb dann länger. In dieser Zeit hatte ich auf Vermittlung des Arbeitsamts einen Job als Gerichtsvollziehergehilfe angenommen. Die Tasche des Gerichtsvollziehers tragen, Kuckuckmarken aufkleben und Möbel heraustragen – damit konnte ich Jeanette nicht imponieren. So behauptete ich, als Vermögensberater zu arbeiten. Selbst wenn es als Gerichtsvollziehergehilfe nichts zu tun gab, ging ich aus dem Haus und kam erst abends wieder.

Mit dem zusätzlichen Taschengeld von Martha, die ich weiter versorgte, lud ich Jeanette zu einem Wochenendtrip nach Kopenhagen ein. Zwischen uns war noch immer bloße Freundschaft. Wir wohnten direkt am Markt im Plaza-Hotel. Als ich in der Badewanne lag und sie in Unterwäsche das Badezimmer betrat, wollte ich es wissen und zog sie ins Wasser. Nun spürte ich kein Widerstreben mehr.

Ab diesem Tag waren wir unzertrennlich und blieben es für lange Zeit.

Wir besuchten uns fast jedes Wochenende. Als ich anlässlich eines Geburtstages bei ihren Eltern zu Besuch war, stellte sie mich der ganzen Verwandtschaft als Anlageberater vor. Alle waren beeindruckt und verwickelten mich in Gespräche, die ich trotz meiner lückenhaften Kenntnisse auf diesem Gebiet mit Bravour bestritt.

Eines Tages 1985, als Jeanette gerade zu Besuch war, standen zwei Polizisten an der Tür und verhafteten mich wegen der Zoll- und Scheckvergehen. Meine Schulprobleme kannte sie bereits, aber die neuen Vorwürfe waren ein Schock für Jeanette. Nun nahm sie mich kräftig ins Gebet: Ich solle die Wahnvorstellung aufgeben, auf mich warteten höhere Weihen, und nicht immer an *Dallas* und J. R. Ewing denken. Stattdessen sollte ich ein normales Leben mit harter Arbeit akzeptieren und nicht alle Misserfolge auf meine schwere Kindheit schieben.

Nach sechs Wochen wurde ich entlassen, da sich die Vorwürfe von Martha als falsch erwiesen hatten und der Bankdirektor die Anzeige zurückzog, um von seiner eigenen Verwicklung in die Angelegenheit abzulenken. Am Ende blieb nur noch ein geringfügiges Zollvergehen übrig.

Bei Jeanettes nächstem Besuch geschah ohne unser Wissen etwas Wunderbares. Da in den folgenden Wochen ihre Periode ausblieb, ging sie zum Arzt und erfuhr von ihrer Schwangerschaft. Die passte ihr gar nicht in den Kram, war sie doch mitten im Studium. Ich freute mich wie ein Schneekönig: ein Kind mit einer Frau, die ich abgöttisch liebte! Was hätte mir Besseres passieren können?

Doch sie wollte es partout abtreiben. Zur Verteidigung meines Kindes besorgte ich aus Bibliotheken und Buchläden jedes greifbare Werk über Babys. Anhand von Fotos wollte ich ihr demonstrieren, welch ein wunderbares Wesen sie auslöschen wollte. In jedem Winkel unserer Zimmer blickte sie ein Fötus in der sechsten, neunten oder zwölften Schwangerschaftswoche an. Zudem packte ich sie bei der Ehre ihres zukünftigen Berufs – sie als angehende Ärztin wollte Leben vernichten? Am Ende hatte ich sie weich gekocht – sie entschied sich für das Kind. Gott sei Dank!

Die ersten Jahre in Hamburg

Welche Stadt brauchte einen Jürgen Harksen? Wer hatte mich verdient? Meine Wahl fiel auf Hamburg. 1986 mieteten wir eine kleine Dachwohnung in der Rodigallee. Der Umzug in die neue Wohnung kostete fast viertausend Mark, die ich nicht hatte. Die Rückzahlung des Flensburger Bankkredits hatte ich schon in Dänemark eingestellt. So bekamen wir es mit einer Gerichtsvollzieherin zu tun, mit der ich mich als Exkollege vom ersten Moment an prächtig verstand. Wenn sie kam, hieß es meistens: »Jetzt ist aber Schluss, Herr Harksen.« Dann tranken wir gemütlich Kaffee, plauderten über dieses und jenes. Als sie schon fast aus dem Haus war, klingelte sie erneut und sagte durch die Gegensprechanlage: »Ich wollte doch Kuckuckmarken dalassen.«

»Sie kommen doch sicher bald wieder, wir laufen doch nicht weg.«

Nicht immer konnte ich sie von ihrem Vorhaben abbringen, so klebten nach einer Weile auf fast allen Möbeln Kuckuckmarken.

In meiner Naivität hatte ich ausgerechnet, dass die Kreditbelastung für eine Eigentumswohnung in gleicher Größe ungefähr genauso hoch wäre wie unsere Miete in der Rodigallee. Wir hatten uns eine Wohnung in der Nähe angeschaut, Erwerb angeblich ohne Eigenkapital. Der Bauträger versprach bei der Kreditgewährung behilflich zu sein. Mir schwante schon, dass die Nennung meines eigenen Namens dabei von Nachteil sein konnte – wegen der Schufa. Also versuchte ich es mit einer kleinen Mogelei und ließ mir Visitenkarten anfertigen als Jürgen H. von Hasselstein.

Das klang schon viel besser. Falls es hart auf hart käme, hatte ich mir als Ausrede ausgedacht, dass ich den Familiennamen Harksen abgekürzt und meinen Künstlernamen angehängt hätte. Der Name von Hasselstein stammte von einem Onkel, der tatsächlich einmal erwogen hatte, mich zu adoptieren. Jeanette fand den neuen Namen toll, denn ihre Mutter hatte in der Woche zuvor geträumt, dass ihre Tochter einen Grafen heiraten würde. Ihr eigener Mann hatte es nämlich nur bis zum Postbeamten gebracht.

Allerdings hatte ich die Rechnung ohne den Notar gemacht, der routinemäßig meinen Personalausweis sehen wollte. Den hätte ich im Auto vergessen, log ich und verließ fluchtartig seine Büroräume. Das brachte mir ein Ermittlungsverfahren wegen versuchter Urkundenfälschung ein, das aber wegen Geringfügigkeit bald eingestellt wurde. In dieser Zeit erhielt ich auch einen Bescheid der dänischen Justiz, dass ich im Lande unerwünscht sei und für fünf Jahre ein Einreiseverbot hätte.

Vor der Geburt unseres Sohnes Julien zogen wir ein Jahr später in eine 4-Zimmer-Dachgeschosswohnung. Als während eines Alison-Moyet-Konzerts im Hamburger Congresszentrum bei meiner Frau die Wehen drei Wochen zu früh einsetzten, landeten wir gerade noch rechtzeitig im Krankenhaus. Vor lauter Glück, nun bald meinen Sohn in Händen zu halten, fiel ich in Ohnmacht, sobald das kleine Köpfchen zu sehen war, und wachte erst wieder auf, als die Schwester mir das kleine Wesen in den Arm legte und sagte: »Alles in Ordnung, Herr Harksen!«

1987 heirateten wir. Für die Hochzeit musste ich mir fürs

Büfett noch tausend Mark von einem Freund leihen. Erst danach ging es finanziell steil bergauf. Unsere Ehe in der Hamburger Zeit war harmonisch – ich tat meine Pflicht als Ernährer und Verwöhner. Jeanette wurde von mir mit Schmuck überschüttet.

Hinter all meinen Geschenken verbarg sich die Vorstellung, nur dann liebenswürdig zu sein, wenn ich diese Liebe materiell unter Beweis stellte. Ich glaubte felsenfest, dass man sich Liebe nur erkaufen kann. Diesen Irrtum teilte ich mit vielen meiner späteren Kunden.

Einfach nur der Traumschwiegersohn sein, das schwebte mir vor. Große Geschenke an die Tochter und die Schwiegereltern öffneten mir ihre Herzen, dachte ich. Schwiegerpapa bekam meinen ersten blauen BMW, als ich was Größeres für mich gekauft hatte, und eines Tages fuhr ich mit einem Lastwagen im Schlepptau bei der Familie vor, um die Schwiegermama durch eine nagelneue Einbauküche zu becircen. Es funktionierte – aber nur so lange, wie der Schein bei mir gewahrt blieb.

1991 wurde Jerome geboren, zwei Jahre später Joel. Mit meinen drei Söhnen war die Familie nun komplett. Ohne die bodenständige Liebe, die ich in ihrer Gegenwart spürte, hätte ich es nie geschafft, meine Rolle als Geldluftikus über fünfzehn lange Jahre durchzuhalten.

Wie ich die Firma Nordanalyse gründete

Ab 1986 bot ich meine Dienste als Anlageberater an. Mit dieser Legende hatten Jeanette und ihre Verwandtschaft mich kennen und schätzen gelernt, nun musste ich sie mit Leben füllen. Da ich niemanden in Hamburg kannte, war die erste Kundin meine Frau. Nur hatte sie kein Geld für Investments. Also nahm sie einen Kredit über 15 000 Mark bei ihrer Hausbank auf. Als Sicherheit für die Bank reichte eine Verdienstbescheinigung, die ich ihr ausstellte. Zwar hatte ich zu dieser Zeit noch keine Firma, aber ein schönes Briefpapier. Einen Großteil des Kredits legte sie gleich bei mir an.

Ich kaufte und verkaufte mit dem Geld Aktien über meine Bank und hatte nach einigen Wochen bereits eine zweistellige Rendite erwirtschaftet. Das war kein Problem zu einer Zeit, als der DAX eine Rekordmarke nach der anderen durchbrach. Jeanette war stolz auf mich. Wenn sie beiläufig gefragt wurde, was ihr Partner so mache, antwortete sie stolz: »Er ist Anlageberater!«

Bald kamen einige ihrer Sportpartner in mein »Home Office« in der Rodigallee. Sie vertrauten mir einige tausend Mark an, auf dass ich mehr daraus mache. So kaufte und verkaufte ich nach meinem Gutdünken bei der Sparkasse Aktien. Für mich selbst fielen zehn Prozent des Gewinns als Beteiligung ab, aber für meinen aufwändigen Lebensunterhalt war das viel zu wenig. Eines Tages wollte der Besitzer des Fitnessclubs auch bei mir investieren. Als Erstes fragte er, ob ich eine eingetragene

Firma mit Gewerbeerlaubnis besäße. Ich schüttelte den Kopf. »Jürgen, du brauchst ein seriöses Aushängeschild. Ich kenne da jemanden bei der Handelskammer.«

Es dauerte keine zwei Wochen, schon besaß ich eine eingetragene Firma und die Gewerbeerlaubnis – selbstverständlich ohne jeden Qualifikationsnachweis. Ihr Name lautete schlicht: Nordanalyse. Der Fitnessclubbesitzer sammelte in seiner Familie, es kamen 7000 Mark zusammen. Ich gab ihm das Geld nach wenigen Monaten mit zehnprozentiger Verzinsung zurück. Das sprach sich in Windeseile im Freundes- und Bekanntenkreis der Familie herum. Nun hatte ich schon zehn Kunden. Die Börse boomte weiter. Da ich den Kunden regelmäßig selbst erstellte Kontoauszüge gab, waren sie beruhigt und ließen ihr Geld stehen. In der Anfangszeit war ich froh, all das fremde Geld wieder heil abliefern zu können.

Ende 1987 hatte ich meinen ersten gebrauchten Jaguar für 11 000 Mark gekauft, aber wovon sollte ich ihn bezahlen? Auf die Idee, eine Anleihe bei den geparkten Termingeldern der Kunden zu machen, brachte mich ein Banker. Ohne zu wissen, dass dieses Geld nicht mir gehörte, schlug er mir eine simple Umbuchung vor. Nun war der Damm gebrochen. Da die realen Gewinne und auch Teile der Einlage formal in mein Privateigentum übergegangen und bereits ausgegeben waren, fing ich an, auf meinen Kontoauszügen fiktive Gewinne gutzuschreiben. Wenn Beträge gekündigt wurden, waren es kleinere vierstellige Summen, die ich problemlos aus frischen Anlagegeldern bedienen konnte. Manchmal wurde mir mulmig bei dem Gedanken, dass alle meine Kunden gleichzeitig kündigen könnten. Doch die Stimme meines Gewissens hatte damals keine Chance. Wo ein Jürgen, ist auch ein Weg, sagte ich mir.

Landeten im ersten Jahr nur vierstellige Anlagebeträge auf meinem Konto, rief Anfang 1988 ein Versicherungsmakler an und deutete seine Absicht an, bei mir eine größere Summe zu investieren. Ich sollte ihn besuchen. Als wir uns ein paar Tage später in seinem Büro trafen, interessierte ich mich als Erstes für seine Versicherungen. Hausrat, Haftpflicht, Rechtsschutz – so etwas hatte ich ja nicht. Also ließ ich mir ein Paket aufschwatzen, das im Monat rund tausend Mark kosten sollte. Dann tat ich so, als wollte ich gehen. Er hielt mich zurück: »Herr Harksen, wir waren doch wegen etwas anderem verabredet.«

»Ja, wie konnte ich das nur vergessen!«

Jetzt hatte ich ihn an der Angel, denn durch meine Ausgabebereitschaft und einen offensichtlichen Beweis meines Desinteresses am eigenen Profit hatte ich sein Vertrauen gewonnen. »Ich habe gehört, dass Sie ein vertrauenerweckender Geschäftsmann sind. Man sagt Ihnen einen goldenen Daumen nach.«

Keck und treuherzig blickte ich ihm in die Augen: »Das kann ich nicht abstreiten.«

Er gab mir einen Scheck, den er aus einem vorbereiteten Briefumschlag zog. »Fahren Sie eine gute Ernte ein.«

Ich las die Ziffer – 75 000 Mark. Mit dieser gewaltigen Summe hatte ich nicht gerechnet. Jetzt hieß es nur noch: cool bleiben.

Mit der Summe hätte ich auf einen Schlag alle meine Altkunden befriedigen können. Er wollte das Geld plus Gewinn erst in einem Jahr wiederhaben. Nun hatte ich 120 000 Mark auf dem Konto.

Das Geschäft mit der realen Spekulation war nun beendet, an ihre Stelle trat die Schneelawinenlogik: Bis der eine Kunde sein Geld zurückhaben wollte, so war ich sicher, käme ein anderer mit einem noch größeren Betrag, aus dem ich die Altforderung erfüllen könnte. Ohne einen Gedanken an das dicke Ende glaubte ich von da ab an mein Glück und empfand es als gerechten Ausgleich für die Schwere der Anfangsjahre.

Als Erstes kaufte ich meiner Frau einen knallroten Käfer für 10 000 Mark. Für die Renovierung der Wohnung gab ich noch einmal 15 000 Mark aus. Den Jaguar tauschte ich gegen einen geleasten Porsche 928. Eine neue Uhr? Eine kleine Sause in der Edelgastronomie? Neue Kleider für Jeanette, anständige Anzüge für den Herrn? Alles kein Problem. Wer Geld machen will, muss nach Geld riechen.

Als Börsenmakler in Kopenhagen

Meine erste Legende gewann Gestalt: Als Börsenmakler hatte ich mit Unternehmensbeteiligungen gehandelt und dabei kräftig verdient. Was sind Aktien anderes als Unternehmensbeteiligungen? Sie sind nur kleinere Beteiligungen. Meine Lüge war also nicht ganz aus der Luft gegriffen.

Für meine Kunden war ich ohnehin der Gott der guten Geschäfte, zumal ich einen Teil der Einlagen auch schon wieder mit Gewinn an sie ausgeschüttet hatte. Eines Tages, im Mai 1987, gab ich bei meinen Kunden die Parole aus: »Ihr müßt ein Konto in Dänemark aufmachen, dort sind die Gewinne erwirtschaftet. Von dort könnt ihr sie selbst besser transferieren.« Die Kunden nahmen das Geld ohnehin lieber im Ausland entgegen, da konnten sie dem deutschen Fiskus ein Schnippchen schlagen. So flog ich mit drei Geschäftspartnern – nennen wir sie Hans, Jens und Markus – an einem sonnigen Donnerstag nach Kopenhagen. Sie wollten Konten bei der Danske Bank eröffnen, ansonsten standen eine gepflegte Sause unter Männern und ein bisschen Shopping auf dem Programm.

Jens gestand mir beim Frühstück am nächsten Morgen, dass er noch nie eine Börse von innen gesehen hätte. Ob ich als Börsenmakler ihn nicht mal an die Stätte meines Wirkens führen könne? Die beiden anderen wollten auch mitkommen. Mir lief es heiß und kalt den Rücken runter. Nun saß ich in der Falle. Wie konnte ich ihnen den Wunsch abschlagen? Jetzt hieß es nach vorne durchstarten. Als Erstes fragte ich den Portier des

Plaza-Hotels, wo hier die Börse sei und wie man dort hereinkomme. Er nannte mir die Zeiten, zu denen die regelmäßigen Börsenführungen stattfänden. Unter dem Vorwand eines dringenden Geschäftstermins verabschiedete ich mich von meinen Geschäftsfreunden und ging mit dem Stadtplan in der Hand um ein paar Straßenecken zur Börse. Dort buchte ich im Vorverkauf auf die Namen meiner Freunde Karten für die Besuchertour am nächsten Tag bei einem älteren Herrn, den ich beiläufig in ein nettes Gespräch verwickelte.

Als ich die Börse mit meinen Freunden am nächsten Tag betrat, begrüßte er mich wie einen alten Bekannten. Für meine Freunde war damit klargestellt: Jürgen geht hier ein und aus. Bevor sich andere Touristen zu der organisierten Führung einfanden, nahm ich meine Freunde mit auf die Empore. Unterwegs auf den Treppen begegneten uns einige wichtig aussehende Herren, die ich voller Zuversicht auf einen Gegengruß salutierte. Das klappte fast immer, denn die Dänen sind freundliche Menschen. Zudem hätte ich tatsächlich einer ihrer Geschäftspartner sein können, den sie nur lange nicht gesehen hatten. Während der Tour hielt ich meine Begleiter mit aktuellen Investmentgeschichten aus dem Wirtschaftsteil der Zeitungen bei Laune und registrierte beiläufig, dass mein Auftritt als Grußaugust seine Wirkung nicht verfehlte.

Dann sah ich plötzlich einen voluminösen Herren, der mit schwerer Aktentasche die Treppe herunterkam. Er wirkte noch wichtiger als alle vorherigen Wichtigtuer. Am Revers trug er ein Namensschild: Lars Petersson. »Mensch Lars, lange nicht gesehen«, grüßte ich ihn voller Herzlichkeit auf Dänisch. Er schaute einen Moment verdutzt durch goldumrandete Brillengläser, machte aber gute Miene zum bösen Spiel und entgegnete nach einem verhuschten Blick auf das Namensschild, das ich am Revers trug: »Jürgen! Toll, dich mal wieder zu sehen.«

Meine Freunde, die kein Wort Dänisch verstanden, waren platt vor Staunen. Anschließend verwickelte ich Herrn Petersson in ein unverfängliches Gespräch über die besten Restaurants und bekannte dänische Firmen. Hauptsache, es fielen bestimmte Firmennamen, etwa Dan Air oder Tjaereborg, damit meine Freunde glaubten, wir unterhielten uns über bereits durchgeführte und zukünftige geschäftliche Transaktionen.

Als Petersson sich verabschiedet hatte, klopften die Freunde mir auf die Schulter: »So weit wie du möchten wir es auch mal bringen.«

Dann klingelte das Handy. Christine, die Frau von Klaus war dran. Er dröhnte gleich drauf los: »Weißt du was! Wir sind in der Höhle des Löwen. Es stimmt alles. Wir haben es mit eigenen Augen gesehen. Jürgen ist als Börsenmakler groß im Geschäft.«

Am Abend gingen wir alle in ein Restaurant namens Christiansborg, auch bekannt als der Börsenkeller. Der Zufall wollte es, dass mein neuer Freund Lars mit seiner Frau ein paar Tische weiter saß. Wir wechselten ein paar unverbindliche Worte und prosteten uns anschließend von Tisch zu Tisch gelegentlich zu. Am nächsten Tag flog ich gemeinsam mit den drei Auserwählten nach Hamburg zurück. Klaus sagte auf dem Rückflug: »Meine Frau, die soll mir nochmal was erzählen, dann kriegt sie was zu hören.«

Diese Reise war ein großer Meilenstein in meiner Karriere, streng genommen mein bestes Investment. Nun fingen die Hunderttausender erst richtig an zu fließen. Die eifersüchtigen Frauen mit ihren warnenden Stimmen standen ab jetzt auf verlorenem Posten.

»An Spesen gut genesen« – Die Geschichte vom geschenkten Einkaufszentrum

Über einen Kontakt aus Odense bekam ich 1987 einen Maklerauftrag von einem großen Versicherungskonzern. Da der Kapitalexport in Dänemark während der achtziger Jahre erleichtert wurde, wollte der Konzern eine Immobilie in Deutschland erwerben – mit der Verlockung, der horrenden dänischen Gewinnbesteuerung von bis zu neunzig Prozent zu entkommen. Ich als Makler sollte für etwa dreißig Millionen Mark ein geeignetes Objekt suchen.

Als Erstes fragte ich meinen Anwalt Zülprich, der gleich einen Tipp für mich hatte – einen erfolgreichen Immobilienkaufmann, der ein frisch erbautes Einkaufszentrum in Hamburg an den Mann bringen sollte. Bei unserem ersten Treffen in seinem Büro war ich nicht gerade wie ein seriöser Geschäftsmann gekleidet: gelbe Socken an den Füßen, das Jackett mit einer »wilden Acht« verziert. Er empfing mich mit gehöriger Skepsis:

»Ihr roter Ferrari in Ehren, aber können Sie bezahlen?«

Schöne Worte und mein Vertrag halfen nichts, ein Liquiditätsnachweis des Versicherungskonzerns musste her. Also rief ich meinen Kontaktmann in Odense an, er versprach mir einen testierten Bankauszug über ein entsprechendes Guthaben des Konzerns. Der trudelte dann wenige Tage später bei mir ein – in Höhe von 280 Millionen Kronen. Doch der Meister war noch immer nicht zufrieden. Er ließ auch dieses Dokument auf Echtheit prüfen. Anschließend musste er sich bei mir entschuldigen und zu Kreuze kriechen: »Herr Harksen, eigentlich habe ich es ja immer gewußt! Aber Sie wissen – meine Partner!«

Damit ich aus lauter Verärgerung nicht die Beziehung abbräche, versprach er mir zusätzlich 1,5 Millionen »Return«, falls das Geschäft über ihn zustande käme. So konnte ich im Geist gleich doppelt kassieren: beim Verkäufer viereinhalb und nochmal eineinhalb Millionen beim Käufer. Völlig legal! Zudem hatte ich nun eine moralische Rechtfertigung, mich noch üppiger als zuvor an den Kundengeldern zu bedienen.

Wir wurden handelseinig und entwickelten einen Vertragsentwurf für Kauf und Verkauf. Beim Notar kam es jedoch zu einer kleinen, aber entscheidenden Komplikation. Der Notar fand nämlich bei der Lektüre des Kleingedruckten einen Passus, dem ich bisher keine Beachtung geschenkt hatte: Der Konzern wollte ausdrücklich keine Firma kaufen, der eine Immobilie gehört, sondern eine Immobilie pur. Obwohl ich nachweisen konnte, dass die Firma, deren Anteile der Konzern kaufen sollte, tatsächlich keine anderen Geschäfte als das Einkaufszentrum betrieb, musste sie vom Kauf zurücktreten. Den Erwerb einer Gesellschaft hätte die gesetzliche Regelung nicht zugelassen, denn das dänische Steuerrecht kannte offenbar die Flüchtigkeit von Firmenmänteln, bei denen das Finanzamt das Nachsehen hat. Nun hatte ich statt einer Provision von sechs Millionen eine Notarrechnung von 300 000 Mark an der Backe.

Aber dafür hatte ich einen neuen Kunden gewonnen: den Immobilienkaufmann. Er sollte einer meiner treuesten Begleiter der nächsten Jahre werden und insgesamt in vielen kleinen Portionen zwanzig von seinen geschätzen fünfzig Millionen bei mir investieren.

Von der Nordsternbank, die per Gerüchteküche von der Sache Wind bekommen hatte, bekam ich tags darauf einen Anruf: Ob ich das Objekt nicht auch ohne den dänischen Partner erwerben wolle? Sie sah natürlich nur meine »Sichteinlagen« – dass diese Gelder meinen Kunden gehörten, wusste die Bank nicht.

»Von uns kriegen Sie problemlos eine Finanzierung. Sie haben ja das Objekt als zusätzliche Sicherheit. Wir brauchen laut Vorschrift nur sechs Millionen als Eigenkapitalleistung. Die müssen Sie nicht einmal bezahlen, wir belasten einfach Ihr Konto mit einem Pfandrecht. So bleiben Sie weiter liquide.«

So wurde ich gebeten, Herr eines Einkaufszentrums zu werden, quasi zum Nulltarif, nur wegen meiner Bonität. Die Bank legte das Angebot sogar schriftlich vor. Nun hatte ich gleich zwei Papiere, die ich unauffällig auf meinen Schreibtisch legen konnte, wenn potenzielle Kunden vor mir saßen. Eins von dem dänischen Konzern und eins von der Nordsternbank, beide mit schwindelerregenden Beträgen.

Während der zahllosen Verkaufsgespräche, die ich in dieser Zeit führte, begeisterte es mich immer wieder, meine Kunden beim heimlichen »Lugen« zu beobachten. Manchmal verschwand ich eigens unter einem Vorwand ins Nebenzimmer, damit sie sich unbeobachtet wähnten. Ab nun hieß es in den einschlägigen Kreisen der Hamburger High Society hinter vorgehaltener Hand: »Hast du gehört, der Harksen hat eine Bonität von 83 Millionen. Der junge Spund hat ja gewaltig was am Laufen.«

Das Einkaufszentrum wollte ich nicht haben. Was hätte ich auch damit anfangen sollen? Seinen Zweck hatte es ja schon erfüllt. So behielt ich diese Wahrheit drei Wochen für mich, bevor ich offiziell erklärte: Sorry Jungs, brauch' ich nicht. Inzwischen hatte ich schon neue Papiere für den Schreibtisch.

Manchmal kamen die legalen Geschäfte sogar zustande, und ich verdiente nebenher echtes Geld. Einmal – ich glaube, es war 1991 – gewann ich bei einem Immobiliengeschäft ohne mein Zutun ein halbe Million Mark. Ein Berliner Unternehmer hatte als Autozulieferer einen eigenen Autoprototyp entwickelt. Dieses Unikat gefiel mir so sehr, dass ich 100 000 Mark dafür ausgab. Wenig später bat mich der Unternehmer um einem Kredit, weil er die Gehälter seiner Angestellten nicht mehr bezahlen konnte. Da die Firma ein wertvolles Grundstück besaß, erklärte ich mich bereit, für eine halbe Million Mark, die auf den späteren Kaufpreis der Immobilie angerechnet oder als Kredit zurückgezahlt werden sollte, eine halbjährige Kaufoption zu erwerben. Als die Firma erwartungsgemäß wenig später Pleite ging, konnte ich diese Option für eine ganze Million weiterverkaufen.

Insgesamt machten die legalen Geschäfte in den Jahren 1988–91 Umsätze von ein paar Millionen, immerhin. Das war zwar wenig im Vergleich zu den Erträgen, die aus dem Glauben an das »große Investment« flossen, aber es war für mein Selbstwertgefühl wichtig als Beweis der Tatsache, dass ich auch legales Geld verdiente.

Zu Hause am Kritenbarg

Wir zogen 1989 an den Kritenbarg 39, in die Nachbarschaft von Vorstandsvorständen und allerlei Promischickeria. Das Grundstück lag nahe der Alster im Stadtteil Poppenbüttel, nur ein paar Kilometer nördlich meiner aktuellen Postadresse. Der typisch hanseatische Klinkerbau aus den dreißiger Jahren kostete knapp eine Million Mark und war zum Zeitpunkt des Kaufs in einem ziemlich heruntergekommenen Zustand. Für mehr als das Vierfache der Anschaffungssumme ließ ich es in zwei Phasen umbauen. In der ersten Phase verhielten Jeanette und ich uns wie typische Neureiche: Wir ließen das Gebäude bis auf das nackte Gerippe entkernen und einigten uns auf eine Gestaltung im Stil meiner Lieblingsserie *Dallas*: Säulen links, Säulen rechts, Säulen in der Mitte. Der Boden bestand aus weißem argentinischen Marmor, auch die Küche war ganz in Weiß, Vorhänge und Schränke türkis, die Wände weiß gelackt. Plexiglastische standen wie überdimensionierte Eiswürfel im Raum.

Manchmal luden wir Sterneköche ins Haus, es wurde diniert mit Butler und Blick auf den illuminierten Pool. Großzügig lud ich meine Kunden in unser Zuhause ein. Zu trinken gab es Pétrus, die Flasche zu heute vierstelligen Europreisen. Davon lagerten dreißig bis vierzig Flaschen im Keller. An einigen Abenden waren auch mehr oder weniger prominente Schauspielerinnen oder Malerinnen geladen. Das Haus verwandelte sich dann in ein Blumenmeer, der Florist verdiente sich eine goldene Nase. Die Kunden waren schwer beeindruckt. Jemand, der so viel vorzuzeigen hatte, warum sollte der etwas zu verbergen haben?

Für mich war es Business as usual: Ausgabe gleich Einnahme mal Faktor X. Repräsentationsausgaben machten sich immer bezahlt. Sie erschlossen mir ständig neue Kundenkreise. Die opulenten Rechnungen meiner Lieferanten bezahlte ich in dem sicheren Bewusstsein, das Geld auf dem Umweg über die neugewonnenen Kunden wieder hereinzubekommen.

Nach einem Jahr hatten wir den neureichen Stil satt. Wir wollten es gemütlich haben, egal, was die Leute darüber denken würden. Ich engagierte einen Innenarchitekten, die antiseptisch weiße Einbauküche wurde herausgerissen und durch eine neue aus Vollholz ersetzt, auf den Marmorboden kamen Holzdielen. Das mache man doch nicht, hieß es, aber das war uns egal. Im Garten ließen wir für 80 000 Mark Rhododendronbüsche einpflanzen.

So viel Geld der Umbau auch kostete, er machte sich bezahlt, denn alle Fachleute, die ich für sündhaft teures Geld engagierte, wurden meine Kunden und gaben mir mehr Geld zurück, als sie mir in Rechnung gestellt hatten. Das galt für den Statiker ebenso wie für den Inhaber eines Sanitärhandels, bei dem wir für 50 000 Mark Sanitäranlagen kauften. Er legte wenig später eine Million bei mir an. Ein Möbelhändler, bei dem wir eine Einbauküche für 150 000 Mark gekauft hatten, gab mir gleich das Doppelte zum Anlegen. Sogar der Blumenhändler, von dem wir regelmäßig unsere Innenräume mit Bouquets ausstatten ließen, legte eine kleinere fünfstellige Summe an.

Während des Umbaus lebten wir überwiegend auf Ibiza. 1990 kaufte ich eine Villa in der Cala Real an der Westküste der Insel. Muckel verbrachte mit den Kindern einen Großteil ihrer Zeit dort, ich flog fast jedes Wochenende dorthin, oft in Begleitung von auserwählten Jüngern. Von Zeit zu Zeit gab ich rauschende Partys, zu Land und zu Wasser auf einer meiner Yachten, die im Hafen von Eivissa lagen. Oft nahm ich Kunden mit und quartierte sie im unweit gelegenen Hotel Village an der Cala Real nahe San Antonio ein. Dadurch florierte der Hotelbetrieb wie nie zuvor und nie danach. Manche meiner Kunden hatten dort Zimmer das ganze Jahr über durchgebucht, um bloß keine Gelegenheit zu verpassen, in meiner Nähe weilen zu dürfen. Bald hieß ich unter den überwiegend deutschen und britischen Residenten der Anlage »Mister Krachmacher«, weil ich mit meinem Motorrad wie ein junger Rüpel durch die Parksiedlung düste. Das sahen sie mir nach. Ich war ja der Milliardär und sie nur die popligen Millionäre.

Anfang der neunziger Jahre kam ich in Ibiza-Stadt plötzlich bei einem Bootsladen vorbei und hatte Lust auf ein Boot. Mein erstes Motorboot maß 30 Fuß und kostete damals 100 000 Mark. Das Herumschippern zwischen den Inseln mit meinen Freunden machte mir so viel Spaß, dass meine Yachten immer größer wurden: Das nächste Boot war eine 38er C-Ray und dann eine 42-Fuß-Yacht für 400 000 Mark mit zwei Motoren, zwei Schlafkabinen und Ausstattung, wie es sich gehört. Dann kaufte ich eine 60-Fuß-Yacht für 2,8 Millionen Mark, 3000 PS, drei Schlafkabinen, Wohnzimmer, Küche, Radarfernsteuerung und allem Schnickschnack. Ein superschneller Flitzer, fünf Meter breit und zwanzig Meter lang. Erst hieß sie Wallstreet – benannt nach dem gleichnamigen Film, wo Michael Douglas den Gekko spielt. Später Charib Charid, nach einer tunesischen Dame, die bei meinem ersten Urlaub von einer gleichnamigen Popband besungen wurde. Wir fuhren nach Mallorca und Sardinien, auch nach Monte Carlo zur Formel 1, oder wir machten kleine Ausflüge nach Formentera.

Ab 1988 fanden in meinem Haus am Kritenbarg immer öfter so genannte Privatpartys statt. Dort gab es einen riesigen Diskoraum mit der besten Soundanlage, die Hamburg je gesehen hatte, und einer Lichtanlage vom Feinsten mit Dampf- und Nebeleffekten. So nebelte ich meine tanzenden Geldanleger nicht nur rhetorisch ein. Immer hatte ich so fünfzig, sechzig Leute eingeladen, die Hälfte davon Kundschaft. Champagner, Wein und Kaviar flossen in Strömen auf Rechnung des Hauses. Ich war der DJ, das war mein Hobby. Getanzt wurde zu Musik nach meinem Geschmack, z. B. Marianne Rosenberg *Ich bin wie du* und *Tränen lügen nicht,* Bee Gees, Hits der siebziger und achtziger Jahre. Wenn die allgemeine Stimmung auf dem Höhepunkt war und die Gäste Lobgesänge auf das Haus, die Party und den Hausherren anstimmten, war das immer wieder Nahrung für meine Seele, die nach Anerkennung hungerte und nie genug davon bekommen konnte. Dann führte ich voller Besitzerstolz den einen oder anderen Kunden in meine Tiefgarage. Da standen drei bis fünf Luxusschlitten, die ich in der kommenden Woche zur Benutzung auserkoren hatte – eine kleine Auswahl aus den etwa hundert Edelkutschen, die der Firma VIP-Car-Rental alias Jürgen Harksen gehörten und in der Miethalle untergebracht waren. Nun führten wir ernsthafte Gespräche unter Männern, während die Frauen ein Stockwerk höher tanzten und gackerten. Öfter kam die Frage, ohne dass ich das Gespräch darauf brachte:

»Mensch, Jürgen können wir bei dir nicht noch mehr anlegen? Wir begreifen erst jetzt, wie gigantisch erfolgreich du bist.«

Solche Partys machten Spaß und kosteten immerhin 50 000 Mark alle paar Wochen.

Doch sie zahlten sich aus: Mindestens drei von zehn geladenen Gästen wurden Investoren und brachten pro Party ein Vielfaches der Spesen ein.

VIP-Car-Rental oder: Autos machen Leute

Durch den geleasten Porsche lernte ich 1988 Herrn Klaus kennen, den Inhaber der Leasingfirma. Für das erste Auto musste ich keine Anzahlung leisten, er brachte es mir sogar persönlich nach Hause. Als er beim Abschied einen Blick nach draußen auf die Straße warf, fragte er mich beiläufig: »Sehen Sie den da?« Er wies mit dem Finger auf einen 735i BMW, blaumetallic.

»Den fahre ich zur Zeit selbst. Schickes Auto, nicht wahr?« Ich nickte.

»Wissen Sie was? Der wär' doch sicher was für Ihre Frau.«

Da konnte ich ihm nicht widersprechen. Den BMW sollte ich ebenfalls ohne Anzahlung bekommen, nur auf meine Bonität hin. Deshalb zahlte ich auch pünktlich meine Leasingraten. Ein paar Monate später tauschte ich den BMW gegen einen Porsche 911 ein. Eines Tages rief mich Herr Klaus wieder an: »Ich habe einen heißen Tipp für Sie. Sie können von mir aus einem Konkurs nochmal vier Luxusschlitten bekommen und dabei sogar noch Geld sparen. Wir schnüren einfach ein Paket.«

Er riet mir, pro forma eine Autovermietung aufzumachen und die Autos dann an mich selbst zu vermieten. So könnte ich zwei Fliegen mit einer Klappe schlagen: Die Anschaffungs- bzw. die Leasingkosten wären Geschäftskosten, die ich absetzen könne, und die Miete, die ich an mich selbst zahlen würde, wäre ebenfalls abzugsfähig. Das leuchtete mir ein, und so ließ ich mir ein Auto nach dem anderen von Herrn Klaus aufschwatzen. Im Laufe weniger Monate hatte ich zehn Autos und musste sogar eine Halle zum Unterstellen anmieten.

Meine Haushälterin bat mich eines Tages um einen Job für ihren Mann, der seine Stelle verloren hatte. Er wurde mein Autowart, der erste Angestellte der Firma VIP-Car-Rental. Als ich zehn Autos hatte, sah ich keinen Grund, den Stall nicht noch mehr zu erweitern, zumal mein flüssiges Geld unentwegt anschwoll und im Vergleich dazu die Auszahlungswünsche sich in Grenzen hielten.

Ende der achtziger Jahre brach in Deutschland eine allgemeine Vermögenseuphorie aus. Die Reichen aller Bundesländer jubilierten unter dem Eindruck der Wiedervereinigung: Ab jetzt kann es nur noch bergauf gehen, endlich dürfen wir uns wirklich reich fühlen. Das wirkte sich auch auf den Automarkt in den höherpreisigen Segmenten aus. Zwischen 1988 und 1990 kam es auf dem Edelautomarkt zu einer Wertexplosion. Der Ferrari F40, Listenpreis 400 000 Mark, war zu Spitzenzeiten nicht unter zwei Millionen zu haben, denn er galt als Rarität und wurde nicht mehr gebaut. Das teuerste Auto, das ich zeitweilig besaß, war ein Ferrari California Spider, der als Sammlerstück einen Wert von acht bis zwölf Millionen Mark hatte. So florierte die Firma VIP-Car-Rental unabhängig von den Umsätzen anfangs allein aufgrund der Buchwertsteigerungen. Diese Entwicklung kippte 1991.

Ein Arzt aus Glücksburg, leidenschaftlicher Ferrarisammler, wollte seine Autos zu Phantasiepreisen verkaufen und fand partout keine Interessenten. In der düsteren Vorahnung, sich womöglich verspekuliert zu haben, kam ich ihm mit meinem 1300-Prozent-Versprechen gerade recht. So glaubte er, seine Fehlspekulation mit den Autos wieder gutmachen zu können.

Als er bereits zu klamm war, um sich per Scheck oder Bareinlage Zutritt zum erlesenen Kreis der Begünstigten zu erkaufen, die sich bereits als Teilhaber an meinem sagenhaften Reichtum sahen, bot ich ihm großzügig an, statt einer Bareinlage seine Autos zu den geforderten Verkaufssummen als Einlagen der Firma Nordanalyse gutzuschreiben und ihm entsprechende Schuldverschreibungen zu überlassen. Plötzlich hatte ich einen Stapel Autopapiere in der Hand. Die Autos kosteten mich außer dem Unterhalt, ein paar Worten und etwas Papier nichts, und mein Kunde hatte eine warme Phantasie mehr, auf die er sein ängstliches Haupt betten konnte.

Damit meine Fans ihrer Bewunderung Raum geben konnten, richtete ich einen Jour fixe ein: Immer samstags gab es Hackbrötchen in Harksens Autozoo. Der Fitnessclubbesitzer und sein Sohn waren zwei meiner Stammgäste. Eines Sonnabends schlug ich ihnen vor, sich fürs Wochenende zwei meiner Nobelkarossen auszuleihen und ihre Frauen mal richtig zu verwöhnen. Die seien schon verwöhnt genug, wehrten sie mit glänzenden Augen mein Angebot scheinheilig ab. Der Sohn bekam als Leihgabe einen Ferrari, der Vater einen dicken Mercedes. Am Montag brachten sie die Autos wohlbehalten mit der frohen Botschaft zurück: »Das Eis ist gebrochen. Du bist bei uns zum Essen eingeladen.«

Die Einladung nahm ich zwar nie wahr, aber dafür freute ich mich über den ersten »Hunni«, den Vater Clubbesitzer in der Woche darauf bei mir ablieferte. Davon kaufte ich voll Übermut gleich einen Ferrari Testarossa. Als er den zu Gesicht bekam, klopfte er mir anerkennend auf die Schulter: »Tolles Auto.«

»Hab ich von deinem Geld gekauft.« Da lachte er, weil er glaubte, ich hätte einen besonders guten Scherz gemacht. Besser als mit der Wahrheit kann man eben nicht lügen.

Bei Autos konnte ich einfach nicht nein sagen. Autos waren für mich Liebesbeweise pur. In der Halle stand ein Fuhrpark vom Feinsten, Ferraris aller Sorten, F40, Testarossa, 512 BB, 512 BBI; Lamborghini Diablo, Lamborghini Countach; Aston Martin Volante, Aston Martin Zagato; Mercedes 500 SL, 600er; BMW; Audi A8; Porsche 911er, 928er; Bentley; Rolls-Royce; Lotus. Was der Markt an exklusiven Fahrzeugen hergab. Alle trugen sie Nummern von HH-JH 1 bis JH 100. Diese Marotte pflegte ich schon seit der Bollerwagenzeit. Stolz musste ich eben auf mich selbst sein, nachdem meine zarte Seele von der Welt so sehr mit Verachtung gestraft worden war. Schon als Kind hatte ich Autos en masse – warum sollte das nicht so bleiben, dachte ich als Erwachsener. Und wenn ich schon mal die Gelegenheit zum Zugreifen hatte, warum sollte ich es nicht tun? Schließlich träumen die meisten davon, wenigstens einen dieser Schlitten ihr Eigen nennen zu dürfen. Auch wenn der dreiundzwanzigste Ferrari einen nicht mehr so vom Hocker reißt wie der erste, sehnte ich mich immer wieder nach dem Kick des »Besitzerstolzes«. So sammelten sich bei mir jeden Monat mehr und mehr Edelschlitten. Mein Faible sprach sich lauffeuerartig in den besseren Kreisen der Hansestadt herum: »Unglaublich, der Harksen hat ’nen ganzen Fuhrpark.«

Die Finanzierung der Autos erfolgte auf immer gleiche Weise: Ich stellte meinen Autohändlern beim Kauf vordatierte Schecks aus, bekam dafür das Auto samt Kraftfahrzeugbrief und einer Bezahlt-Rechnung. Damit ging ich zu einer Leasingfirma, verkaufte das Auto zum Originalkaufpreis und leaste es anschließend gleich wieder. So hatte ich gleich zwei Fliegen mit einer Klappe geschlagen: Einerseits hatte ich de facto das Auto und andererseits eine Barreserve, aus der ich die vordatierten Schecks über einen Zeitraum von mehreren Monaten begleichen konnte. Wenn der Leasingvertrag auslief und ich das Auto zum Restkaufwert übernehmen musste, bot ich es gleich wieder meinem Autohändler an. Um die Leasingraten zu bedienen, musste ich allerdings immer neue Autos kaufen. Auf diese Weise machte die Firma VIP-Car-Rental im Jahr 1990 an die 40 Millionen Jahresumsatz, ohne nennenswerte Mieteinnahmen zu haben. Insgesamt beschäftigte ich ungefähr sechzig Angestellte in meiner Firmengruppe. Zu ihren besten Zeiten 1990/91 hatte VIP-Car-Rental vier Niederlassungen in Hamburg, zwei weitere in London und auf Ibiza und eine Werbe-Präsenz in Monte Carlo. Die Autos kosteten 800 bis 2500 Mark pro Stunde.

Eines Tages 1991 unternahm ich eine Flugreise nach London mit zwei Autohändlern, der eine aus Bielefeld, der andere aus Gelsenkirchen. Sie wollten sich dort von meiner Bonität überzeugen. Zu dieser Zeit sah es mau auf dem Konto aus, da ich das einrollende Geld schneller ausgab, als es nachfloss. So hatte ich Mühe, das Geld für zwei Flugtickets erster Klasse aufzutreiben – für mich und meine Sekretärin. Trotzdem nahm ich sieben schwere Koffer mit. Wir stiegen im Savoy ab. Beim Einchecken hatte ich Angst, eine Vorauszahlung hinterlegen zu müssen. Bar hatte ich kaum noch etwas, die Kreditkarte war ausgeschöpft, ich vertraute darauf, dass sich während des Londonaufenthalts irgendetwas ergeben würde.

Vor den Augen meiner Begleiter steckte ich dem Liftboy eine Hundert-Pfund-Note zu – die letzte, die ich hatte. Meine Begleiter waren sichtlich beeindruckt. In Windeseile sprach sich die Geste herum. Am gleichen Abend erschien der Hoteldirektor auf meinem Zimmer und sprach mir seinen Dank aus, mich in seinen Räumen beherbergen zu dürfen. Er hatte eine

Flasche Champagner dabei und versprach, bei den nächsten Aufenthalten großzügige Rabatte zu gewähren. Dann ging ich mit meinen Autohändlern speisen.

Edle Weine kitzelten die Gaumen, ihre Augen besoffen sich an den Nullen, die sie auf Kontoauszügen fanden, die ich ihnen zwischen zwei Sätzen vor die Nase hielt. Sie durften prüfen, was der Augenschein hergab, mehr war nicht drin. Natürlich hielt ich mich bei näheren Auskünften zu meinen Geschäften bedeckt, dafür hatten sie Verständnis. Das Ambiente beeindruckte sie schwer, der Alkohol tat sein Übriges. Nun waren sie bereit zu Geschäften aller Art. Wir duzten uns, ich bekam gegen fünf vordatierte Schecks gleich einen Kraftfahrzeugbrief von einem Aston Martin La Gonda, Wert: 250 000 Mark, schwarz, Magnolienholz, Ledersitze, Vollausstattung. »Einmal alles«, wie der Bielefelder Autohändler es nannte. Dieses Prachtstück fehlte mir noch in der Sammlung.

Am nächsten Morgen überredete ich die Männer, bei Harrod's besonders feine Seidentücher für ihre Frauen zu kaufen, mit einem eingestickten Harrod's-Logo und einem exklusiven Parfüm. Nachmittags wurden wir von einer Aston-Martin-Gesandtschaft abgeholt, um eine Werksbesichtigung zu machen. Dort wartete der Direktor auf mich, denn er hatte gehört, ich sei der Besitzer einer sagenhaft erfolgreichen Autovermietung für das gehobene Segment. Häppchen wurden gereicht, wir wurden durch die Halle geführt. Die beiden Händler staunten über die Ehrerbietung, die man uns angedeihen ließ. Der Direktor redete die ganze Zeit auf mich ein. Ich verstand zwar etwas mehr Englisch als meine beiden Begleiter, aber zu einer richtigen Konversation hätte es zu dieser Zeit nie gereicht. Es hieß immer: Herr Harksen hier, Herr Harksen da. Ich sagte in mehr oder weniger regelmäßigen Abständen »thank you«,

»how lovely«, »wonderful«, um wenigstens den Anschein zu erwecken, als könnte ich den Ausführungen des Direktors folgen. Wofür ich mich permanent bedankte, weiß ich heute noch nicht.

Am nächsten Tag fuhren wir nach Hause. Ich bezahlte die Rechnung per Scheck mit der Bitte, ihn erst in einem Monat einzulösen. Der Hoteldirektor bedankte sich artig. Am Telefon berichteten meine Autohändler am gleichen Abend, die von mir ausgesuchten Geschenke seien gut angekommen.

Mit den Autos hatte ich aber auch jede Menge Ärger am Hals. Sei es, dass sie umsonst verliehen und kaputt zurückgebracht wurden. Für die Reparatur kam ich natürlich klaglos auf. Oder sie wurden nach Polen und Russland verschleppt. Die Zusammenarbeit mit den dortigen Behörden verlief jedoch gut – mit Verzögerung bekam ich alle meine Schäfchen zurück, oft leicht lädiert.

Als der große Autoboom kippte und parallel zum Wertrückgang auch ein Umsatzrückgang einsetzte, veranstaltete ich 1991/92 mehrere Autokorsos in der Hamburger Innenstadt, um die Werbetrommel zu rühren. Mit Topmodels bestückt fuhren fünzig Limousinen und Sportwagen die Reeperbahn auf und ab, zur Freude der Passanten und der Lokalpresse. Parallel dazu startete ich einen Werbefeldzug auf elektronischen Litfaßsäulen in ganz Hamburg – ohne nennenswerte Resonanz.

Über meine Autoleidenschaft lernte ich Boris Fürth-Feucht kennen, dessen Familie ein riesiges Paket Industrieaktien besaß. Er hatte in Oxford studiert und war immer vornehm gekleidet. Ende der achtziger Jahre hatte er sich um die Ecke von meiner Firma für vierzig Millionen Mark einen Autotempel erbauen lassen. Doch sein Geschäft – Verkaufen, Vermieten – lief ebenso schlecht wie mein VIP-Car-Rental. Nachdem ich zu einem seiner besten Kunden geworden war, fing er auch Feuer bei mir.

1992 war ich mit Erwin Lindemann und anderen Kunden in Genf auf der Messe. Boris Fürth-Feucht hatte dort mit seiner Leasingfirma für Nobelkarossen einen Stand. Plötzlich sah ich einen wunderschönen schwarzen Bentley Turbo, mit der legendären »Einmal-alles-Ausstattung«. Ich verliebte mich auf der Stelle in den Wagen und sagte zu seinem Herrchen: »Wissen Sie, ich nehm den Wagen. Aber ich brauche ihn morgen in Hamburg. Ein wichtiger Termin!«

Herr Fürth-Feucht zuckte zusammen: »Aber das ist ein Ausstellungsstück, wie soll das gehen?«

Mein Scheckbuch hatte ich schon gezückt. »380 000 Mark, hören Sie! Einverstanden?«

»Ja.«

»Na dann packen Sie ihn mir ein.«

Erwin Lindemann perlten die Schweißtropfen vom Gesicht, als er mich verhandeln hörte. Nun kam Unruhe am Stand auf: Showtafeln wurden aus dem Weg geräumt, Menschen wuselten umher. Als ein Chauffeur gefunden war, bahnten wir uns einen Weg durch die Ausstellungshalle. Der Bentley folgte uns brav im Schritttempo wie ein Dackel. Wieder mal hatte ich einen Nachmittag vor dem gefräßigen Ungeheuer der Langeweile gerettet! Am nächsten Tag stand der Wagen pünktlich in Hamburg vor der Haustür, während wir im Jet zurückgeflogen waren.

Vom Schneeball zur Lawine

Die Firma Nordanalyse bekam 1988 eine repräsentative Geschäftsadresse am Jungfernstieg, ein 150 Quadratmeter großes Büro mit Vorzimmer und drei Sekretärinnen, und blieb dort bis 1990. Bei der Miete und anderen Ausgaben half mir Jochen Strunz, ein Textilerbe, der sich auf der Suche nach einer sinnvollen Betätigung als Geschäftspartner anbot. Ab nun überschlugen sich die Ereignisse. Immer häufiger geriet ich in Situationen, in der Kunden mir hinterherliefen, um ihr Geld loszuwerden.

Freitagnachmittag, irgendwann 1989. Ich hatte bereits gepackt und wartete auf den Chauffeur, der mich zum Flughafen bringen sollte. Ein Wochenende in Ibiza stand bevor, das Privatflugzeug wartete vollgetankt am Rollfeld des Hamburger Flughafens. Da klingelt meine Sekretärin: »Herr Harksen, da ist ein Herr Vogel, der möchte Sie gerne sprechen.«

»Ich kann nicht, ich bin auf dem Weg nach Spanien.«

»Der will Sie aber unbedingt jetzt sehen.«

Ich bat ihn kurz ins Büro hinein. Stefan Vogel, mein Jahrgang, trug Cordhose und Wildlederjacke, mehr hatte er nicht nötig. Er kam gleich zur Sache: »Herr Harksen, ich habe sehr viel von Ihnen gehört. In Schweden habe ich soeben ein großes Immobiliengeschäft mit einem Herrn Jongens gemacht, der erzählte mir, wie erfolgreich Sie in Skandinavien tätig waren. Den kennen Sie doch?«

Obwohl ich den Namen noch nie gehört hatte, nickte ich.

»Nun möchte ich bei Ihnen einen großen Betrag spekulativ anlegen, und ich muss das unbedingt heute tun.«

»Aber Herr Vogel, warum so überstürzt?«

»Das hat steuerliche Gründe.«

»Herr Vogel, wissen Sie, ich fahre jetzt ins Wochenende, meine Familie wartet bereits auf Ibiza. Ich habe jetzt keine Zeit. Lassen Sie uns das nächste Woche machen, ich bin irgendwann Mitte der Woche wieder da.«

»Herr Harksen, geben Sie mir bitte Ihre Kontonummer, ich möchte gerne heute überweisen, wir können die Verträge später machen.«

»Aber Herr Vogel, Sie müssen doch irgendeinen Hintergrund haben, Sie müssen wissen, wofür Sie Ihr Geld zahlen, was ich damit machen soll.«

»Nein, ich weiß alles über Sie. Geben Sie mir einfach Ihre Kontonummer, und wir können dann ja von Spanien aus einmal telefonieren.«

»Okay, Herr Vogel, wenn Sie das so wollen.«

Dann bat ich meine Sekretärin, ihm die Nummer zu geben. Am Dienstag rief meine Sekretärin an: »Herr Harksen, stellen Sie sich vor, der angekündigte Betrag von Herrn Vogel ist eingegangen, ohne Zweckangabe und ohne Vertrag.«

»Das kann doch wohl nicht angehen.«

Ich rief ihn gleich an und dankte ihm für sein Vertrauen.

»Herr Harksen, überhaupt kein Problem, das ist nur der Anfang.« Ein paar Tage später trafen wir uns in meinem Büro. Er unterschrieb eine »Beitrittserklärung« und erhöhte später seinen Einsatz noch zweimal. Eine solche Beitrittserklärung bedeutete nichts anderes, als dass ich dem Kunden einen riesigen Spekulationsgewinn versprach, ohne einen Auszahlungstermin zu nennen.

Immer wenn die Situation brenzlig wurde und ich das Gefühl hatte, jemand wolle mir den Kopf abreißen, passierte durch meinen Einsatz genau das Gegenteil: Aus potenziellen Feinden, misstrauischen Kontrolleuren und wütenden Eintreibern wurden gefügige Kunden, die wie hypnotisiert an meinen Lippen hingen, während ich aus dem Stegreif Geschichten improvisierte.

Bereits 1989 war ich bei dem Fitnessclubbesitzer vorübergehend in Zahlungsverzug geraten. Er verdonnerte mich, seinen Wirtschaftsprüfer zu treffen und ihm die ganze Angelegenheit mit meinen blockierten Ansprüchen zu erklären. Als ich in dessen Villa kam, wurde mir ganz mulmig. An Prunk übertraf dieses Gebäude alles, was ich bisher in Hamburg gesehen hatte. Auf seine lapidare Frage, warum es denn nun in Skandinavien hake, erzählte ich ihm eine Räuberpistole, die von der Schwierigkeit, eine Bank eingetragen zu bekommen, bis hin zu fehlenden Kapitalausfuhrgenehmigungen handelte. Die Performance überzeugte den Wirtschaftsprüfer. Am Ende fragte er kleinlaut: »Darf ich auch?«

Er gab mir einen Scheck über 250 000 Mark. Als ich im Auto auf dem Weg nach Hause saß, war ich erleichtert und fassungslos zugleich. Wie hatte ich das nun wieder geschafft?

1990 war die Nordanalyse zur Firmengruppe mutiert, die Beteiligungsbeziehungen zu Firmen in fast allen Steuerparadiesen dieser Welt unterhielt. Gegenüber den Anlegern wirkte dieses Scheinimperium wie eine gewaltige Kulisse, gegenüber dem Finanzamt eröffnete es ebenso gewaltige Handlungsspielräume. Die Firmen hießen u. a.: Ars Nova GmbH, Art Plus Nouveau, Jürgen Harksen GmbH, Modus Corporation, Screen Entertainment, State of Art, Tor Holding Ltd., VIP

Ars Nova GmbH, VIP Außenhandelsgesellschaft mbH, VIP Beratung für Management & Consulting GmbH, VIP-Car-Rental GmbH, VIP Cars International, VIP Immobilien, VIP Leasing GmbH, NAH Nordfinanz GmbH, Hanseatic American Consultant Corp., Global Finance S.A., Fates Finance Corp., Fregas Assets Corp., Interinvest, VIP Car Trading usw. Wie viele es insgesamt waren, kann ich beim besten Willen nicht mehr rekonstruieren, die meisten von ihnen waren ohnehin reine Briefkastenfirmen, die zur Erzeugung und Stützung von jeweils aktuellen Legenden gebraucht wurden und ebenso schnell, wie sie auftauchten, in der Versenkung verschwanden.

Wir zogen um in den Harvestehuder Weg, in ein 400-Quadratmeter-Haus mit drei Etagen. In den ersten beiden Stockwerken waren die Büros und mehrere Konferenzräume, oben gab es eine private Einliegerwohnung, in der ich ganz allein wohnte und ab und zu meine Kunden bekochte. Das Bekochen meiner Kunden stellte ein wichtiges Aufnahmeritual für den Beitritt zur Gemeinde dar. Wenn ich erfahren hatte, dass ein Kunde sich bei mir engagieren wollte, begann ich Erkundigungen über ihn einzuholen: Was raucht er, was trinkt er? Genau das stand dann vor seiner Nase. Ist er ein untreuer Ehemann? Dann führte ich ihn nach dem Essen in ein zwielichtiges Etablissement. Wo hat er seine Immobilien? Genau das war meine Lieblingsgegend. Sammelt er Krawatten? Dann sammelte ich auch Krawatten.

So schuf ich eine vertraute Atmosphäre, in der meine Kunden sich wohl fühlen und entspannen konnten. Je wohler sie sich fühlten, desto mehr Geld ließen sie springen. Je mehr Geld sie hatten, desto unwohler fühlten sie sich normalerweise und desto ergiebiger war ihr Wohlgefühl mit mir.

Der größte Konferenzraum am Harvestehuder Weg hatte Schiebetüren, die den Blick auf einen schiffsförmigen Designertisch für fünfzehn Gäste freigaben, zu beiden Seiten von Edelholzregalen flankiert, auf denen Werke der Weltliteratur zu finden waren. Einige der Autoren wie Goethe oder Shakespeare kannte ich zwar vom Hörensagen, doch von den meisten hatte ich noch nie gehört, denn mein Innenarchitekt hatte sie ausgesucht. An den Wänden hingen in wertvollen Rahmen entwertete historische Aktien. In den schwarzen Teppichboden waren Streifen mit der hanseatischen Flagge eingewebt. Der Konferenztisch sah aus wie ein Wikingerschiff. Am Ende des Tisches befand sich ein riesiger Lehnstuhl, der für mich bestimmt war und alle anderen Sitzgelegenheiten überragte, und auf der anderen Seite wunderbare Ledersessel und -stühle, jeder in einer eigenen Farbe. Mein Drehsessel war doppelt so groß wie alle anderen Sitzgelegenheiten.

Meine Sekretärinnen, die mein Partner Jochen Strunz ausgesucht hatte, verstanden weder etwas von Rechtschreibung noch von Buchhaltung. Dafür hatten sie prächtige Oberweiten. Selten verließ ein fehlerfreier Brief meine vornehme Residenz. Auf gehäufte grammatikalische und orthografische Schnitzer in der Korrespondenz reagierte meine Kundschaft jedoch mit der Generalabsolution: Er ist eben Skandinavier. Zum Ausgleich dienten die Sekretärinnen meiner fast ausschließlich männlichen Kundschaft als Blickfang. Wer von meinen Kunden am ehelichen Esstisch darüber eine unvorsichtige Bemerkung gemacht hatte, musste sich neben Verdächtigungen bezüglich meiner Seriosität auch noch die eifersüchtige Frage gefallen lassen: »Gehst du wieder Titten kucken?« So wurde mir jedenfalls mehrfach aus dem Munde meiner Kunden berichtet.

Der einzige Verkaufsartikel, den die Firma Nordanalyse unbegrenzt auf Lager hatte, war die Beitrittserklärung. Offiziell waren die Erklärungen streng limitiert. Das leuchtete ein, denn auch ein Milliardär muss sein Geld zusammenhalten. Für mich waren sie einfach bedrucktes Papier. Vertraglich stand ich ziemlich gut da, denn weder enthielt die Beitrittserklärung einen Fälligkeitstermin für die Spekulationsgewinne noch hatte ich versäumt, auf die Möglichkeit des Totalverlustes hinzuweisen. Wörtlich hieß es in Punkt 2 der allgemeinen Geschäftsbedingungen: »Aufgrund der Anlageberatung und Vermögensverwaltung in spekulativen Investitionen ist das Risiko des Totalverlusts des eingebrachten Betrags nicht auszuschließen. Bei dem eingebrachten Betrag handelt es sich um Risikokapital, folglich kann der genaue Zeitablauf der Einlage nicht bestimmt werden. Ein eventuell eintretender Verlust des Risikokapitals darf die wirtschaftliche Existenz nicht gefährden.«

Mündlich und zum Teil auch in schriftlicher Form versicherte ich meinen Kunden stets, dass es sich um Investments ohne wirtschaftliches Risiko handele. Spekulativ sei allenfalls der Zeitpunkt der Auszahlung, da die Gelder bereits verdient seien und nur auf Auszahlung warteten. Der offensichtliche Widerspruch in den zwei Darstellungen interessierte niemanden.

Dabei waren die Verträge immer so gestaltet, dass ich mit dem Geld prinzipiell machen konnte, was ich wollte. Nie sagte ich: Gib mir 100 000 Mark, ich kaufe damit morgen Schweinebäuche oder lege das Geld in Öl oder Aktien an. Jedem Kunden war klar, dass ich für das Geld Autos, Yachten, Villen oder sonst irgendetwas für mich kaufen konnte, solange ich irgendwann die Gewinnerwartung von 1300 Prozent bedienen würde. Auf gut Deutsch hieß der Deal: Du gibst mir hundert, ich geb dir tausenddreihundert zurück, aber ich sag dir nicht wann.

Um meine Kunden zusätzlich in Sicherheit zu wiegen, ließ ich notariell beglaubigte Schuldanerkenntnisse ausstellen, in denen der versprochene Gewinn bereits enthalten war. Ein Schuldanerkenntnis bzw. ein Schuldschein hat den gleichen Effekt wie ein rechtskräftiges Urteil und gibt dem Eigentümer das Recht zur sofortigen Zwangsvollstreckung beim Schuldner. Insgesamt stellte ich Schuldscheine über Summen von mehreren Milliarden Mark aus – was einem Todesurteil für eine seriöse wirtschaftliche Existenz gleichkommt. Da ich bei meinen Kunden als seriös galt, konnten die Schuldverschreibungen ungehindert ihre magische Wirkung entfalten.

Denn nichts gibt sich leichter aus als Geld, das man nicht hat. So nahm ich die Rechts- und Wirtschaftsexperten als seriöse Aushängeschilder mit an Bord. Schließlich verdienten sie leichtes Geld durch mich, denn für das Geld, das die Kunden bei mir ablieferten, gab es Schuldanerkenntnisse, sprich: (in meinem Fall) wertloses Papier. Je höher das Schuldanerkenntnis, desto besser für den Notar, denn dank der Abrechnungsordnung konnte eine einzelne Urkunde schon mal mit 50 000, 100 000 oder auch einer Million Mark zu Buche schlagen. Die üblichen Belehrungen konnte er sich in meinem Fall schenken. Um mir zugleich lästige Einzelrechnungen vom Hals zu halten, bekamen manche Notare an meiner Seite pauschal ein Honorar von 150 Millionen Mark, zahlbar am Tage X, der jeden Tag aufs Neue in zwei Wochen war. Damit hatte ich sie hundertprozentig als Insassen im Dauert-noch-Haus gewonnen.

Für die Kunden war damit klar, dass alles seine Ordnung hatte, denn meine Notare, Anwälte, Steuerberater und Wirtschaftsprüfer hatten den besten Ruf in der Hamburger Geschäftswelt. Auch Faktor 13 war damit notariell abgesegnet. Die Anwälte und Notare wurden größtenteils selbst meine

Kunden, um ihre Gewinnerwartung über die 150 Millionen hinaus zu steigern. Was waren schon 150 Millionen? Ungefähr 150 Millionen zu wenig, die Hälfte von dem, was ihnen zustand, ein Zehntel von dem, was ich ihrer Meinung nach bereits hatte, sprich: fast nichts. So bekam ich ihre Arbeit umsonst und Geld obendrein. Die Phantasien, mit denen ich ihren Giernerv steuerte, konnten sie nun gegenüber ihren eigenen Mandanten mit großer Überzeugungskraft vertreten. Ich war der Hohepriester, meine Anwälte die Ministranten. Jeden Tag empfing ich meine Gläubigen und verteilte den Segen: Das Füllhorn wird sich bald vom Himmel ergießen, auf dass für alle gesorgt ist. Ihr müsst nur glauben! Und sie glaubten an mein riesiges Vermögen, das nur vorübergehend durch die skandinavischen Steuerbehörden meinem Zugriff entzogen war. Solange sie darauf hofften, versuchten sie auch gar nicht erst, ihre Schuldanerkenntnisse einzulösen.

Das Skandinavien-Investment

Das erste fiktive Investment, das ich an meine Kunden verkaufte, war das so genannte Skandinavien-Investment. Es begann 1987 mit zwei weißen Plastiktüten, in denen sich, in Kartons verpackt, dänische Butter, Rotkohl und Leberpastete befanden. Außen trugen sie den Schriftzug einer bekannten dänischen Bank. Ich hatte gerade meinen roten Käfer, den ersten Wagen meiner Frau, ein paar Schritte vom Hauseingang eingeparkt, als mir der Fitnessclubbesitzer mit breitem Lächeln entgegenkam. Er war der Vaters des Mannes, der mir als zweiter Kunde Geld zum Vermehren anvertraut hatte, und wohnte nur ein paar Straßen weiter.

»Guten Tag, Herr Harksen, Sie waren wohl mal wieder in Dänemark, nicht wahr?«

»Ja.«

»Sie müssen doch einen Grund gehabt haben!«

»Ja, einkaufen.«

»Na, na, jetzt flunkern Sie mal nicht. Sie haben doch sicher wieder Geschäfte gemacht.« Offenbar hatten ihn die Erzählungen seines Sohnes schwer beeindruckt. »Soll ich Ihnen tragen helfen?«

Ich schüttelte den Kopf, denn ich wollte ihm keinen Vorwand liefern, mit in die Wohnung zu kommen, und drückte die Tüten fest an mich. Nun war seine Neugier erst recht geweckt. Er folgte mit die Treppen hoch und sagte verständnisvoll: »Das können Sie mir ja gleich bei einer Tasse Tee erklären.«

Wir saßen zusammen im Wohnzimmer. Offenbar glaubte er, ich hätte in den Plastiktüten wichtige Geschäftsunterlagen transportiert. Ich ließ ihn in dem Glauben, denn er bestärkte sich selbst damit in der Überzeugung, sein Sohn habe bei dem richtigen Mann investiert. »Und, erfolgreich, die Geschäfte?«

Wahrheitsgemäß bejahte ich seine Frage. Neben dem Einkauf hatte ich mein Konto bei der Südbank abgefragt, die auch eine Filiale in Hamburg hatte. Das Depot mit überwiegend dänischen Firmentiteln war zwar nur um umgerechnet tausend Mark gestiegen, von denen mir hundert Mark als Provision zustanden. Aber war das etwa kein Erfolg? Nach konkreten Summen zu fragen, wäre selbst ihm aufdringlich erschienen. Dafür sagte er am Ende: »Übrigens, ich heiße Werner.«

Ein paar Tage später klingelte es erneut an der Tür. Wieder war es Werner. Ohne große Umschweife kam er gleich zur Sache: »Weißt du, Jürgen, ich habe es mir reiflich überlegt. Ich glaube an den skandinavischen Markt. Ich möchte auch 20 000 Mark anlegen. Du sprichst Dänisch, ich habe einen guten Riecher, und zusammen sind wir ein unschlagbares Team.«

Also tat ich ihm den Gefallen.

Im ersten Monat 1988 unternahmen wir eine Skireise ins Stubaital, meine Frau und ich, Werner und vier Freunde, von denen einer später als Nemax-Unternehmer mit einer Software-Firma Millionen an der Börse scheffelte. In der bösen Vorahnung, dass Werner mich den ganzen Tag mit seinen Fragen nach den aktuellen Kursen nerven würde, hatte ich vorsorglich meine dänische Bank gebeten, mich über alle Kurse der dänischen Börse auf dem Laufenden zu halten. So kam gleich am ersten Abend die Concierge mit einer dicken Faxrolle an unseren Tisch – das hob mein Ansehen als hochkarätiger Geschäftsmann gewaltig. Meine Phantasie kam ebenfalls in

Fahrt: Nachdem ich die Papiere durchgeblättert und hocherfreut festgestellt hatte, dass die von mir gehaltenen Werte eine Kurssteigerung von dreißig Prozent verbuchten, gab ich lauthals prahlend in die Runde: »Dreihundert Prozent! Das ist doch nicht zu fassen! Eine Runde Champagner für die Herren!«

Am nächsten Morgen trug mein Auftritt Früchte: Werner machte nochmal per Scheck einen »Hunni« locker.

Am Anfang war das Skan-Investment ein Geschichtstorso mit den beiden Eckpunkten: Ich war ganz arm, und jetzt bin ich ganz reich. Meine Grundgeschichte war die: Ich hatte bereits Geld in Skandinavien verdient, ich musste mich zwischenfinanzieren. Dafür habe ich das meiste Geld von meinen Kunden bekommen. Während ihrer fünfzehnjährigen Laufzeit (1987 bis 2002) erfuhr die Geschichte des Skandinavien-Investments immer weitere Ausschmückungen. Ihre Details entstanden aus den Nöten des Moments, und für mehr als den Moment waren sie nicht gedacht. Oft lieferten mir die Recherchen der Kunden, mit denen sie meine Geschichte überprüfen wollten, neue Informationen, die ich einbauen konnte. Oder ich ließ mich von der Wirtschaftspresse anregen. Zu diesem Zweck hatte ich auch eigens einen Angestellten engagiert, der Zeitungsartikel nach meinen Stichwortvorgaben sammelte und statt eines Gehalts mit Fondsanteilen bezahlt wurde. Manchmal musste ich, um eine kleine Legende rückwärts abzusichern, Verträge und Briefverkehr nachträglich fingieren. Meine Vergangenheit musste ständig den steigenden Einkommensverhältnissen angepasst werden.

Die Anfangsversionen meiner Vermögensentstehungslegenden enthielten vergleichsweise bescheidene Summen. Im Jahre 1987 hätte ich mit der Nordanalyse Hamburg bei Freunden und Familienangehörigen 4,5 Millionen Mark eingesammelt. Dieses Geld und ein Betrag von 18,8 Millionen aus einer Quelle, die ich nicht nennen könne, sollte im März 1987 bar bei der Credit Lyonnais in Monte Carlo zugunsten der in Monaco residierenden Global Finance S.A. eingezahlt worden sein, einem Firmenmantel, der 1986 von einem Herrn Nicolas Dupière, Monte Carlo, erworben worden sein soll.

Der Name fiel mir 1989 auf einer Reise nach Nizza ein, als ich aus dem Flugzeugfenster eine Propellermaschine mit der Beschriftung »Global Express« erblickte. Der Name brachte mich auf eine Idee: Die Finanzwelt global zu bewegen kann doch nicht verkehrt sein. Hamburg – London – Monte Carlo: Das war doch schon die halbe Welt. Aus der Hälfte das Ganze zu machen – das erschien mir nicht sonderlich schwer.

In Monte Carlo wohnte ich im Vista-Palace-Hotel. Während ich an der Bar eine Cola light trank, feilte ich weiter am Namen meiner Phantasiefirma. »Global Finance« klang schon ganz gut, aber noch nicht gut genug. Ein römischer Centurio musste her, um die rhetorische Schlagkraft zu erhöhen: »Bank of Global Finance Centurio S.A.« Das war ein Name nach meinem Geschmack. Die von mir eigenhändig gefälschten Besitzerzertifikate der Firma trugen als Firmenbezeichnung S.A. und wiesen Monaco, wo eine derartige Firmierung nicht eingetragen werden kann, als Domizil aus. Wie immer diente die Offensichtlichkeit der Fälschung meiner moralischen Entlastung. Wegen meiner Fähigkeit, das Reich der Phantasie mit der Realität auf das Angenehmste zu verquicken, nannte Jeanette mich in diesen Jahren immer wieder einen »Glückspilz des Herrn«.

Im Lauf der folgenden Jahre baute ich meine Geschichte vom Skan-1000-Investment gegenüber Neuanlegern immer weiter aus: Unter verschiedenen Firmenbezeichnungen wie Tor, Boy Invest, Hydroscan, Interinvest, Modus etc. hätte ich die Gelder zu Aktiengeschäften und Firmenübernahmen in Schweden, Dänemark und Norwegen verwandt. Gehandelt hätte ich mit 74 verschiedenen Aktien und 8 Firmenübernahmen, insgesamt 1226 einzelne Transaktionen, bei denen ein Gewinn in Höhe von 800 Millionen Mark und manchmal auch Dollar entstanden sei. Mit den Währungen war ich bei meinen Erzählungen flexibel: Mal waren es Dollar, mal Pfund, Franc oder Mark – den Rubel ließ ich nur selten rollen. Ab 1987 seien die gewinnberechtigten Gesellschaften bemüht gewesen, das erwirtschaftete Kapital aus Skandinavien zu transferieren, jedoch sei keine Ausfuhrgenehmigung erteilt worden. Aufgrund der Größenordnung der erzielten Gewinne sei es zu kontroversen Auffassungen der beteiligten Finanzbehörden über das ihnen jeweils zustehende Besteuerungsrecht gekommen.

Natürlich musste ich auch schriftliche Belege vorlegen, um jene Anleger zu beruhigen, die meinem guten Ruf und meinem flinken Mund erlegen waren. Als Beleg diente mir etwa das Formular einer Ausfuhrgenehmigung, das jeder skandinavische Tourist ausfüllen musste, um seine Reisekasse zu exportieren, oder ein Überweisungsträger einer dänischen Bank. In der Regel handelte es sich um echte Vordrucke, nur die Zahlen, Stempel und Unterschriften hatte ich selbst gemacht. 1988 hatte ich ein Postspiel für kleine Kinder gekauft, mit Stempelkissen und einer klitzekleinen Pinzette und losen Buchstaben. Bei meiner ersten Fälschung saß ich im Auto und bastelte den Stempel: BETÄLT, das dänische Wort für »bezahlt«. Den größten Stress hatte ich aus Angst vor meiner Legasthenie, aber ich beruhigte mich damit, dass meine Kunden sowieso kein Dänisch sprachen. Den Überweisungsträger füllte ich später mit einer Reiseschreibmaschine aus: 600 000 Dänische Kronen. Mit diesen beiden Dokumenten ging ich zu meinem Kunden, dem Fitnessclubbesitzer, und sagte: »Kuck' mal, hier ist die Originalausfuhrgenehmigung. Das Geld kann also ausgezahlt werden.«

Dann war der Kunde erst einmal beruhigt und aufnahmebereit für die nächste Verwicklung. Denn natürlich blieb es nicht bei der Genehmigung.

Den staatsautorisierten Revisor Lars-Peter Arnemann Paulsen führte ich ab Mitte Februar 1990 in den Rundschreiben als zentrale Figur der Auszahlungsblockade ein. Dieser habe Bedenken, weil das Investment ein Reinvestment sei und die Treuhänder außerdem als Käufer und Verkäufer aufgetreten seien. Immer wieder machten meine Anleger den Versuch, die Identität dieses Fabelwesens zu lüften, obwohl ich sie unentwegt davor warnte. Sie würden durch Recherchen ihr eigenes Investment gefährden, da die Verschleppung der Auszahlung seitens der Behörden damit begründet würde, dass es eine Klärung geben musste, ob Inländer oder ausländische Staatsangehörige die Gelder aus der Börsenspekulation erzielt hätten. Jede offenkundige Recherche würde neue Gerüchte über die Identität der Investoren in die Welt setzen, außerdem sei mit allen beteiligten Parteien strengste Geheimhaltung vereinbart worden, da es sich um eine delikate Staatsangelegenheit handele.

Zur Erwirkung einer Kapitalexportgenehmigung hätten die Firmen wie Global Finance, Interinvest, Security Invest, Boy Invest und Tor einen Rechtsstreit gegen die zuständigen Behörden in Stockholm geführt, der zu einer einvernehmlichen Lösung geführt habe: Die Behörden wollten dem Kapitalexport zustimmen, falls sichergestellt sei, dass die hinter den verschiedenen Gesellschaften stehenden Gesellschafter oder Aktionäre weder direkt noch indirekt Skandinavier seien. Eine weitere Auflage sei, dass die Gesellschaften über die aus Skandinavien transferierten Mittel nicht selbst verfügten, sondern diese treuhänderisch anlegten und dies ausführlich dokumentierten. So seien die erwirtschafteten Gewinne während des Rechtsstreits von ausländischen Treuhändern gehalten worden, die auch gleichzeitig die Verhandlungen mit den Behörden geführt hätten. Ab 1990 hieß es, mit den skandinavischen Finanzbehörden sei ein Vergleich geschlossen worden, wonach Kursgewinne mit 71 Prozent und Zinsgutschriften mit 94 Prozent besteuert würden.

Nach der Ausfuhr seien die Beträge von Treuhändern in Großbritannien und Monaco angelegt worden, was durch Kontoauszüge dokumentiert sei, die ich jedoch nicht aus der Hand geben dürfe. Die Gesellschaften hätten im Frühjahr 1990 eine Sitzverlegung nach Großbritannien veranlasst und eine entsprechende Banklizenz auf Jersey beantragt. Die Prozedur habe sich aber aufgrund des Zusammenbruchs der BCCI-Bank verzögert, der die Genehmigungskriterien für Bankgründungen bei den englischen Behörden verschärft habe. Letztlich sei die Genehmigung jedoch erteilt worden mit der Auflage, dass die Global Finance keine banktypischen Geschäfte tätigen dürfe, sondern sich auf die Verwaltung des eigenen Kapitals beschränken müsse.

Eine 109-seitige Bilanz, in der sämtliche Transaktionen dokumentiert worden seien, hätten die skandinavischen Behörden im Oktober 1991 erhalten; danach habe es Klärungsbedarf bezüglich der Quellen des Anfangskapitals gegeben, das von Monte Carlo nach Skandinavien geflossen sei. Diese Fragen seien beantwortet, so dass sich der Revisor Paulsen bzw. dessen Gesellschaft Security Scandinavia ABS zur Freigabe wenigstens der in der Bilanz ausgewiesenen Provisionen und Kosten bereit erklärt hatte. Insgesamt handele es sich bei dem Vermögen, von dem mir jedoch ein erheblicher Teil zustünde, um 867 Millionen US-Dollar (Sensaei Corp, Security Partnership Boston und Fates Finance Investment Inc.) sowie 1982 Millionen englische Pfund (Global Finance) und 91 Millionen englische Pfund (Dan Air). Allein der Nordanalyse Hamburg stünden 168 Millionen zu, oder, je nach Tageskurs und Laune, auch mal 220 oder 331 Millionen. Oft hatte ich vergessen, was ich den Kunden bei der ersten Begegnung erzählt hatte, und nannte im Zweifelsfall eine höhere Zahl. Manche Kunden wunderten sich über die plötzlichen Vermögenssprünge, hielten das aber eher für ein Zeichen meiner geschäftlichen Rafinesse als für ein Warnzeichen. Dann hieß es, wie mir unter dem Siegel der Verschwiegenheit mitgeteilt wurde, im vertraulichen Gespräch untereinander: »Na ja, als wir uns kennen lernten, hat er nur die Häflte zugegeben, vielleicht aus Bescheidenheit. Aber der Schlingel hat noch viel mehr!«

1992 sei den skandinavischen Behörden mitgeteilt worden, dass sämtliche Treuhandauflagen erfüllt worden seien. Die beteiligten Gesellschaften müssten nur noch ihre Schlussbilanzen und Abrechnungen einer gesamttreuhänderischen Sammelstelle überreichen. Das sollte die Fates Finance Corporation in Panama sein. Fates Finance – die Finanzen des Schicksals! Diese Firma bildete den Schlusspunkt meiner Legende, über sie sollte die sagenhafte Ausschüttung abgewickelt werden. Von Ronald Doppler, einem meiner treuesten Kunden, der sie »für alle Fälle« 1987 mit einem Gesellschaftskapital von 10 000 Dollar in Panama gegründet hatte, hatte ich sie zwei Jahre später aus Gefälligkeitsgründen überschrieben bekommen.

Manchen Anlegern erzählte ich die Herkunftsgeschichte

meines Vermögens aber auch ganz anders – etwa, dass das Grundlagengeschäft ein Grundstücksgeschäft auf Gran Canaria gewesen sei, bei dem ich zusammen mit einem Partner mit einem Investment von einer Million Mark ca. 13 Millionen Mark verdient hätte. Mit diesem Geld hätte ich eine Fluglinie namens »Stallion Airlines« mit Geschäftssitz in Billund/Dänemark erworben, weil ich aufgrund meiner familiären Kontakte über Insiderinformationen verfügt und vorzeitig gewusst hätte, dass ein großer skandinavischer Touristikkonzern dringend eine eigene Fluglinie benötigte, für die nur ein nahe Deutschland gelegener Flughafen in Betracht gekommen wäre, da viele der deutschen Fluggäste mit dem Bus anreisten. Da Billund nur ein kleiner Flughafen sei, hätten neue Landelizenzen nicht vergeben werden können. Daher musste eine schon bestehende Fluglinie die Aufgabe übernehmen – die Stallion Airlines. So hätte ich die zuvor erworbene Fluglinie für mehr als hundert Millionen wieder verkaufen können. Diese hundert Millionen Mark hätte ich dann in Börsengeschäfte in Dänemark, Norwegen und Schweden investiert und fleißig weitervermehrt nach der Devise: Lassen Sie das Geld für sich arbeiten.

Bis heute wundert mich die Langlebigkeit der Skan-Investment-Geschichte. Manche Anleger, so berichten mir meine Freunde bei Haftbesuchen, glauben noch immer daran. Neulich erschien mir Lars-Peter Arnemann Paulsen im Traum und flehte mich an: »Jürgen, gib mich nicht auf! Eines Tages werde ich dich retten, so wie du mich gerettet hast.«

Und dann wachte ich auf, schweißgebadet.

Das Harmstorff-Investment

In der Zeitung hatte ich Anfang 1989 gelesen, dass die Harmstorff-Werft in meiner Heimatstadt Flensburg Insolvenz angemeldet hatte. Zur Konkursmasse gehörte auch ein Hafengrundstück, das ich gut kannte. Dort, zwischen der Hauptstraße nach Dänemark und dem Hafenkai, hatte ich als Holzarbeiter gearbeitet, bevor das Gelände nach dem Konkurs des Sägewerks verwaiste. Nun kam mir eine geniale Idee, um die Industriebrache, groß wie zehn Fußballfelder, mit neuem Leben zu erfüllen: Ein riesiges Einkaufszentrum sollte dort entstehen. Der besondere Clou bei der Sache: Mit dem Besitz des Geländes war eine behördliche Ausnahmegenehmigung verbunden. Dort durften wie bei Butterfahrten zollfrei Alkoholika eingekauft werden. Das war meine einzige Phantasiezugabe.

Die gute Verkehrsanbindung sprach für einen Doppel-Whopper: ein normaler Supermarkt für die Auto fahrende Kundschaft und ein riesiger Duty-Free-Laden für das skandinavische Publikum, das auf der Suche nach erschwinglichem Hochprozentigem mit der Fähre nach Flensburg kam. Das Gelände, so schätzte ich, würde auf dem Markt ungefähr zehn Millionen Mark kosten, der Bau der Hallen ebenso viel, und damit sei eine hundertprozentige Rendite auf das eingesetzte Kapital fast sicher, jährlich wohlgemerkt, also tausend Prozent in zehn Jahren.

Womöglich ließe sich sogar billiger an das Grundstück herankommen, denn die Aktien der Harmstorff-Werft, die beim Kurs von sieben Mark ausgesetzt worden waren, kosteten mittlerweile nur noch Pfennigbeträge. Als Mehrheitsaktionär könnte ich auf der Gläubigerversammlung der Harmstorff-Aktionäre einen Beschluss herbeiführen, das Grundstück unter Preis an die Firma Nordanalyse zu verscherbeln. Diese Geschichte erzählte ich ein paar Dutzend meiner Kunden. So landeten im Lauf weniger Monate zwei Millionen Mark in meiner Kasse, um das Geschäft in die Wege zu leiten.

»Phantastisch, Herr Harksen, Sie sind eine Gelddruckmaschine!«, schwärmten die Möchtegerninvestoren. Niemand stellte die entscheidende Frage, warum und ob die Zoll-Ausnahmeregelung wirklich existierte, denn alle anderen Details entsprachen den Tatsachen. Selbst wenn die Frage aufgetaucht wäre: Ich hätte mich auf meine Intuition verlassen und spontan eine passable Erklärung gefunden.

Ohne mein Wissen hatte mein Anwalt Zülprich eine Annonce in die Zeitung gesetzt und hinter meinem Rücken für 300 000 Mark Berge von fast wertlosen Aktien aufgekauft. Eines Tages kam er mit einem Koffer voller Papiere in mein Büro: »Du hast mir doch erzählt, wir bräuchten die Mehrheit. Es fehlt nicht mehr viel.«

Völlig geschockt bedankte ich mich.

»Ich habe einen Haufen Geld verauslagt, kannst du mir das wiedergeben? Meine Frau weiß nämlich nichts von der ganzen Sache.«

Dagegen konnte ich nichts einwenden, ohne die ganze Geschichte auffliegen zu lassen. Also zückte ich das Scheckbuch – Deckung war zu dieser Zeit reichlich vorhanden – und wies meine Sekretärin mit gespielter Ironie an, das Altpapier im Tresor zu entsorgen.

In den folgenden Wochen verbreitete sich das Gerücht meines gigantischen Harmstorff-Investments wie ein Lauffeuer unter meiner Kundschaft. Wie bei der stillen Post erfuhr die Ursprungsgeschichte etliche Umwandlungen: erst erweiterte sich das Einkaufszentrum um einen Yachthafen und einen Golfplatz, dann sollte Legoland auf dem Gelände entstehen. Auf die Phantasie meiner Kunden konnte ich mich ebenso verlassen wie auf meine eigene. Eines Tages standen fünf meiner Investoren im Büro und fragten: »Kannst du uns das Gelände mal zeigen?«

Nun blieb mir nichts anderes übrig, als den schönen Worten Taten folgen zu lassen. Ich rief den Konkursverwalter an und teilte ihm mit, dass die Firma Nordanalyse Interesse an dem betreffenden Grundstück habe. Wenige Tage später fuhren wir mit zwei großen Mercedeslimousinen gen Norden. Im Büro des Konkursverwalters, der ein gutes Geschäft witterte, wurden wir herzlich mit Kaffee und Kuchen empfangen. Bevor die Besichtigung begann, bekamen wir zum Schutz Bauarbeiterhelme und Ölanzüge übergestülpt und duften das Gelände unter fachkundiger Anleitung durchstreifen. Meinen Schätzpreis von zehn Millionen bestätigte der Konkursverwalter. Hinterher hörte ich den einhelligen Kommentar: »Jürgen, das ist ein Schnäppchen.«

Zurück in Hamburg wies ich meinen Rechtsanwalt Zülprich an, dem Konkursverwalter ein Angebot von fünf Millionen zu machen. So hoffte ich dem Treiben ein Ende zu bereiten, denn ich konnte mir nicht vorstellen, dass er bereit wäre, das Objekt zur Hälfte des Marktwerts loszuschlagen. Fünf Millionen hatte ich inzwischen tatsächlich für die Idee eingesammelt, ohne die geringste Neigung zu verspüren, das Trümmergrundstück zu erwerben. In einem Rundschreiben an meine informationshungrigen Anleger legte ich eine Kopie des Angebots bei. Es kommt Bewegung in die Sache, hieß es nun in der Gerüchteküche. Die Antwort des Konkursverwalter ließ nicht lange auf sich warten: Unter acht Millionen sei nichts zu machen. Dann beging ich einen folgenschweren Fehler: Ich verschickte auch dieses Schreiben an meine Kundschaft. Es dauerte keine zwei Wochen, bis die fehlenden 3 Millionen beisammen waren. Mehrmals bekam ich zu hören: »Mensch, Jürgen, jetzt stell dich nicht so an wegen der drei Millionen. Bei dem Bombengeschäft!«

Was nun? Ich kam aus der Sache nicht mehr heraus. Einer meiner Harmstorff-Investoren beauftragte ebenfalls hinter meinem Rücken einen befreundeten Architekten mit der baulichen Planung der »Harksen-Passage«, so der Arbeitstitel des Objekts. Einen Monat später kam dieser Herr in mein Büro und legte mir detaillierte Zeichnungen und ein maßstabgetreues Miniaturmodell des Einkaufszentrums vor.

»Tolle Arbeit«, lobte ich ihn.

»Ich habe mir auch sehr viel Mühe gegeben«, meinte er. Dann überreichte er mir ein gefaltetes weißes Blatt. »Herr Harksen, ich möchte auch dabei sein.«

Ich klappte es auf – darin lag ein Scheck über 500 000 Mark. War das noch zu fassen? Natürlich konnte ich ihm seine Bitte nicht abschlagen.

Am folgenden Montag hatte ich einen Termin bei der Nordsternbank, um eine neue Scheckkarte abzuholen. Bei dieser Gelegenheit überreichte ich den Scheck meinem Sachbearbeiter. Der Banker stutzte einen Moment, als er in der Betreffzeile las: In Sachen Harmstorff-Investment. Als Gläubigerbank war die Nordsternbank in den Konkurs der Harmstorff-Werft verwickelt, den ich in der Zeitung mitverfolgt hatte. Er bat mich um ein Gespräch in seinem Büro. »Herr Harksen, ich habe gehört, Sie planen da was in Flensburg, ist das richtig?«

»So viel darf ich verraten: ja.«

»Wissen Sie mehr als wir?«

»Verstehen Sie, Herr Behm, natürlich muss ich auch diese Frage mit ja beantworten. Aber mehr kann ich Ihnen beim besten Willen nicht verraten – das sind Geschäftsgeheimnisse.«

»Entschuldigen Sie, aber darf ich Sie noch etwas fragen? Meine Frau hat geerbt und etwas Geld flüssig. Dürften wir uns mit 200 000 beteiligen?«

»Herr Behm! Natürlich will ich Ihnen einen Gefallen nicht verweigern. Aber – ist das kein Interessenkonflikt für Sie, als Bankmitarbeiter von Insiderwissen zu profitieren?«

»Herr Harksen, auf eines können Sie sich verlassen – die ganze Geschichte bleibt unter uns.«

»Na, wenn das so ist!«

In der nächsten Woche war ich unterwegs auf dem Rückweg vom Autohaus, wo ich gerade einen neuen, traumhaften Mercedes 500 abgeholt hatte. Da klingelte das Autotelefon. Meine Sekretärin Britta war dran: »Herr Harksen, hier sitzen zwei Herren von der Nordsternbank im Büro. Die wollen Sie unbedingt sprechen.«

Herr Brand stellte sich als Leiter der Rechtsabteilung vor, Herr Steubnitz als seine rechte Hand. Mir fuhr der Schreck in die Glieder. Jetzt bist du geliefert, dachte ich. Die haben sicher recherchiert und herausgefunden, dass die ganze Geschichte Humbug ist. Oder sie haben wegen Insidergeschäften das Bundesaufsichtsamt für Kreditwesen eingeschaltet. Nicht mal geschäftsmäßig gekleidet war ich. Im Wartezimmer begrüßte ich die beiden jovial: »Entschuldigen Sie meinen Aufzug, ich hatte heute gar nicht mit Besuch gerechnet. Ich bin nur hier, um Akten aufzuarbeiten.«

»Akten aufarbeiten« – diesen Ausdruck hatte ich von meinem Anwalt gelernt. In der Erwartung, als Nächstes eine Aufforderung zum Geständnis zu erhalten, blickte ich Herrn Brand etwas unsicher an. Der druckste schuldbewusst: »Herr Harksen, ich hoffe, Sie nehmen uns das nicht übel. Wir wissen, dass Herr Behm Ihnen Stillschweigen versprochen hat, aber wir drei sind zusammen im Kegelclub. Wir haben zwar nicht so viel wie Herr Behm, aber wir haben es bar. Dürfen wir Ihnen unseren bescheidenen Beitrag anvertrauen?«

Beide überreichten mir Umschläge, in denen jeweils fünfzig Tausendmarkscheine steckten.

»Lassen Sie uns dabei sein, Herr Harksen!«, beschworen sie mich im Chor.

»Okay, Sie sind dabei. Das Geld können Sie gleich wieder mitnehmen und meinem Konto gutschreiben.«

Nun hatte ich auch im Zuge weiterer Anlegergespräche binnen einer Woche fast 800 000 Mark auf meinem Konto angesammelt und wusste nicht so recht, was ich damit tun sollte. Irgendeiner meiner Geschäftspartner hatte mir Bremer Vulkan-Aktien zum Kauf empfohlen. Zehn Prozent Gewinn auf die Schnelle seien dort zu machen. Diese Anlage erschien mir realistisch. Über die Wertpapierabteilung der Nordsternbank orderte ich am gleichen Tag 10 000 Aktien zum Stückpreis von 75 Mark.

Am nächsten Tag meldete meine Sekretärin, ein gewisser Herr Behm von der Nordsternbank wolle mich sprechen. Wieder durchzuckte es mich: War ich nun entlarvt? Vielleicht hätte ich wenigstens die Bank wechseln sollen. Er sagte: »Herr Harksen, Sie kaufen Bremer Vulkan? Wissen Sie mehr als wir?«

»Nun, Herr Behm, ich denke, Sie kennen die Antwort.«

»Dürfte ich Ihnen für dieses Geschäft nochmal 200 000 geben? Meine Frau hat schon wieder eine Tranche aus der Erbschaft bekommen. Lassen Sie mich dabei sein, die Verträge können wir später machen.«

Was sollte ich anderes tun, als das Geld anzunehmen? Immerhin hatte ich nun fast ohne mein Zutun drei persönliche Verbündete in der Bank. Was auch immer ich von der Nordsternbank wollte – drei Menschen waren ab nun persönlich engagiert, meine Bankgeschäfte in Ordnung zu halten und mich von Behelligungen aller Art abzuschirmen – etwa wenn ungedeckte Wechsel wegen der Autokäufe für die VIP-Car-Rental eintrudelten oder Rechnungen für den Hausbau bezahlt werden mussten.

Die Übernahme von Dänemark

Ein herrlicher Sommertag 1990. Drei Paare in drei Porsches auf dem Weg nach Kopenhagen. Die beiden Männer waren stolz wie Oskar, mit mir, ihrem Geldguru, ein ganzes Wochenende verbringen zu dürfen. Mir hingegen ging das noch immer bestehende Einreiseverbot erst aus dem Sinn, als wir die Passkontrolle anstandslos passiert hatten. In Kopenhagen stiegen wir im Hotel Plaza ab, einer Königsresidenz mit Schlosspark.

Zum Sightseeing besuchten wir am Nachmittag Christiania, eine idyllisch am Wasser gelegene Sonderwirtschaftszone für Freaks und Kiffer aus aller Welt mit der Verkehrsregel: Autos müssen draußen bleiben. So marschierten wir über das Gelände, schauten uns um und kehrten dann zum Parkplatz zurück. Kaum hatte sich unser Konvoi in Bewegung gesetzt, wurde er von der Polizei gestoppt: Ausweis- und Führerscheinkontrolle. Schnell wurden meine Geschäftsfreunde durchgewunken. Bei mir dauerte die Anfrage etwas länger. Nach fast 15 Minuten sah ich im Rückspiegel, dass ein Polizist an meine Tür kam und der andere zur Seitentür. »Herr Harksen, Sie haben gegen Ihr nach wie vor gültiges Einreiseverbot verstoßen und sind hiermit verhaftet.«

So musste ich in den Polizeiwagen umsteigen und wurde in der Untersuchungshaftanstalt nach zwei Stunden dem Haftrichter vorgeführt. Mindestens drei Monate könne man mich in Gewahrsam nehmen, hieß es. Am nächsten Morgen sollte die Entscheidung fallen, ob ich statt sofortiger Abschiebung die Strafe absitzen müsse. Von Jeanette erfuhr ich am Telefon, dass meine Begleiter fassungslos waren – ich, der große Börsenguru, verhaftet! Was für ein Spiel lief denn da? »Halt bloß dicht!«, ermahnte ich sie. Am nächsten Tag wurde ich zum Glück gleich abgeschoben. Zur Sicherheit musste ich bis zur Grenze im Polizeiauto sitzen bleiben, während Jeanette eingekeilt zwischen zwei Polizeiwagen unseren Porsche steuerte. Meine beiden Freunde empfingen uns an der Fähre und wunderten sich, dass der große Herr Harksen mit Polizeikolonne zur Fähre gebracht wird.

Bevor sie dumme Fragen stellen konnten, klärte ich sie auf: Da ich in Dänemark ein Jahr zuvor eine der größten Börsenübernahmen vorgenommen hätte, wollte man mich wegen ungeklärter steuerlicher Angelegenheiten verhören – zur Einschüchterung, um weitere Übernahmen in Skandinavien zu verhindern. Das leuchtete meinen Freunden ein und passte zu den bereits bestehenden Legenden. Wenig später hatte sich die Geschichte in ganz Hamburg herumgesprochen. Statt endgültig zu sinken, leuchtete mein Stern heller denn je.

Das Pflückbüro

Ende 1989: Gelangweilt blätterte ich im *Forbes*. Wieder nichts drin über mich. War das nun gut oder schlecht? Ich legte die Zeitschrift beiseite für ein kleines Nickerchen. Totenstille im Büro. In solchen Momenten wünschte ich mir einen Kunden her, nur um der Langeweile zu entrinnen.

Mal sehen, ob mein Steuerberater Johannes mich inspirieren konnte. Mit rührendem Eifer führte er mir bisher qualifizierte, sprich: vermögensgeprüfte Leute als neue Teilnehmer meiner Projekte zu und entband mich regelmäßig von der Mühe des Selberredens. Ich wählte seine Nummer. Johannes überfiel mich gleich: »Weißt du, wer gerade hier war?« Dann flüsterte er im Säuselton: »Udo.« Keine Ahnung, wer das sein sollte.

»Na der Lindenberg – und weißt du was? Der ist schon auf dem Weg zu dir.«

»Was will der bei mir?«, sagte ich eher unwirsch.

»Na ja, ich habe ihm ein bisschen von deinen traumhaften Renditen erzählt, und sein Begleiter hat noch nachgelegt.«

Wow! Ich lehnte mich in den Sessel zurück und dachte: Hoffentlich ist das keiner von denen, die meinen, mit ein paar Mark hätten sie mich gleich mit gekauft. Da klingelte schon das Haustelefon.

»Ein Herr Lindenberg möchte Sie sprechen«, sagte Britta. Die Verwendung des unbestimmten Artikels hatte sie auf einem Sekretärinnenkurs der besonderen Art gelernt. In meinem Geschäft hatte ich es regelmäßig mit Leuten zu tun, die zur Selbstüberschätzung neigen. Diese Leute erwarten mit großer Selbstverständlichkeit, dass jeder bei der Nennung ihres Namens vor Ehrfurcht erstarrt. Meine potenziellen Neukunden sollten als Erstes – bevor sie mich sprechen konnten – motiviert werden, den Status des Normalsterblichen zu akzeptieren. Um klarzustellen, wer was von wem will, war mit einem Erstbesuch eine Mindestwartezeit von zwanzig Minuten verbunden. Aus der Sicht der Kunden stellte die Wartezeit einen verlässlichen Parameter für meine Wichtigkeit dar. Warum sollte ich da eine Ausnahme für Udo machen?

Nach Ablauf der Frist rief Britta erneut an. Ich bat sie, ihn zusammen mit dem üblichen Kaffeetablett hereinzubringen. Wir setzten uns in meine Sitzecke. Unauffällig musterte ich ihn. Langer Ledermantel, sein obligatorischer Hut, Cowboystiefel und eine riesige Sonnenbrille. Genau wie ich ihn aus dem Fernsehen kannte.

»Was kann ich für sie tun, Herr Lindenberg?«, begann ich meine Unterhaltung mit einem demonstrativen Blick auf die Uhr.

»Sie haben es eilig?«, fragte er zurück und fügte bescheiden hinzu: »Ich hoffe, ich störe nicht.«

Meine Behandlung zeigte offenbar erste Früchte. »Ich bin zwar ein viel beschäftigter Mann, aber hetzen lasse ich mich nie. Was kann ich für Sie tun?«

»Keine Ahnung. Aber ein nettes Pflückbüro haben Sie hier!«

Prüfend sah ich ihm in die Augen. Hellwach, mit Schalk in den Augen, grinste er mich an. Ich schmunzelte zurück: »Na, irgendwo muss das Geld meiner Kunden ja bleiben.« Wir lachten über sein Wortspiel.

»Sie pflücken das Geld Ihrer Anleger wie Äpfel von den Bäumen, sagt man. Um was geht's?«

Ich grinste ihn wieder an. »Ich beteilige Sie am Apfelbaum, und wenn die Äpfel dann reif sind, bekommen Sie Ihren Anteil. So einfach läuft das.«

Jetzt blickte Udo auf die Uhr. »Wissen Sie was? Ich mag Sie. Kommen Sie heute Abend bei mir vorbei. Ich riskiere mal 'nen Hunni.«

Dann schrieb er von Hand seine Adresse auf. Ich war sofort einverstanden und schlug ihm acht Uhr vor.

Abends ging ich zur angegebenen Adresse. Eine Dachgeschosswohnung, ganz nett und gemütlich eingerichtet, aber nicht mein Geschmack. Ich blieb nicht lange. Wir duzten uns. Er bestand darauf, mich ab jetzt Jürgi nennen zu dürfen. Udo gab mir einen Scheck über 100 000 Mark und unterschrieb ohne Zögern meine Beitrittserklärung. Willkommen im Wonderland, triumphierte ich innerlich.

Aber meine Freude kam zu früh. Ein paar Tage später rief er mich vom Handy aus an und meinte: »Ey, Jürgi, ich steh' unten vor der Tür. Es gibt Probleme.«

»Komm rein.«

Mir schwante schon Unangenehmes, als er mir verlegen gegenübertrat.

»Wo brennt's?«

»Hab mit meinem Berater gesprochen, seitdem kann ich nicht mehr schlafen.«

»Wer ist dein Berater? Soll ich vielleicht einmal mit ihm reden?«, fragte ich ihn leicht amüsiert.

»Ich fürchte, das geht nicht.« Entschlossen richtete er sich auf und sah mir direkt in die Augen. »Ich habe gestern schlecht geschlafen und geträumt, dass ich mein Geld verliere. Die innere Stimme meinte, ich soll's mir zurückholen.«

»Kein Problem, einen Moment bitte.«

Eine Minute später hatte er den Scheck in seinen Händen, und keine zwei Minuten später war er draußen. Einmal noch sah ich ihn auf einer rauschenden Party. Wir verstanden uns gut, wohl weil er sich insgeheim prächtig darüber amüsierte, dass alle Menschen noch an meine Sache glaubten. Einer seiner Freunde hatte ihm prophezeit: »Udo, du bist zu früh ausgestiegen. Wir alle werden Faktor 13 kriegen und mehr Geld verdienen als du mit deinen ganzen Schallplatten.«

Udo lachte daüber nur. Später, als ich schon in Südafrika war, bekannte er gegenüber der *Bild*-Zeitung: »Meine Panik-Nase hat mich gewarnt.«

Die Beiratssitzungen

Seit 1989 hatte ich ungefähr 150 Kunden, die bei mir Gelder zwischen wenigen zehntausend und mehreren Millionen Mark angelegt hatten. Ich nannte sie meine Kundengemeinde, ich selbst war der Guru, und meine Kirche hieß das »Dauert-noch-Haus«. Mal gab es schlechte Zeiten, in denen die Kunden sehr unruhig waren und sich überall Misstrauen breit machte, mal waren sie richtig gut drauf und wollten mir mehr und mehr Geld zur Verfügung stellen, wenn ich sie wieder mit einer netten, vielversprechenden Geschichte gefüttert hatte. Um die wechselnden Stimmungen in meiner Gemeinde besser managen zu können, ließ ich zehn Beiräte wählen, die jeweils eine Gruppe von zehn bis fünfzehn Anlegern vertraten. Meist waren es Anwälte, Wirtschaftsprüfer, Banker oder Unternehmensberater. Sie besaßen das besondere Vorrecht, in monatlichen Abständen mit mir oder meinen Anwälten Konferenzen zu halten.

An meinen Behauptungen wurde immer wieder gezweifelt, zumal die Kunden sich auch untereinander austauschten. Dann konnten sie mit Leichtigkeit erkennen, dass die verschiedenen Versionen meiner geschäftlichen Aktivitäten krasse Ungereimtheiten enthielten. Zum Beispiel mussten Herr X und Herr Y gemeinsam festellen, dass das Geld, das Herr X als Investment-Nachfolger von Herrn Y an mich bezahlt hatte, bei Herrn Y niemals angekommen war.

Irritationen dieser Art führten aber in den seltensten Fällen dazu, dass die Betroffenen sich von mir abwandten oder die ganze Legende meines sagenhaften Reichtums in Frage stellten. Selbst für hanebüchene Unstimmigkeiten gab es genügend Entschuldigungen. In der Geschäftswelt, die sie kannten und deren Teil sie waren, konnte es schon mal vorkommen, dass jemand mit der einen oder anderen Lüge hantierte und dennoch ein seriöser Geschäftsmann war. Warum sollte ein Mann in meiner Lage nicht das Recht für sich in Anspruch nehmen, mit der Wahrheit nach Gutdünken umzugehen und die Dinge dort, wo sie einen unangenehm berühren, ein bisschen umzubiegen?

Die Aufstände in der Gemeinde hatten eher den Charakter von Ketzerbewegungen, bei denen einzelne Glaubensartikel und Grundsätze in Frage gestellt wurden, aber alle Beteiligten in der Verehrung des einen großen Gottes einig waren. Oft hatten allerdings die Ehefrauen früher als ihre Männer Lunte gerochen und ihnen am Abend vor der Beiratssitzung kräftig eingeheizt: »Morgen musst du den Harksen zusammenstauchen und dein Geld zurückfordern.«

Und ihre respektablen Männer hatten brav genickt. Die Beiratssitzungen liefen ab wie ein Kasperltheater. Einlass war siebzehn Uhr. Die Kunden kamen meistens eine Viertelstunde vorher und tuschelten im Vorraum untereinander. Hinterher bekam ich von dem einen oder anderen streng vertraulich gepetzt, wer welche Flüche gegen mich ausgestoßen hatte und welche Pläne ausgeheckt wurden, um mich zur Strecke zu bringen.

Pünktlich um siebzehn Uhr wurde die Beiratsmeute in das Konferenzzimmer gebeten. Ich achtete stets darauf, dass ich mit meinem Anwalt oder Steuerberater den Raum erst um 17.15 Uhr als Letzter betrat. Cum tempore waren sie mir schuldig. Zuerst begrüßte ich jeden einzeln per Handschlag, dann setzte ich mich auf meinen riesigen Stuhl.

Bei einer dieser Sitzungen im Jahre 1992, als der Unmut besonders groß war, erzählte ich, dass ich gerade in London war und ein paar wichtige Papiere bekommen hätte. Mein Anwalt und mein Steuerberater gaben routiniert zu Protokoll, dass sie diese Unterlagen ebenfalls gesehen hätten und es keinen Zweifel an ihrer Echtheit gab. An diesem Treffen nahmen auch zwei Banker teil, Herr Brand von der Nordsternbank und Herr Wiesenfließ, Direktor einer Hamburger Privatbank. Sie bestätigten die Glaubwürdigkeit meiner Aussagen aufgrund von eigenen, unabhängigen Recherchen und betonten, selbst dabei keinerlei Eigeninteressen zu haben.

Schwer beeindruckt, dass zwei anerkannte, seriöse Banker sich so vehement für mich einsetzten, verloren die Beiräte den Mut, weiter gegen mich zu stänkern. Die Sitzung endete schließlich mit lautem Klopfen auf den Tisch: »Toll gemacht, Herr Harksen, wir haben es ja immer gewußt. Meine Frau soll mir bloß nochmal so kommen.«

Das gute Image bei meiner Bank half mir enorm bei meinem Kundenfang. Wenn ich von einem Kunden Geld bekam, hatte ich die Seriositätsprüfung schon bestanden. Ich war ihm empfohlen worden von Leuten, denen er traute. Sein Giernerv war ohne mein Zutun schon angekitzelt. Er wollte viel, sehr viel Geld verdienen. Da griff ich ihn an wie der Wolf das wehrlose Schaf und versprach ihm mehr als viel.

So kam es, dass auch Treuhänder wie der Repräsentant einer Schweizer Kreditbank bei mir anlegten. Deren Geschäft lief eine Weile glänzend, da sie den Anlegern in der Schweiz günstige Kredite vermittelte und das Geld in europäischen Fremdwährungen mit deutlich höherer Verzinsung angelegt wurde.

Durch die Nivellierung der Zinsen der europäischen Notenbanken 1990 brach das Geschäft ein, so suchte der Repräsentant nach neuen Anlagemöglichkeiten – und stieß auf die Nordanalyse. Er hatte zwar gegenüber einer Zeugin, die als eine meiner ehemaligen Sekretärinnen vom Hamburger Landeskriminalamt 1994 verhört wurde, noch lauthals getönt: »Bevor ich mit dem Geschäfte mache, muss ich ein Ganzkörperkondom anlegen.«

Im Sommer 1991 traf ich ihn einmal für eine halbe Stunde am Flughafen Fuhlsbüttel – und hatte danach einen Scheck von 500 000 Mark in der Hand. Seinen Anlegern erzählte er nichts von seinem neuen Großinvestment, stattdessen gab er die notariellen Schuldanerkenntnisse, die er von mir bekommen hatte, an seine Anleger weiter – bis die eines Tages bei mir vor der Tür standen und ihr Geld haben wollten. Doch außer ungedeckten Schecks war bei mir nichts zu holen.

Wie ich meine Kunden auf Lunge nahm oder: Wahrheit ist die beste Lüge

Durch mein freundliches Wesen gewann ich die Herzen meiner Anleger. Indem ich spontan meinen Launen folgte, wirkte ich als Person authentisch und strahlte eine Lebendigkeit aus, von der viele nur träumten. Viele Anleger genossen meine offensichtliche Verrücktheit und hielten sie für ein Zeichen der Souveränität des unermesslich Reichen. Die meisten wollten so sein wie ich – genauso spontan und wenigstens halb so vermögend. Das Geld, das sie mir gaben, war eigentlich nur Eintrittsgeld in eine Liga – die Milliardärsklasse. Sie glaubten an den Gott des Großen Geldes, und ich verkörperte ihn.

Ein Großteil meiner Kunden waren typisch hanseatische Kaufleute oder ihre ahnungslosen Verwandten, die meine abenteuerlichen Geschichten weder kannten noch sich dafür interessierten. Sie trauten blind ihrem Gewährsmann, der tatsächlich seriös war und nur einen Gieranfall hatte, so wie man einen vorübergehenden Hautausschlag hat. In der Regel waren es Söhne aus gutem Hause.

Eine weitere Großgruppe waren die Steuersünder, die nach Anlagemöglichkeiten für ihre schwarzen Gelder suchten. Auch sie bekamen wie ich die karmische Rechnung: An mich mussten sie hundert Prozent abführen, bei Papa Staat wäre es billiger gewesen. Dummerweise konnte ich nicht einmal Spendenbescheinigungen für sie ausstellen, denn meine Überzeugungskraft reichte nicht aus, um das Finanzamt von der Gemeinnützigkeit meines Vorhabens zu überzeugen.

Eine dritte Gruppe bestand aus Leuten wie mir, die selbst eine eigene Legende mit Unteranlegern verfolgten und meine Geschichte benutzten, um ihre eigenen Lügen zu vertuschen. Auch wenn diese von mir Geld zurückbekommen hatten, behaupteten sie frech ihren eigenen Anlegern gegenüber, ich sei der Grund für ihren Totalverlust gewesen.

Zehn Prozent waren Trittbrettfahrer, die im Vorbeigehen aufschnappten, dass bei mir etwas zu holen sei, wie meine Banker, Sekretärinnnen von Notaren und Rechtsanwälten. Diese Gruppe konnte ich überwiegend in ihren Ansprüchen mehr als banküblich befriedigen.

Bis 1992 konnte ich alle Aussteiger bedienen, da der Nachschub des Geldes problemlos funktionierte. Wenn jemand spontan seine Einlagen wiederhaben wollte, dann bekam er das Geld ohne Verzug. In der Regel nur den Nominalbetrag, aber bei manchen machte ich eine Ausnahme und gab ihnen freiwillig das Doppelte, manchmal auch das Drei- oder Fünffache, je nach Summe, Laune und aktueller Liquidität. Im Prinzip hatte ich nichts dagegen, das viele Geld, das bei mir auf dem Konto oder kofferweise eintrudelte, freigiebig in der Welt zu verteilen. Warum auch nicht? Ich hatte ja genug von allem – Bargeld, Armbanduhren, Anzüge, Autos, Yachten, Flugzeuge, Villen. Wenn zu viel Geld bei mir lagerte, fühlte ich mich übersatt. Obendrein hatte ich eine wunderschöne Frau, traumhafte Kinder – was wollte ich mehr?

Mein unkompliziertes Gebaren bei der Rückzahlung machte gewaltigen Eindruck. Es hieß: Bei Harksen muss man einfach nur seine Kündigung aussprechen, und dann gibt es sofort Geld zurück. Mitunter trieb das die Kunden noch tiefer in meine Fänge, wenn sie mich nur hatten testen wollen. Dann kamen sie eine Woche, einen Monat oder ein halbes Jahr später und lieferten den fünf- oder zehnfachen Betrag ab. Zwischendurch lag ich wie ein Löwe wohlig voll gefressen drei Tage unter einem schattigen Baum, bis wieder Zeit für eine neue Mahlzeit war.

Durch viele Gespräche begriff ich, wie es im Kopf von Leuten aussieht, die drei oder vier Millionen geerbt hatten. Lächerlich wenig kam ihnen das vor, fast als hätten sie nichts. Oder sie meinten, sie müssten es verzehnfachen, ohne den geringsten Schimmer zu haben, wie das gehen könnte. Sonst fühlten sie sich als Versager. Schließlich hatten nicht sie das viele Geld verdient, sondern ihre Väter. Es war ihnen nur in den Schoß gefallen, und dort lag es bleischwer wie ein Vorwurf. Wer einen solchen Komplex hatte, war bei mir bestens aufgehoben: Hier ließ sich anstrengungsfrei Geld verdienen, nur mit dem richtigen Riecher und einer Portion Glück. So wähnten sich die Söhne cleverer als die Väter, die ihr Geld noch mit Arbeit verdient hatten. Selbstüberschätzung, Faulheit und Schuldgefühle – mit dieser Mischung hatte ich ein leichtes Spiel.

Mit Gier verdiente ich Geld, und nichts weckte die Gier besser als Neid. Wenn die Männer sich kannten und Konkurrenzgefühle entwickelten – umso besser für mein Geschäft. Wenn mir zugetragen wurde, dass einer gerade sein neues Haus bezogen hatte, sorgte ich dafür, dass er jemanden kennen lernte, der ein noch schöneres Haus besaß, gegen das sich seines wie eine Hütte ausnahm. Wenn er ein Büro hatte, musste mein Büro aussehen, als würde er selbst »in absolut ärmlichen Verhältnissen leben«. So fühlte sich jedenfalls ein Kunde laut Zeugenprotokoll, nachdem er mein Büro am Harvestehuder Weg betreten hatte. Indem ich ihnen das süße Gift des Neids ins Hirn träufelte, schaltete ich ihr geistiges Immunsystem aus und machte sie anfällig für den Giervirus, der das logische Denken außer Kraft setzte. Wie ein Arzt Rezepte verschreibt, die Medikamentensucht hervorrufen, so klopfte ich Sprüche, die die Gier anheizten: »Haben Sie gehört, dass der Herr XY ein Haus am Leinpfad gekauft hat?« Natürlich wusste mein Kunde noch nichts davon. Dann setzte ich nach: »Das müssen Sie unbedingt sehen. Phantastisch!«

Ein bewährtes Ritual ging so: Neidkunden X bestelle ich um viertel vor neun, Neidkunden Y auf Punkt neun in mein Büro. Beide lasse ich etwas warten, denn ich bin ja ein viel beschäftigter Mann mit nicht vorhersehbaren Aufgaben. So haben sie Zeit, sich im Warteraum miteinander bekannt zu machen. Natürlich teilt keiner dem anderen die Höhe seines Investments oder den Grund seines Besuchs mit. Beiden habe ich erzählt, ein Anteil an dem an sich geschlossenen Vermögensfonds der Nordanalyse sei frei geworden, weil einer der Altkunden freiwillig auf seine Gewinnchance verzichtet hätte.

»Selber schuld, wenn er nicht warten kann! Wenn Sie schnell zugreifen, haben Sie noch eine Chance.« So hatte ich beiden das Investment schmackhaft gemacht. Jeder ahnte nun vom anderen, sein Rivale zu sein. Wer nun als Erster den Termin hatte, musste sich beeilen zuzugreifen, und wer als Zweiter an der Reihe war, konnte durch seinen beherzten Entschluss dem zögernden Ersten zuvorkommen. Das Ende vom Lied war: Beide zeichneten die ausgelobte Einlage über 1,2 Millionen Mark. Bei der Ausfertigung der Dokumente machte ich mir nicht mal die Mühe, den Anschein einer Vorbesitzerexistenz durch ein entsprechendes Übertragungsdokument zu wahren. Sie bekamen einfach eine fortlaufende Nummer in der Reihenfolge ihres Einstiegs.

Häufiger zum Einsatz kam auch der Schecktrick. Etwa bei

dem Inhaber einer großen Gebäudereinigungsfirma mit mehreren Hundert Angestellten. Der Mittfünfziger wurde nach der üblichen Wartezeit ins Büro vorgelassen. Als Erstes teilte ich ihm mit, dass ich noch einige wichtige Dinge zu erledigen hätte, bevor ich mich um ihn kümmern könne. Dann kam meine Sekretärin und überreichte mir eine Mappe mit sechzig Schecks zur Unterzeichnung. Alles nur kleine Summen, aber den Kunden beeindruckte die schiere Menge der Schecks. Er dachte: Da werden Millionen bewegt. Schon griff er sich an die Brieftasche und zückte das Scheckbuch – 100 000 Mark waren für ihn ohnehin nur Peanuts. Für mich mittlerweile auch – deshalb steckte ich den Scheck ganz lässig ein.

Oft entschuldigte ich mich bei meinen Kunden für meine Unhöflichkeit, wenn ich sie Zeuge von Telefonaten werden ließ, bei denen es um Bestellungen von Edelautos oder sonstige geschäftliche Transaktionen ging. Das erweckte den Eindruck eines viel beschäftigten Menschen, der eine große Kreditwürdigkeit besaß. Ich begriff, dass es für die Bonität unerheblich ist, wie viel einer wirklich besitzt. Für seinen Ruf als Geschäftsmann zählt nur, wie viel er sich leihen kann. Das macht seine Bonität aus. Sichtbares Geld, und seien es Koffer voller Tausenderscheine, erwecken immer den Eindruck von Begrenztheit: Ein Mensch, der sein Geld vorzeigt, hat vielleicht nur dieses Geld. Das Allerwichtigste aber ist: Man muss das Geld riechen können. Sieger ist, wer den Geruch unermesslichen Reichtums verströmt, gegen den aller sichtbarer Reichtum nur ein Fliegenschiss ist.

Am Telefon setzte ich auch gerne das Köderspiel »Nummer fünf« ein: Wenn ich meiner Sekretärin diese Ansage gab, brauchte ich mal einen Anfruf. Sie legte nach der Ankündigung des erfundenen Anrufers den Hörer auf, während ich weiter auf Dänisch, das keiner meiner Hamburger Kunden verstand, eine nette Plauderei begann, in der bekannte, börsennotierte dänische Firmennamen wie selbstverständlich auftauchten. Ergebnis: Die börsenkundigen Kunden waren beeindruckt, also stieg die Scheckhöhe. Es machte sich auch gut, wenn auf dem Schreibtisch die frei erfundene Notiz lag: Fürstin Gloria. Dringend!

Generell galt die Devise: Viel reden, wenig sagen und in aller Ruhe darauf setzen, dass die Kunden alle Informationen zu meinen Gunsten auslegen. Ein Telefongespräch beendete ich z. B. mit den Worten: »Dann kommen die fünf Autos am Wochenende.« Was bedeutete das in den Ohren des Kunden, der mir bei dem Telefonat zugehört hatte? Natürlich: Er hat schon wieder fünf Autos gekauft. Das hatte ich aber nicht gesagt.

Wenn ich über meine Investments sprach, konnte ich ohne Not vage bleiben. Schließlich sind Geschäfte diskrete und sensible Angelegenheiten, die man nicht einfach jedem Erstbesten ausplaudert, der einem ein bisschen Geld geben will. Schon in seinem eigenen Interesse durfte ich nicht allzu viel verraten. Dazu erfand ich jede Menge Begründungen über vertragliche Schweigepflichten. Das war allemal glaubhaft für Juristen und Wirtschaftsexperten.

Wenn ich einmal einen schlechten Tag hatte und unangemeldete Kunden im Vorzimmer, deren bloße Namensnennung mir Übelkeit verursachte, sprang Britta, mein patenter Schatz, für mich ein: »Herr Harksen ist in einer Besprechung.«

Währenddessen saß ich Däumchen drehend im Büro und wartete darauf, dass endlich Mittag wurde. Dann ging ich durch die Hintertür und bestellte mir ein Steak im Block House. Eine Stunde später kam ich durch den Vordereingang zurück. Der Kunde war noch immer da und empörte sich. »Aber Herr Harksen, ich dachte Sie seien in Ihrem Büro bei einer Besprechung.«

»Wissen Sie, Herr XY, die Besprechung ist längst vorbei, und danach hatte ich einen Termin mit meinem Magen. Wenn Sie sich das nächste Mal bitte anmelden würden. Tut mir Leid, der nächste Kunde wartet schon.«

Ich war unwahrscheinlich jung für mein erfundenes Milliardenvermögen, zudem war ich ungewöhnlich freigiebig in seiner Verteilung, lebte offen in Saus und Braus, machte völlig absurde Renditeversprechen und spontane Millionenspenden – all das machte meine Geschichte noch absurder und damit zugleich glaubhafter. Denn viele Menschen glauben, dass es in der Welt des großen Geldes Umgangsformen gibt, die ihnen fremd, aber beneidenswert erscheinen.

Je größer die Summe, desto leichter wird sie bewegt. Kleines Geld wird durch Arbeit und genau definierte Abmachungen bewegt. Wer großes Geld bewegen will, braucht große Legenden, und die konnte ich liefern. Je märchenhafter die Legende, desto eher wurde sie mir geglaubt. Für meine Kunden gab es nur zwei Möglichkeiten: Entweder alles ist total erlogen, oder es kann nur wahr sein, gerade weil es so abenteuerlich klingt. Zudem gab mir die Absurdität meiner Geschichten eine kleine moralische Rechtfertigung: Wenn meine Kunden bereit waren, mir mehr oder weniger offenkundigen Unsinn zu glauben, dann mussten sie eben dafür büßen. Natürlich blieb ich immer so nah wie möglich bei der Wahrheit, weil es das Lügen enorm erleichtert. Oft reicht es, ein winziges Detail einer an sich wahren Geschichte zu verändern, um sie zweckdienlich einzusetzen.

Endlos war die Suada meiner Geschichten, die Ermittlungsakten und das Urteil spiegeln nur einen kleinen Teil. Stets ließ ich die Grundstory an einzelnen Strängen ausufern und erfand spontane Fortsetzungen. Kleinere und größere Irritationen und Widersprüche in meinen diversen Legenden schadeten jedoch der Gesamtstory kaum. Sie hatte sich in meiner Gläubigergemeinschaft verselbstständigt. Die Geschichten lebten und starben mit mir, und wenn eine Geschichte schon tot war, konnte ich sie wieder zum Leben erwecken.

Denn im Innern eines jeden Einzelnen hatte ich drei Verbündete: den Willen, mir zu glauben, die Angst vor der Täuschung und die eigene Phantasie. Der Schein, den ich verbreitete, wurde auf diese Weise undurchdringlich. Wenn die Realität dahinter peinlich durchschimmerte, spann ich die Märchenwelt in die Richtung fort, die der Zufall mir vorgab. So geschah manche Katastrophenwendung, während ich nur innehielt.

Es war stets mir überlassen, wie viel von einer Geschichte ich preisgab. Kritische Nachfragen konnte ich leicht parieren mit: »Mehr kann ich nicht verraten, Sie verstehen, mein Herr.« Oder: »Du, Uli, ich habe dir schon mehr verraten, als ich dürfte, aber das geht nun wirklich nicht.« Notfalls auch: »Ich schau mal in den Akten nach, dieses Detail ist mir entfallen.«

Schnell fand ich heraus, dass meine eigentliche Erzählgabe darin bestand, maßgeschneiderte Geschichten zu erfinden – passend zur Person und zur Situation. Angenommen, ich hätte erzählt: »Ich habe ein Kind mit blonden Haaren.« Dann fand ich heraus, dass mein Gegenüber Blonde nicht mag. Also erweiterte ich meine Geschichte und sagte: »Stellen Sie sich vor, mein anderes Kind ist dagegen ganz dunkelhaarig.« Schon war mein Gegenüber wieder ganz bei der Sache.

Dann ließ ich meiner Phantasie freien Lauf und erzählte eine Geschichte wie die von der Mondfahrt. Die Augen des Kunden begannen zu leuchten, aber ein Restfunke von Verstand gab ihm die letzte Frage ein: »Geht denn das alles gut, Herr Harksen?«

»Herr XY, kann eine Mondfahrt denn gut gehen?« Dann blinzelte ich vielsagend mit den Augen. In diesem Moment sagte ich durch die Blume die Wahrheit. Wenn der Kunde nun trotzdem bei mir anlegte, konnte ich es vor mir selbst verantworten. Wahrheit ist eben immer noch die beste Lüge.

Am besten aber war der Trick der scheinbaren Selbstentlarvung. Manchmal beendete ich eine phantastische Geschichte mit den Worten: »Aber Herr XY, wir beide wissen ja, dass das alles gar nicht wahr sein kann, was ich Ihnen gerade erzählt habe.«

Dann zwinkerte ich ihm zu. In dieser Sekunde sagte ich die Wahrheit, aber sie lag in meiner Kontrolle. Ich konnte die Wahrheit sagen, solange ich sicher sein konnte, dass mein Gegenüber sie in eine Lüge verwandeln würde. Wenn ich selbst zugab, dass meine Behauptung nicht wahr sein konnte, wirkte ich damit in den Augen meines Gegenübers umso glaubhafter.

Oft musste ich nicht einmal behaupten, der Besitzer eines märchenhaften Vermögens zu sein. Es reichte, dass ich die Suggestion in das Hirn meines Kunden einpflanzte und ihm die Behauptung der vermeintlichen Tatsache selbst überließ.

Die notwendigen Informationen, mit denen ich meine Geschichten weiterspann, lieferten mir oft die Kunden selbst, indem sie in den Zeitungen recherchierten, was ich nur flüchtig angedeutet hatte. Wirtschaftsnachrichten sind immer kryptisch und verbergen oft mehr als sie sagen. Wenn es zum Beispiel heißt: Wir konzentrieren uns aufs Kerngeschäft, übersetzt der Insider: Der Bankrott steht vor der Tür. Die meisten Wirtschaftsnachrichten sind nichts anderes als zweckdienliche Propaganda. Zudem leben internationale Finanzgeschäfte von ihrer Undurchsichtigkeit. Aus den Zeitungen kann man allenfalls erahnen, dass beim Hin- und Herströmen des großen Geldes viele Quellen und Interessenten mitwirken, die wie Wasser die Zäune der nationalen Rechtsprechungen unterlaufen.

Obwohl ich kein Abitur hatte (oder vielleicht gerade deshalb), begriff ich sehr schnell, dass es unter den Reichen dieser Welt nicht anders zugeht als im Sandkasten. Man schließt sich zusammen, um gemeinsam Beute zu machen, gibt sich untereinander Versprechen zur Aufteilung und hält oder bricht sie.

Das ungeschriebene internationale Vertragsrecht außerhalb der nationalen Gesetzgebungen ist denkbar einfach: Handschlag oder Kopfschuss. Zwischen den Gruppen gibt es Rivalitäten und Hilfeversprechen, und wenn etwas schief geht, muss es immer der Schwächere ausbaden. Dass riesige Vermögen nicht herrenlos, aber gesetzlos durch die Welt geistern, ausgestattet mit mehr oder weniger nebulösen Entstehungslegenden und ständig auf der Suche nach günstigen Gelegenheiten, durch die Maschen der Steuergesetze hindurch Reinigung und Vermehrung zu erfahren – das fanden meine Kunden nicht weiter ungewöhnlich. Je mehr sie durch ihren Beruf in Wirtschafts- und Steuerangelegenheiten verwickelt waren, desto plausibler musste ihnen meine Abenteuergeschichte erscheinen – denn die Legenden, die sich um die real existierenden Riesenvermögen ranken, sind in der Regel höchst verwickelt und voller Ungeheuerlichkeiten.

Herr Schön oder: Darf es noch etwas mehr sein, Herr Harksen?

In meinen fetten Jahren von 1990 bis 1992 gab es öfters Kundengespräche der besonderen Art. Herr Schön, alter Hamburger Geldadel, ein sympathischer Herr, war 1991 über seinen Kontaktmann Ronald Doppler mit mehreren sechs- und siebenstelligen Beträgen bei der Nordanalyse eingestiegen. Um die Provision zu sparen, nahm er Ende des Jahres direkten Kontakt zu mir auf.

Dann saß er vor meinem Schreibtisch, mit einer Havanna im Mund: »Herr Harksen, darf es noch ein bisschen mehr sein?«

»Herr Schön, Sie können mir so viel geben, wie Sie wollen, aber Sie wissen ja, ich kann es Ihnen erst dann zurückgeben, wenn ich selbst flüssig bin.«

»Überhaupt kein Problem, Herr Harksen. Kommen Sie doch morgen früh vorbei, bringen Sie mir nochmal einzelne Schuldanerkenntnisse mit, um die Gesamtsumme zu checken. Ich brauche für zweihundert Millionen DM Schuldanerkenntnisse. Ihnen kann das doch egal sein, Sie sind ja sowieso Milliardär. Dann gebe ich Ihnen auch nochmal zwei Millionen Mark.«

»Mensch, Herr Schön, das ist aber viel Geld auch für mich, zweihundert Millionen.«

»Ja, wir können ja immer noch runterhandeln. Aber Schuldanerkenntnisse möchte ich in dieser Größenordnung haben, dann können Sie morgen den Scheck von mir abholen.«

»Okay, Herr Schön, da will ich mal nicht so kleinlich sein. Ihr Geld kann ich auch gut gebrauchen, um ein paar Verbindlichkeiten bei der Nordsternbank einzulösen und ein paar Kunden auszuzahlen.«

»Wunderbar, dann komme ich morgen früh vorbei.«

Einige Tage später stand Herr Schön erneut vor mir und stellte wieder seine Standardfrage. Daraufhin sagte ich:

»Herr Schön, was machen Sie denn bloß, wo haben Sie denn das ganze Geld her?«

»Ich habe gerade noch ein paar Immobilien verkauft und möchte das Geld in diesem Jahr investieren, dann brauche ich auch keine Steuern zu zahlen und kann vielleicht sogar alles als Verlust abschreiben. Das Schuldanerkenntnis können Sie mir ja in meinem Privatnamen geben. Das Geld für Sie fließt dann über meine KG, das kriege ich schon mit meinem Steuerberater hin.«

»Wie Sie wollen, Herr Schön, mir ist das egal, wo das Geld herkommt. Ich kann es, wie gesagt, gut gebrauchen und werde es so einsetzen, wie ich es für richtig halte.«

»Viel Glück, Herr Harksen!« Beim Herausgehen drehte er sich nochmal zu mir um: »Aber sagen Sie mal, ich habe draußen vor der Tür diesen wunderschönen 500 SL gesehen, ganz in Schwarz. Ist das Ihr Auto?«

»Ja, Herr Schön, den habe ich gerade gestern gekauft und mit Ihrem Geld bezahlt.«

»Mensch, das ist aber toll, Herr Harksen. Vielleicht kann ich den Wagen ja auch einmal fahren.«

»Jederzeit, Herr Schön, wann Sie wollen.«

In der Tat stellte ich ihm eines Tages den SL vor die Tür. Er fuhr ihn dann ein paar Tage – trotz seines Vermögens hätte er sich nie getraut, sich selbst so ein Auto zu kaufen. Das musste ich für ihn besorgen. Irgendwann löste ich einen kleineren sechsstelligen Teilbetrag einer Schuldankenntnis ein und schenkte ihm einen Mercedes 500 SL dazu, wie üblich mit den Ausstattungsmerkmalen: »einmal alles«. Er sprach mich bei der nächsten Begegnung sichtlich erschüttert darauf an: »Herr Harksen, Sie können mir doch nicht einfach einen SL geben, ohne dass ich dafür bezahlt habe.«

»Herr Schön, Sie haben ihn doch bezahlt. Ich habe ihn doch mit Ihrem Geld bezahlt. Nehmen Sie ihn ruhig, und wir verrechnen das dann irgendwann mit den 200 Millionen Mark.«

»Wunderbar, Herr Harksen, ich habe ja auch eine jüngere Freundin jetzt, die meinte auch, ich sollte mal ein vernünftiges Auto fahren, nicht immer solche für ältere Herren.«

»Herr Schön, darf ich Ihnen mal einen Tipp geben?«

»Ja, Herr Harksen.«

»Sie sollten Ihre Anzüge auslagern, die stinken so fürchterlich nach Mottenkugeln. Bei jüngeren Damen macht das gar keinen guten Eindruck.«

»Danke für den Tipp, Herr Harksen, vielleicht können Sie mir ja noch ein paar andere Tipps geben.«

In der Art haben wir uns öfters unterhalten. Herr Schön war über sechzig, ein sehr sympathischer Mann. Irgendwann kam er zu mir und war sehr ungehalten.

»Herr Harksen, wie lange dauert das denn noch?«

»Herr Schön, das habe ich Ihnen doch gesagt. Ich weiß es nicht. Vielleicht einen Monat, vielleicht drei Monate, vielleicht auch noch ein paar Jahre. Ich kann es Ihnen wirklich nicht sagen.« Dann beruhigte er sich und steckte sich wie immer ungefragt eine Zigarre an. Er lehnte sich zurück und meinte: »Herr Harksen, das ist aber ein bequemer Stuhl.«

»Danke, den habe ich ja auch mit Ihrem Geld bezahlt.«

Er schaute mich freudestrahlend an. »Das dachte ich mir schon.«

Dass ich das Geld auch für mich ausgebe, war schließlich Bestandteil der offiziellen Vereinbarung: Ich als internationaler Forderungsmilliardär war ja laut meiner eigenen Legende illiquide, deshalb brauchte ich das Geld der Anleger. Es war ihm auch egal, solange er seine Schuldanerkenntnis bekam. Und so wies ich mit dem Finger an die Wand: »Gucken Sie mal, dieses Bild ist auch von Ihrem Geld bezahlt.«

Da prustete er los vor Lachen. Ich gluckste heimlich vor Freude, wieder einmal ungestraft die Wahrheit sagen zu können.

Die Geschichte vom Knochenmarkzentrum

Sommer 1991: Ich war gerade in meinem neuen Porsche 928 S4 mit meinem damaligen Partner Jochen Strunz auf der Rückfahrt von Dänemark nach Hamburg, da hörte ich im Radio: Einige Dutzend Kinder in Hamburg müssten vielleicht sterben, weil die Hansestadt Hamburg wegen einer Finanzierungslücke von ca. 2,5 Millionen Mark auf den Bau eines Knochenmarkzentrums verzichten müsse – obwohl für die Sanierung der Hamburger Hafenstaße, einer ehemals besetzten Häuserzeile, anscheinend genug Geld da sei. Als Vater eines gesunden Sohnes berührte mich die Geschichte so sehr, dass ich aus dem Auto heraus den Sender anrief und einen Termin mit dem Verfasser des Beitrags für den gleichen Abend vereinbarte. Zu dem Treffen erschienen mein Partner und ich, mein Rechtsanwalt Zülprich, der Journalist und ein Vertreter des Knochenmarkzentrums.

»Sicher sind Sie alle sehr gespannt, ob ich auch in der Lage bin, meinen Worten Taten folgen zu lassen, nicht wahr, meine Herren?«, lächelte ich in die Runde.

Der Vertreter des Knochenmarkzentrums räusperte sich: »Sie müssen unsere Skepsis verstehen, Herr Harksen. Natürlich sind wir sehr überrascht, dass ein so junger Mann wie Sie nur aufgrund eines Radiobeitrags mal eben so daherkommt und sagt: Geldsorgen? Kein Problem, ich zahle. Deshalb müssen wir auf einem aktuellen Kapitalnachweis bestehen.«

Nachsichtig wandte ich mich an meinen Rechtsanwalt: »Seien Sie doch bitte so nett.«

Während er den Umschlag mit einem aktuellen Kontoauszug über ein Guthaben von 650 Millionen dänischen Kronen aus dem Revers zog, begann er zu reden: »Gegen den Inhaber dieses Kontos hält Herr Harksen erhebliche Forderungen, welche in Kürze zur Auszahlung fällig werden. Ich kann Ihnen versichern, dass die avisierten 2,5 Millionen DM ein durchaus überschaubarer Betrag sind, der die Vermögenssubstanz der Herren Harksen und Strunz in keiner Weise angreifen kann. Aber sehen Sie selbst.«

Er übergab den Kontoauszug an den Herrn vom Knochenmarkzentrum, der damit kurz verschwand, um telefonisch die Echtheit zu prüfen. Nach wenigen Augenblicken kam er strahlend mit ausgebreiteten Armen auf mich zu und umarmte mich.

»Das ist ja unglaublich, dass zwei junge Männer so eine Spende machen wollen – und auch können!«, begeisterte er sich. Auf einmal löste sich die Spannung in ein freudiges Tohuwabohu.

Auch ich war den Tränen nahe. Ich hob die Arme zur Abwehr. »Meine Herren. Es besteht kein Anlass zur Freude.«

Ich blickte in schreckstarre Augen. Sie dachten wohl, jetzt platzt die Bombe und ich hätte sie nur hereingelegt, deshalb fuhr ich schnell fort: »Wir sind stark im Verzug! Es ist eine unbeschreibliche Schande für den Hamburger Senat, wegen einer solch lächerlichen Summe Kinder sterben zu lassen und auf der anderen Seite das Geld für irgendeinen Stadt-Marketing-Mist aus dem Fenster zu werfen«, ereiferte ich mich und fuhr dann ruhiger fort: »Natürlich muss ich diese Spende mit einer unverhandelbaren Bedingung verbinden. Auf keinen

Fall darf mein Name mit dem Bau des Knochenmarkzentrums in Verbindung gebracht werden. Dies ist mein allerpersönlichstes Anliegen. Können Sie mir das verbindlich zusagen?«

Ich warf einen fragenden Blick in die Runde, einhelliges Nicken signalisierte Zustimmung.

»Selbstverständlich werden wir Ihren Wunsch nach Anonymität respektieren, Herr Harksen«, bestätigte der Journalist in ehrfürchtigem Tonfall.

So wurde eine Stiftung gegründet, auf deren Konto ich postwendend die ersten 100 000 einzahlte. Mit dem Baufortschritt trudelten immer mehr und weitaus höhere Rechnungen ein, aber mir war zuerst nicht klar, wovon ich sie bezahlen sollte. Ich hatte zwar immer einige Hunderttausend Mark auf dem Konto, aber die waren für meine Familie bestimmt, und ich wollte die Rücklagen nicht angreifen.

Natürlich blieb es nicht bei den avisierten 2,5 Millionen, am Ende lagen die Baukosten bei 3,5 Millionen Mark. Das hätte ich selbst mit Hilfe meines selbstverdienten Geldes und der Kundengelder kaum geschafft, aber dann geschah wieder mal etwas, womit ich nicht gerechnet hatte.

Der Sohn eines bekannten Unternehmers war an Leukämie gestorben. Irgendjemand musste dem Vater meinen Namen zugeflüstert haben. Als wir uns trafen, war ich sehr beeindruckt von seiner Persönlichkeit und konnte seinen Kummer mitfühlen. Dank seiner großzügigen Spende konnte das Knochenmarkzentrum schließlich zu Ende gebaut werden. Bei der Eröffnung 1992 sah ich die ersten Kinder, die dort behandelt werden sollten, die Trauer in ihren Augen, die Angst und die Hoffnung. Da wusste ich, dass ich eine richtige Entscheidung getroffen hatte. Der damalige Wissenschaftssenator lobte die

Aktion öffentlich als »ein hervorragendes Beispiel privaten Engagements«.

Heute steht an der Tür »Gespendet von Hanseaten ohne Namen«. Die Anonymität blieb leider nur so lange gewahrt, bis ich in Südafrika war und mein Anwalt das Geheimnis vor der Presse lüftete. Nun hieß es, ich hätte mich damit nur unter Hanseaten profilieren wollen. In der Presse bekam ich einen neuen Spitznamen: Big Spender.

Rückblickend halte ich diese Spende für eine meiner besten Geldanlagen, da sie von Herzen kam. Den Kunden, deren Geld ich treuhänderisch dort anlegte, kann ich nur sagen: Seid doch froh, dass euer hart verdientes, hart ererbtes oder hart am Fiskus vorbeigeschmuggeltes Geld noch immer diesem guten Zweck dienen darf.

Geschäfte mit der Unterwelt

Trotz meiner hohen Einkünfte war ich permanent am Rand der Pleite, denn oft floss das Geld vorne schneller wieder raus, als es hinten reinkam. Finanzplanung war mir schon deshalb ein Fremdwort, weil ich nie wusste, wer mir wann neues Geld anlieferte und wer wann sein altes zurückhaben wollte. Bei allem Überfluss und Überdruss gab es immer wieder Engpässe.

Im Herbst 1989 hatte ich einen neuen 500er Mercedes gekauft und nur mit Schecks bezahlt, für die es keine Deckung gab. Drei Wochen später standen zwei stadtbekannte Hamburger Luden vor meiner Haustür und drohten mit einer Tracht Prügel, falls ich nicht binnen einer Woche den Rest bezahlte. Oft saßen meine Freunde in der Küche und zerbrachen sich den Kopf über meine Probleme, während ich schon zu meiner Frau und den Kindern schlafen gegangen war. Einer steckte mir 50 000 Mark, die er selbst von einer Freundin für »Investments« geliehen hatte, mitten in der Kinovorführung zu, um mich aus der Klemme zu befreien. Das danke ich ihm bis heute.

Mein Anwalt Zülprich riet mir, zu meinem persönlichen Schutz einen Leibwächter zu engagieren. Im Büro des Anwalts sah ich ihn, einen sagenumwobenen St.-Pauli-Mann, zum ersten Mal. Der Hüne im Anzug und mit verspiegelter Sonnenbrille kam gleich zur Sache: »Ich habe gehört, du hast Probleme.«

»Kann man so sagen.«

»Für hunderttausend bin ich für immer dein Freund.«

Das klang so ehrlich und aufrichtig! Also sollte er das Geld bekommen. Wenn er mir dadurch höhere Forderungen erspart hätte, wäre er sein Geld ja wert gewesen. Das Dumme war nur: Er meldete sich nie wieder, trotz eines Vertrags, der ihn zu bestimmten Sicherheitsdiensten verpflichtete. Bei so einem konnte ich natürlich nichts zurückfordern. Das wurde mir leider erst später klar.

Stattdessen bekam ich erneut Besuch aus der Unterwelt: Der damalige Besitzer einer berühmten Reeperbahn-Spielhalle stand vor der Tür und zeigte mir einen fälligen Wechsel über 300 000 Mark, den er von meinem Autohändler gekauft hatte. Die hatte ich natürlich nicht flüssig. Ich vertröstete ihn auf eine Woche später.

Als ich den Raum betrat, empfing mich eine exberühmte Rockdiva: »Ach, du bist es, Jürgen. Wir haben schon auf dich gewartet.«

Ich wusste, dass ich den Besitzer einwickeln musste, um den Wechsel zu retten. Wie gewohnt erzählte ich meine Story mit den hundert Millionen, die in einem Monat ausgezahlt würden, und bot ihm den üblichen Faktor 13, falls er bei mir einstiege und den Wechsel bis dahin stehen ließe.

Er hörte geduldig zu und zerriss vor meinen Augen den Wechsel. Dann befahl er einem der Kellner: »Hol mir mal den Koffer.«

Oh Schreck! Darin befand sich in hübschen Tausenderstapeln eine halbe Million. Waren die etwa für mich? Der Spielhallenbesitzer schlug nun vor: »Jürgen, vergiss Faktor 13. Ich gebe dir noch 500 000 dazu und bekomme in einem Monat 1,2 Millionen. Abgemacht?«

»Okay.«

»Und jetzt gibst du mir mal schnell die 300 000 für den Wechsel. Das sind echte Schulden. Du bist doch jetzt flüssig.«

»Eh, ja.«

Mir blieb nichts anderes übrig, als von dem Frischgeld wieder mehr als die Hälfte abzugeben. Er zählte seine Scheine ab und drückte mir das Restbündel lachend in die Hand: »Du kommst einfach vorbei, wenn dein Geld da ist. Ich ruf dich nicht an.«

Die Exrockdiva flötete dazu: »Ciao, Baby.«

Er hatte mich voll auf Lunge genommen! In gewisser Weise waren wir damit quitt. Grundsätzlich aber gab es nichts zu klagen: Mit dreihundert Miesen war ich reingegangen und mit zweihundert im Plus wieder rausgekommen.

Bis zum nächsten Monat musste etwas Wesentliches passieren. Ich hatte ja 1,2 Millionen Mark Neuschulden an der Backe. Also ging ich zu Herrn Schrage, der ebenfalls Spielhallenbesitzer war und meinen Spezi bestens kannte. Sein Opa besaß eine große Handelskette. Ich erzählte ihm die Geschichte meiner Verbindlichkeit, natürlich leicht frisiert, und schlug ihm vor:

»Bei mir ist ein Anteil über 2,5 Millionen frei geworden. Du kannst eine Beitrittserklärung in dieser Höhe haben, Faktor 13, wie immer. Du gibst mir einen Scheck über Einsdrei. Für den Rest löst du das Problem mit unserem Spezi.«

Er war einverstanden. Am gleichen Abend kam er zu mir ins Haus und sagte: »Ich habe alle Schränke leer gemacht.«

Er überreichte mir einen Koffer mit 500 000 in bar, einen Scheck über 800 000 und zeigte mir einen Wechsel über 1,2 Millionen.

»Den kriegt unser Spezi.«

Dafür schrieb ihm meine Sekretärin am nächsten Tag eine

Beitrittserklärung. Einen Monat später stand er wieder auf der Matte und fragte:

»Na Jürgen, wie sieht's aus?«

Ich schüttelte den Kopf: »Wieder neue Schwierigkeiten. Es dauert noch. Bedenke: Für dich sind fünfzig bis sechzig Millionen drin. Das kann schließlich dauern. Wenn der Teufel einen so großen Haufen scheißt, braucht er etwas Zeit.«

Nun wurde der Herr Schrage moralisch: »Weißt du, was ich als Sicherheit für den Wechsel gegeben habe? Eine meiner Spielhallen, eine echte Cash-Cow! Und hunderttausend hat unser Spezi sowieso noch draufgekriegt, von mir ganz privat.«

Jetzt wurde mir die Sache zu bunt. Ich setzte alles auf eine Karte und bluffte: »Wenn du willst, kriegst du jetzt die ganzen zweieinhalb Millionen sofort zurück. Muckel, hol mir mal das Scheckbuch.«

Er protestierte: »So war das doch nicht gemeint, Jürgen. Lass mal stecken.«

Später am Abend lachten wir viel und tranken Bier. Ich prostete ihm irgendwann zu:

»Mensch, kannst du froh sein, dass du den Scheck nicht genommen hast. Das Geld kommt bestimmt in drei Wochen.«

Als wir uns ein paar Tage später wiedersahen, zog ich ihm mit der gleichen Masche noch 600 000 aus der Tasche. Wieder kaufte er einen vermeintlich frei gewordenen Kundenanteil. Nach drei Wochen verschob ich die Geschichte erneut mit irgendeiner plausibel klingenden Begründung wieder um ein paar Wochen. So ging es weiter, Monat für Monat, Jahr für Jahr, bis er 1996 in Südafrika endgültig den Glauben an sein und mein Glück verlor und aus der Gemeinde der Gläubigen austrat. Lass mich leben, Alter! War nicht böse gemeint!

Meinen »Leibwächter« traf ich erst einige Jahre später bei einem Frank-Sinatra-Konzert wieder, wo ich im VIP-Zelt meine Epibrationsrede hielt. Er tat ganz unschuldig. Bevor ich ihn zur Rede stellen konnte, fiel mir sein Freund, der Spielhallenbesitzer, lachend ins Wort: »Tolle Rede, Jürgen, du bist der König der Betrüger. Ich find's herrlich. Du hast doch gar nichts, und die feinen Leute raffen es nicht. Kaum zu glauben.«

Wie Recht er hatte, konnte ich natürlich nicht zugeben, und so erwiderte ich mit spitzer Zunge: »Warte mal ab, am Ende des Tages bist du der Dumme. Die anderen kriegen Faktor 13, und was hast du bei mir verdient?«

»Na, bloß fünfhundert.«

»Siehste.«

Das stimmte ihn nachdenklich. Nach zwei Tagen kam er in mein Büro und brachte mir die fünfhundert frisch verdienten Riesen wieder zurück, gegen ein hundertprozentiges Versprechen, dessen Einlösung ich monatlich unter heftigsten Schwüren immer wieder um ein paar Wochen hinauszögerte.

Als mal wieder eine hundertprozentige Auszahlungsfrist verstrichen war, fand ich 1993 ein Kreuz im Garten. Wer es dort hinstellte, weiß ich bis heute nicht. Aber von den gutbetuchten Söhnen war es bestimmt niemand. Dazu sind die viel zu feige. Die Geste roch nach Milieu.

Er bekam jedenfalls seine 500 000 schnell zurück, denn Ärger an dieser Front konnte ich gar nicht gebrauchen.

Gustav Schwarz oder: Wie ich zu einem Dispo über zwanzig Millionen kam

Gustav Schwarz war ein konservativer hanseatischer Kaufmann, dem etliche Miethäuserblocks in Hamburg gehörten, in die er keinen unnützen Cent investierte. 1991 hörte ich von einer meiner vollbusigen Buchhaltungsdarstellerinnen, dass dieser Herr Kontakt zu mir suche. Falls ein Geschäft zustande käme, forderte sie eine Vermittlungsprovision von zwanzig Prozent. Warum nicht, dachte ich? Allerdings wollte ich den Zeitpunkt der Fälligkeit ihrer Forderung selbst bestimmen.

Bei unserem ersten Termin in meinem Büro trug Herr Schwarz eine graue Hose und einen grauen Pullover. Er schaute mich mit offenen Augen an und sagte: »Herr Harksen, ich möchte Ihnen gerne einen erheblichen Betrag spekulativ zur Verfügung stellen. Können Sie mir dafür einen Grund nennen?«

Ich erwiderte ganz ruhig: »Herr Schwarz, da Sie bereits hier sitzen, müssen Sie sich ja schon eine Meinung gebildet haben. Was soll ich Ihnen also erzählen? Vermutlich wollen Sie Ihr Vermögen vermehren und haben die normalen Gewinnspannen satt. Sie kennen ja meine Fürsprecher und wissen, was bei mir dahinter steckt.«

Dann erzählte ich ihm eine der üblichen Räuberpistolen, wonach ich aufgrund diverser Transaktionen Forderungen gegenüber einer Schweizer Firma und einer Firma in Panama hätte. Über das Geld könne ich aber zur Zeit nicht verfügen, da es von Schweizer Treuhändern verwaltet werde. Das Gespräch dauerte ungefähr eine Stunde. Abschließend stellte Herr Schwarz fest: »Herr Harksen, ich bin überzeugt, dass mein Geld bei Ihnen sehr gut aufgehoben ist. Ich habe auch Erkundigungen über Sie bei meiner eigenen Bank eingeholt, der Nordsternbank. Die wussten nur Gutes von Ihnen zu berichten. Aber ich brauche noch einen letzten Kick.«

»Ich nenne Ihnen jetzt mal eine Zahl: 13. Sie kriegen es dreizehnfach zurück.«

»Davon hörte ich schon, allein glauben konnte ich es nicht. Geglaubt wird doch nur in der Kirche.«

»Für viele meiner Kunden bin ich zu einer Art Guru geworden. Sie werden es kaum für möglich halten: Ich habe ein gläubige Gemeinde.«

»Herr Harksen, damit haben Sie mich jetzt überzeugt. Wer so selbstbewusst redet, bei dem müssen ja die Glöckchen klingen.«

»Herr Schwarz, es sind Glocken!«

»Das mag ja sein – aber mal im Ernst: Wo sind Ihre Sicherheiten?«

»Wollen Sie etwa meine Seriosität in Frage stellen? Ihnen muss ich doch nicht buchstabieren, was Spekulation heißt. Kennen Sie eine sichere spekulative Anlage?«

»Deshalb bin ich ja auch bei Ihnen. Ich sehe, Sie haben alle Fragen zufriedenstellend beantwortet. Zur Sache: Ich möchte Ihnen gerne eine große Summe geben, aber aus steuerlichen Gründen geht das nicht direkt. Stattdessen gebe ich Ihnen die Bankbürgschaft für einen Kredit – und Sie verzinsen das mit dem bekannten Faktor. Sie können dann mit dem Geld machen, was Sie wollen, solange Sie mir meinen Gewinn irgendwann mal geben. Ist das ein Angebot für Sie?«

So glaubte Schwarz auf ganz raffinierte Art zu viel Geld zu kommen. Die Bürgschaft kostete ihn nichts, solange meine Kredite nicht notleidend wurden, und das hielt er für ausgeschlossen. Ich bedankte mich für seine Hilfsbereitschaft und fragte ihn dann: »Herr Schwarz, aber wer zahlt die Zinsen?«

»Die Zinsen werden erst rückwirkend fällig mit der Rückführung des Darlehens, machen Sie sich da keine Gedanken.«

»Aber Herr Schwarz, wie kann ich denn unter dem Namen Jürgen Harksen einen Kredit aufnehmen? Ich erfülle doch gar keine Kreditbedingungen, habe keine Bilanzen und so.«

»Machen Sie sich keine Gedanken, ich werde das alles regeln.«

Am nächsten Morgen bekam ich einen Anruf von der Bank, dass ich zu einem Herrn Brand kommen solle. Von ihm erfuhr ich, dass Herr Schwarz die Bürgschaft für einen Kredit über 14,4 Millionen eingeräumt hätte, den die Bank mir nun gerne zur Verfügung stellen wolle. Das war auch dringend nötig, denn immer wieder kamen Anleger und wollten auf die Schnelle ihr Geld zurück. Viele Kleinanleger erhielten in der Anfangszeit tatsächlich Faktor 13 oder je nach Kassenstand auch nur Faktor vier – das kostete mich nicht viel und erhielt meinen Ruf in der Szene. Da ich öfters nicht im Büro war und dennoch die schnelle Auszahlung sicherstellen wollte – denn für Zuverlässigkeit war ich bekannt –, hatte ich dort im Safe ein paar unterschriebene Blankoschecks hinterlegt. Die ursprüngliche Provisionszahlung an meine »Buchhalterin« hatte ich längst vergessen, als mich während einer Ibiza-Reise ein Aufruf von der Nordsternbank erreichte: Meine Sekretärin hätte mit einem von mir unterzeichneten Scheck zwei Millionen in bar abgehoben, und wegen der Richtigkeit der Unterschrift sei das Geld auch ausgezahlt worden. Nach meiner

Rückkehr zitierte ich sie in mein Büro und erklärte ihr in Anwesenheit eines Rechtsanwalts, dass ich sie anzeigen würde, wenn sie nicht binnen einer Woche das Geld zurückbringe, denn aus meiner Sicht war die Provision erst mit der Auszahlung fällig.

»Sie mich anzeigen? Da lach ich mich ja schlapp.« Mit diesen Worten verließ sie das Büro und ward nie mehr gesehen. Nun hatte ich aus Versehen jemanden zum Millionär gemacht.

Aus der Geschäftsbeziehung mit Gustav Schwarz wurde eine Art Freundschaft. Er hatte Manieren, reizende Kinder und eine bezaubernde Frau. Seine Intelligenz wurde nur noch von seiner Sparsamkeit in den Schatten gestellt. Oft sprachen wir über die Zeit nach der Ausschüttung und ergingen uns in gemeinsamen Phantasien über großartige Projekte wie z. B. den Kunstfonds, mit dem wir anteiligen Privatbesitz an hochkäratigen Werken der bildenden Kunst auch für kleinere Vermögensbesitzer attraktiv machen wollten. Meine Maßlosigkeit als Verschwender erschreckte ihn ebenso sehr wie sie ihn faszinierte. Mein Lebensstil war die größtmögliche Antithese zu seinem Hortungstrieb, den ich als Zeichen seiner Verarmungsangst sah. Leider sprachen wir nie über dieses Thema, und aus meiner Sicht fehlte ihm dazu der Mut, denn er begriff mich als eine Art Ziehsohn, gegenüber dem es keine Schwäche zu zeigen galt. Das hielt ihn allerdings nicht von gelegentlicher Schelte ab: »Jürgen, warum kaufst du so viele Anzüge? Du kannst doch sowieso nur einen am Tag tragen.«

»Aber es gibt doch 365 Tage, und ich wechsle nun mal gerne meine Garderobe. Ich lebe das Leben, und im übrigen hast du es doch bezahlt, Gustav!«

»Wie grauenvoll!« Dann griente er. Und ich hatte wieder mal mein Gewissen beruhigt.

Das Einzige, was mich wütend machte, waren seine abfälligen Bemerkungen über Leute wie meinesgleichen. Gesocks! Wer nicht Millionär war wie er, zählte für ihn zu den Untermenschen. Allein dafür verdiente er meiner Ansicht nach eine kräftige Abreibung.

Er begleitete mich oft auf Reisen nach Monte Carlo und nach London. Immer kam er in den gleichen Klamotten und hatte nie mehr Handgepäck als eine Plastiktüte. Das schockierte mich zunächst, weil ich einen solchen Geizkragen bisher noch nie erlebt hatte. Irgendwann fragte ich ihn: »Gustav, wo hast du denn dein Gepäck?«

»Ich brauche kein Gepäck. Ich wasche jeden Abend meine Unterhose und meine Strümpfe aus. Guck mal hier, ich habe Waschpulver dabei. Ich habe eine Zahnbürste, einen Kamm. Mehr brauche ich nicht, alles andere ist Verschwendung.«

Was sollte ich dazu sagen? In London übernachteten wir öfters im Halkin-Hotel und erzählten uns Geschichten aus unseren Leben. Irgendwann saßen wir im Restaurant, ich bestellte wie gewohnt Kalbskoteletts. Schwarz sagte: »Für mich das Gleiche.«

Er betrachtete sich ganz selbstverständlich als eingeladen, was ich wiederum als heimliches Eingeständnis interpretierte, dass er sich wohl bewusst war, wessen Geld ich verbrauchte. In gewisser Weise war ich seine innere Opposition gegen den Geiz, unter dessen Knute er täglich litt. Als auf meinem Teller nur noch Knochen übrig waren, bat er mich: »Jürgen, darf ich deinen Knochen haben?«

»Aber ja doch.«

Dann nagte er meinen Knochen säuberlich ab.

Einmal besuchte er mich mit seinen beiden jugendlichen Söhnen auf Ibiza. Die drei logierten in unserem Gästehaus. Gustav hatte wieder seinen grauen Anzug an und kein Gepäck. Am zweiten Morgen ging ich herüber und fand Vater Schwarz mit seinen Söhnen schlafend auf der Terrasse vor. Ich fragte: »Gustav, was ist denn los?«

»Ja, ich konnte nicht mehr ins Haus. Der Schlüssel war verloren gegangen.«

»Du hättest doch Bescheid sagen können, ich hatte doch noch einen Schlüssel.«

»Ich wollte dich nicht wecken. Die Scheibe wollte ich aber auch nicht einschlagen. Was für ein Sachschaden!«

»Aber das hätte mir doch nichts ausgemacht!«

»Ich habe meinen Söhnen beigebracht, dass man auch mit wenig überleben kann. Also haben wir zusammen eine Plastikplane gesucht und uns auf die Kissen der Hollywood-Schaukel gelegt.«

»Mutig, mutig!«

»Das war eine wichtige Bereicherung für mich und meine Kinder.«

Später am Tag unternahmen wir auf meiner Yacht einen Trip nach Mallorca. Es war heiß. Wenn Gustav eine kurze Hose brauchte, rollte er seine lange graue Hose einfach auf.

Unterm Strich hat er mir als Fürsprecher und Bürge viele gute Dienste geleistet. Ohne ihn hätte ich auf etliche Kunden verzichten müssen, denn sein konservativer Geist bürgte für Seriosität. Erst als das Konkursverfahren in Südafrika lief, herrschte bei ihm von einem Tag auf den anderen Funkstille. Aber angezeigt hat er mich nie. Aus der Bürgschaft wurde er vermutlich nie belangt, denn die Nordsternbank verklagte mich in Südafrika, und ich konnte mich mit ihr vergleichen, indem ich eine Teilschuld beglich. Einen Kunden wie Herrn Schwarz gibt eine Bank nicht gleich auf, auch wenn mal ein paar Millionen fehlen. Hätte ich doch etwas mehr von seinem Geiz gelernt, so wie er von meiner Verschwendungssucht profitierte!

Wotan, der weiße Elefant

Fritz Wotan lernte ich 1985 kennen, als ich noch in Odense wohnte und mich als Jungunternehmer mehr schlecht als recht über Wasser hielt. Ich traf ihn eines Abends zufällig in meinem Lieblingsrestaurant, wo er allein an der Bar saß. Seine Kontakte imponierten mir: Bernie Cornfeld, der größte Hochstapler des Jahrhunderts, hatte ihm sogar seinen Schreibtisch vermacht. Nach einem dreistündigen Gespräch tauschten wir Visitenkarten und trafen uns dann öfters zum abendlichen Plausch.

Als Mann meines Vertrauens wurde er zum väterlichen Ratgeber. Er gehörte für mich zu der Welt, in die ich mich nur hineinträumte. In den folgenden Jahren wurde Wotan meine Sparkasse: Immer, wenn etwas Geld übrig war, transferierte ich es in die Schweiz, insgesamt 18,8 Millionen Mark. Wotan legte es für mich in Genf bei zwei renommierten Schweizer Banken an. Er bot mir für meine Anlagen Faktor drei bei einer Laufzeit von mehr als drei Jahren; das Geld legte er vorgeblich in Ölgeschäften an. Was er wirklich mit dem Geld machte, wusste ich nicht. Von Wotan erhielt ich bar oder über Anwälte in Spanien insgesamt sieben oder acht Millionen zurück. Zum ersten Mal, als ich wegen des Finanzamts in der Klemme saß, und dann als Überbrückungshilfe für einen Neustart in Südafrika. Dort war er mein Strohmann, der das von mir verwaltete Vermögen vor dem Zugriff der Konkursverwalter schützte – letztlich allerdings mit wenig Erfolg.

Wir verstanden uns gewöhnlich gut. Wotan war in der Anfangszeit mein Lehrmeister. Als Schüler hatte ich meine Lektionen so gut gelernt, dass später oft unklar war, wer hier von wem lernte, wenn es darum ging, Legenden zu erfinden und auf dem Papier glaubhaft zu machen. Manchmal sagte er, auf mein Renditeversprechen von Faktor 13 anspielend: »Jürgen, du bist zu großzügig.«

»Wieso? Ich bin erst dann großzügig, wenn ich meine Versprechen auch halte.«

Nachdem im Januar 1992 das Steuerstrafverfahren gegen mich begonnen hatte, meinte Anwalt Engels nur lapidar: »Wir brauchen eine Legende, Jürgen!«

Mir fiel fast die Brille runter, als er den Namen des größten ihm bekannten Legendenbildners erwähnte: Fritz Wotan. Engels schilderte ihn als zwielichtige Figur, alles andere als der Gott der Seriosität, zu dem ich ihn gemacht hatte. Engels kannte zahlreiche Anekdoten über Wotan, bei denen aus zehn Millionen erst fünf und dann drei wurden, bis auch die sich im Nebel der Legenden auflösten. Und diesem Mann hatte ich das Vermögen meiner Kunden und ein eigenes Vermögen anvertraut! Gleichzeitig sollte nur er den deutschen Steuerbehörden glaubhaft machen können, in welch komplizierte internationale Geschäfte ich verwickelt sei.

Nun entstand eine komplizierte Situation für mich: Engels gegenüber schwieg ich mich über meine Beziehungen zu Wotan aus, denn er gehörte zum Kreis der Anleger und glaubte an meine eigene Legende, nach der ich es gar nicht nötig habe, ein Sparkonto bei Wotan zu unterhalten. Also tat ich ahnungslos und beauftragte Engels, mit Wotan in Kontakt zu treten.

Mit der Begründung, noch schnell einen Aktenkoffer aus dem Kofferraum zu holen, entfernte ich mich aus dem Büro und rief vom Auto aus Wotan an: »Fritz, gleich meldet sich ein gewisser Dr. Engels bei dir, mich kennst du bitte nicht, alles Weitere erkläre ich dir später.«

Fortan wurde Wotan zum »weißen Elefanten«, der für alle Ungereimtheiten meiner eigenen Legende herhalten musste und mir erlaubte, meinen Kopf in scheinbar ausweglosen Lagen immer wieder aus der Schlinge zu ziehen. Gleich zu Beginn kostete die Beratung bei ihm eine Einstiegssumme von 250 000 Mark, denn Fritz konnte ja nicht zugeben, dass wir längst befreundet waren. Wenn ich meinen Kunden ständig etwas von irgendwelchen »Ansprüchen an ausländischen Gesellschaften« erzählte, sollte wenigstens etwas daran sein. Da ich ihm mein Vertrauen bereits bewiesen hatte, sah er kein Problem darin, mir für ein paar Wochen Inhaberaktien von Gesellschaften auszuleihen, die phantastische Guthaben auf ihren Konten hatten. So sorgte er dafür, dass meine Geschichten wenigstens für diese Zeit der Wahrheit entsprachen und nachprüfbar wurden.

Treuhänder sind Menschen, die im Auftrag von anderen Menschen handeln, die nicht in Erscheinung treten wollen oder können. Oft sind diese Menschen immens reich und leisten sich den Luxus der Unberühmtheit, indem sie Treuhänder als Verschleierungsagenten einstellen. Treuhänder sind in gewisser Weise Menschen, die Geld einwickeln, um es vor dem Zugriff Unbefugter zu schützen. Unbefugt sind aus der Sicht der Möchtegernunsichtbaren vor allem Staaten, aber auch Geschäftspartner, die zu persönlichen Feinden wurden. Treuhänder sind Frontmänner der Camouflage, die nach außen in den Krieg ziehen, während die feigen Kriegsherren zu Hause sitzen.

Natürlich nehmen die Hintermänner dabei in Kauf, dass sie

die Kontrolle über ihr Vermögen verlieren bzw. durch den Treuhänder ihr Vermögen an Substanz verliert. Denn bekanntlich sind an treuen Händen lange Finger. Die Handfläche ist meistens treu, aber die Finger können es nicht lassen. Schließlich kann der Treugeber seinen Treunehmer nicht belangen, ohne sich selbst zu belasten. Die Treuhandvermögen bestehen oft zu großen Teilen aus unredlichem Geld aus halb- oder vollkriminellen Geschäften.

Wotan war mein Treuhänder und er war Treuhänder für andere, wobei mir nie klar wurde, welche seiner Kunden echt und welche Legenden waren. Später in Südafrika nahm er bereitwillig die von mir geschaffenen Kunstfiguren Arnemann Paulsen oder auch Poulsen (die Schreibweise änderte ich im Lauf der Zeit, um Verwirrung zu stiften), Ove Johannson und Thomas Maxwell in sein eigenes Legendenkabinett auf.

Wie flexibel Treuhänder sind, zeigt sich auch in ihrem großzügigen Umgang mit Identitätsnachweisen. Er verschaffte mir während meines Auslieferungsverfahrens in Südafrika einmal für schlappe 150 000 Dollar eine kapverdische Staatsbürgerschaft für den Fall, dass mir von den deutschen Behörden der Pass weggenommen würde.

Später sollte Fritz Wotan wegen »Beihilfe zum Betrug« vor einem deutschen Gericht erscheinen, aber so etwas kratzt einen Schweizer Staatsbürger nicht, er lässt sich einfach krankschreiben und erscheint dann nicht. Der Schweizer Staat hält schützend seine Hände über seine Bürger. Erst wenn es um Kapitalverbrechen geht, die nichts mit Geld zu tun haben, wird er aktiv.

Dokumententourismus

Da ich Wotan meine Millionen vertrauensvoll überlassen hatte, war er mir einen Gefallen schuldig. Im Winter 1990 fragte ich ihn: »Sag mal, Fritz, kannst du mir nicht für ein paar Wochen ein paar hundert Millionen Mark leihen, vielleicht fünfhundert? Ich will auch keine Verfügungsgewalt, es soll nur auf dem Papier so aussehen, als würden diese Gesellschaften mir gehören.«

»Das dürfte kein Problem sein, Jürgen. Ich verwalte ja mehrere hundert Firmen treuhänderisch und verfüge über entsprechende Besitzdokumente.«

Nie sprachen wir darüber, wie er zu seinen hochkarätigen Hintermännern gekommen war. Vier Wochen später hatte Wotan einen Pilotenkoffer voller Dokumente in London bei einem Anwalt deponiert und mir die Zahlenkombination des Nummernschlosses mitgeteilt. In dem Koffer befanden sich Kontoauszüge, Bilanzen, Inhaberaktien, Abtretungserklärungen von Offshore-Gesellschaften und andere werthaltige Unterlagen. Welche von diesen Dokumenten echt und welche gefälscht waren, wusste ich selbst nicht.

Nun konnte meine Mission beginnen. In der folgenden Woche empfing ich eine Reihe von Zweiflern, die ich auf den Weg des Glaubens bringen wollte, im Londoner Blakes Hotel, das bis heute den Ruf als eines der vornehmsten und zugleich extravagantesten Hotels der Stadt genießt. Meine Suite trug die Nummer 007; das war ich James Bond schuldig. Über einen

Zeitraum von drei Jahren hatte ich sie für dreihundert- bis vierhunderttausend Pfund halbjährlich »durchgebucht«.

Bis 1992 kam ich weitgehend ohne Dokumente aus, um Geld zu bekommen. Meine blauen Augen und mein gewitztes Mundwerk reichten aus, da ich alle Ansprüche meiner Kunden pünktlich bediente. Ihre Ansprüche waren zwar nicht immer vertraglich gesichert, aber ich wollte mein Wort halten, so gut es ging. Ab 1992 bereicherte sich mein Leben um ein Phänomen, das ich »Dokumententourismus« nannte und das seine große Blütezeit später in Südafrika hatte. Zunehmend wollten Kunden, die bereits spekulativ bei mir angelegt hatten, schriftliche Beweise meiner Bonität. Die konnte ich ihnen dank Wotan in Hülle und Fülle liefern, allerdings nicht in Hamburg, sondern in London, Monte Carlo, den USA und Antigua in der Karibik. Als großzügiger Gönner übernahm ich selbstverständlich die gesamten Flugspesen 1. Klasse – so gehörte sich das für einen redlichen Hanseaten. Meine Dokumente waren nun eine touristische Attraktion, an denen selbst ich immer wieder meine Freude hatte.

Das Prüfritual für die Kunden lief immer gleich ab: Ein Wotan-Mitarbeiter oder meine Sekretärin brachte einen Koffer in den Raum, ich öffnete ihn feierlich. Dann durften die Kunden in den Unterlagen blättern. Das meiste war auf Englisch, dessen ich damals kaum mächtig war. Was die Werthaltigkeiten dieser Dokumente anging, verließ ich mich ganz auf Wotan. Sogar mich beeindruckten die vielen Stempel und die vielen aneinandergereihten Nullen. Die meisten dieser Unterlagen wirkten echt und waren es mit hoher Wahrscheinlichkeit auch. Ob Wotan sie seinerseits von Freunden ausgeborgt hatte, ob es Vermögensbestände seiner Kunden waren und woher die Kunden wiederum das ganze Geld hatten, war mir schleierhaft.

Als Erster kam Herr Schwarz an die Reihe. Die Gespräche dauerten in der Regel mehrere Stunden und wurden von mir genüsslich zelebriert. Zuerst zeigte ich Kontoauszüge einer Offshore-Gesellschaft namens Fates Finance, die 200 Millionen Pfund Guthaben auswiesen. Ich fragte mit aller Süffisanz, zu der ich damals fähig war:

»Herr Schwarz, haben Sie Zweifel an der Echtheit der Kontoauszüge?«

»Wie sollte ich, Herr Harksen, ich bin selbst Kunde der Barclays-Bank und weiß genau, wie die Auszüge aussehen müssen.«

Immerhin wusste ich jetzt, dass Wotan mich nicht betrogen und mir gefälschte Dokumente angedreht hatte. »Sehen Sie, wo die Gesellschaft domiziliert?«

»Auf der Isle of Man.«

»Können Sie sich denken, warum?«

»Nun, ich weiß Bescheid, ich habe selbst zwölf Millionen in Offshore-Gesellschaften versteckt.«

Die fehlen noch in meiner Sammlung, sprach meine innere Stimme, bevor ich mit der nächsten Frage fortfuhr: »Kontoauszüge sind ja schön und gut, aber solange sie nicht den Namen der Person tragen, die sich als Eigentümer ausgibt, von geringer Beweiskraft. Was brauchen Sie also noch, um sich davon zu überzeugen, dass dieses Geld mir gehört?«

»Nun, ich muss wissen, in welcher Beziehung Sie zu dieser Gesellschaft stehen, daher brauche ich Verträge oder Abtretungserklärungen.«

Ich zog einen Stapel Papier aus dem Koffer, unter denen sich auch der Treuhandvertrag mit Wotan befand, und legte ihn auf den Tisch. »Bitte!«

Herr Schwarz studierte die Dokumente und fand daran nichts auszusetzen.

»Was sonst könnte Sie überzeugen?«

Er überlegte. Ich sagte zu ihm: »Sie haben doch einen Mercedes. Wenn Sie mir nun den Fahrzeugbrief vorlegen würden, müsste ich dann sicher sein, dass Sie der Eigentümer sind?«

»Auf jeden Fall!«

»Herr Schwarz, jetzt werde ich Ihnen ganz im Vertrauen etwas zeigen, was sonst niemand zu Gesicht bekommt. Aber nur unter der Bedingung, dass Sie es niemandem weitersagen.«

»Versprochen!«

Natürlich hoffte ich inbrünstig, dass er dieses unvergessliche Erlebnis bei jeder sich bietenden Gelegenheit ausplaudern würde. Dann zeigte ich ihm die Inhaberaktien der Firma Fates Finance. »Das sind fünfundsiebzig Prozent der Gesellschaft. Mehr habe ich leider nicht.«

Seine Augen begannen zu leuchten. Nun hatte ich alle Zweifel ausgeräumt; womöglich schämte er sich, sie jemals zugelassen zu haben. Für ihn war ich nicht nur ein Mann seines Kalibers, in gewisser Weise stand ich sogar über ihm, denn ich war jünger und hatte es früher geschafft, in den Olymp der sagenhaft Reichen aufgenommen zu werden. Doch der nüchterne Geschäftsmann in ihm meldete sich noch einmal zu Wort: »Und wie ist das Verhältnis von Gewinnerwartung und Risiko bei dieser Firma?«

Auf diese Frage, die mir im Lauf meiner Karriere tausendfach gestellt wurde, hatte ich immer die gleiche Antwort parat: »Gewinnen können Sie tausend Prozent, verlieren aber nur hundert.«

Damit hatte ich seinen Verstand endgültig schachmatt gesetzt, denn keine logische oder juristische Instanz dieser Welt könnte das Gegenteil dieser Behauptung beweisen. Die Aussage, die darin schwang, tat seine Wirkung jenseits des nüchternen Denkens: Investieren ist zehnmal so gut wie die Finger von der Sache zu lassen. Ich blickte auf den Koffer und schaute dann ihm in die Augen. War das Leben nicht wunderbar? Für einen Moment glaubte ich selbst, der Märchenprinz zu sein. Der Koffer besaß magische Kräfte – er hielt das Märchen so lebendig wie das wirkliche Leben.

Manchmal präsentierte ich aus dem Fundus des Koffers auch einen Originalauszahlungsbeleg der Barclays-Bank über 200 Millionen Pfund mit einem Monopoly-Stempel: »Paid out in Cash«. In diesem Moment war ich wie der Hauptmann von Köpenick – mit goldenen Knöpfen auf der einen und silbernen auf der anderen Seite sowie diversen Phantasiemedaillen. Der Blendeffekt war enorm: Die simple Frage, mit welchem Container ich die Berge der Fünfzig-Pfund-Noten (größere gab es damals nicht) abtransportiert hatte, stellte man doch keiner Sagengestalt, an die dachte man noch nicht einmal!

Dann klingelte das Handy. Meine Sekretärin war ganz aufgeregt: Ein Scheck über 600 000 DM drohe wegen Unterdeckung zu platzen. Der Empfänger war mein Autohändler. Ich war einen Moment ratlos. Da sagte Schwarz aus dem Off: »Herr Harksen, kann ich Ihnen helfen? Das wäre mir eine Ehre.«

»Es tut mir Leid, aber da muss ich nun selbst durch,« entgegnete ich mit gespieltem Bedauern, denn ich wusste, dass sein Wunsch mir Geld zu geben um so größer werden würde, je mehr ich mich zierte es zu nehmen.

»Herr Harksen, denken Sie an Ihren guten Ruf. Ihre Bonität darf auf keinen Fall Schaden nehmen. Darf ich mal Ihr Handy benutzen?« Gustav Schwarz hasste Handys und hätte sich nie hinreißen lassen, für den Besitz eines so unnützen technischen Spielzeugs Geld zu bezahlen. Aber in diesem Fall handelte es sich um einen guten Zweck, und die Rechnung ging auf meine Kosten. Er wählte eine längere Nummer.

»Guten Tag, Herr Brand. Ich habe gehört, dass es Probleme mit einem Scheck von Herrn Harksen gibt. Lösen Sie ihn ein, ich bürge«, sagte er ziemlich kurz angebunden. Dann legte er auf. Ich bedankte mich für die unerwartete Rettung in der Not. Natürlich war ein Wort von Herrn Schwarz für Herrn Brand Befehl, da Schwarz zu den besten Kunden der Nordsternbank gehörte. Eine Stunde später rief meine Sekretärin an und gab durch, dass die Sperrung des Schecks aufgehoben sei. Damit hatte er eine weitere Bürgschaft für mich übernommen, denn die Gelder aus der ersten Bürgschaft hatte ich schon lange verbraucht.

Nun griff ich erneut zum Handy, denn ein plötzlicher Verdacht hatte mich beschlichen. Ich wählte die Nummer vom Fuhrpark-Verwalter der Firma VIP-Car-Rental, und fragte ihn: »Sagen Sie mal, wurde der Ferrari Competition eigentlich schon geliefert?«

»Der Wagen ist noch nicht eingetroffen, der soll erst in einer Woche kommen.«

Hatte mich die Intuition doch nicht getäuscht. Der Autohändler wollte schon vor Lieferung kassieren, damit er das Geld gleich zum Ankauf benutzen konnte und kein eigenes Kapital einsetzen musste. Nachdem Schwarz gegangen war, rief ich bei der Nordsternbank an und ließ den gerade freigegebenen Scheck sperren – so hatte ich auf einen Schlag 600 000 Mark an Liquidität gewonnen und musste mit nichts weiter bezahlen als einer erneuten Schuldverschreibung zum Faktor 13, zahlbar am Sankt Nimmerleinstag.

Einen Monat zuvor hatte ich Herrn Brand von der Nordsternbank nach London eingeladen, um ihn von der Echtheit meiner Unterlagen zu überzeugen, denn es gab Unruhe unter den Anlegern. Ich öffnete den Koffer, übergab ihm die Unterlagen zur ersten Sichtung und ließ ihn dann allein auf dem Zimmer, um ihm die Gelegenheit zu geben, die Unterlagen in Ruhe zu inspizieren und gegebenenfalls per Telefon weitere Auskünfte einzuholen. Dass er Kopien anfertigen würde, war ausgeschlossen. Er hätte es nicht ohne meine Einwilligung getan, und selbst wenn – die Kopierer befanden sich unten im Foyer, vis à vis der Shiny Bar, wo ich den Rest den Abends verbrachte. Nach einer halben Stunde kam er an die Bar und verkündete sein Prüfungsergebnis: »Wir sind stolz, Sie als Kunden haben zu dürfen!«

Später in Südafrika erfuhr ich, dass ich intern bis 1993 bei der Nordsternbank für einen erfolgreichen Geschäftsmann mit besten Kontakten zur Geschäftswelt in Hamburg und England gehalten wurde, obwohl ich schon bis dahin nicht gerade durch Korrektheit bei der Erfüllung meiner Kreditverpflichtungen aufgefallen war.

Wie ich meinen Überziehungskredit rettete

Es war ein Freitagvormittag zur Weihnachtszeit im Jahre 1992, elf Uhr. Ich war vorgeladen bei den Herren von der Nordsternbank, die mir zu dieser Zeit einen Kredit über vierzehn Millionen eingeräumt hatten – dank der Bürgschaft von Gustav Schwarz. Wie immer hatte ich alles Geld schon ausgegeben und war fast an der Dispogrenze. Einer der Autohändler, die mir Fahrzeuge für die VIP-Car-Rental lieferten, hatte einen von mir ausgestellten Wechsel über circa 800 000 Mark bei der Nordsternbank präsentiert und war abgewiesen worden. Nun sollte mir der gesamte Kredit gekündigt werden. Ich hatte im Vorfeld um Begleitschutz durch meinen Steuerberater und meinen Anwalt gebeten.

Für den Auftritt hatte ich aus meinem Fuhrpark den roten Ferrari gewählt, aus meinem Kleidermagazin ein himmelblaues Jackett, dazu eine lila-anthrazitfarbene Hose und eine Krawatte in Pink. Die Herren sollten bloß nicht glauben, sie könnten mich mit ihrem hanseatischen Understatement beeindrucken. So stolzierte ich im Papageienkostüm pünktlich mit dem Anwalt zur Linken und dem Steuerberater zur Rechten in die Vorstandsetage. Dort erwarteten uns Herr Brand und zwei seiner Kollegen. Sie teilten mir mit, dass ich genau eine Woche Zeit hätte, meine Überziehungen in Form von vordatierten Schecks aufzudecken und den gesamten Kredit von 14 Millionen DM zurückzuführen.

Mit meinem Anwalt hatte ich am Tag zuvor eine Wette über

den Ausgang des Gesprächs abgeschlossen. Er war besorgt, dass sie mir die Konten dichtmachen und möglicherweise Konkurs gegen die VIP-Car-Rental beantragen könnten – mit katastrophalen Imagefolgen für mich. Zu seiner großen Verwunderung hatte ich ihm versichert, dass für den Kredit keine Gefahr bestünde – im Gegenteil, man würde ihn sogar noch aufstocken. Da hatte er gelacht über die Zuversicht, mit der ich gegen die konservativste Bank Hamburgs antrat.

Ich sollte Recht behalten. Wieder einmal siegte das Prinzip: Frech kommt weiter. Erst sangen die Banker ihre übliche Vorwurfsarie: »Wie können Sie als seriöser Geschäftsmann ungedeckte Schecks und Wechsel ausstellen?« Aber damit hatten sie bei mir keine Chance, denn ich hatte ja bereits drei von den Burschen privat an Bord. »Wie Sie wissen müssten – Sie besonders, Herr Brand – warte ich täglich auf die Auszahlung meines Milliardenvermögens. Natürlich habe ich hier meine Auslagen.« Ich kannte Herrn Brand gut genug, um zu wissen, warum er mich so gerne in die Räume der Bank bat. Als Privatinvestor bei mir hätte er sich gescheut, so direkte Fragen zu stellen – in seiner Funktion als Vorstandsmitglied konnte er die Interessen der Bank vorschützen, um seine Investorenseele zu beruhigen. Dann setzte ich noch eins drauf: »Ein bisschen Jungfräulichkeit gibt es nicht. Entweder Sie wollen mich als Kunden halten oder verlieren.«

Nach einer Stunde intensiver Verhandlung wurden wir alle in die Vorstandskantine zum Grünkohlessen eingeladen. Mein Kredit war ohne weitere Absicherungen seitens der Bank um zwei Millionen Mark aufgestockt worden.

Dass Banker ihre übliche professionelle Vorsicht fahren ließen, passierte mir öfter. Besonders in Erinnerung ist mir der Filialleiter einer mittelgroßen Bank, Herr Pfundsberg. Bevor er mir 1992 in meinem Büro die höfliche Frage stellte, ob auch er bei mir anlegen dürfe, teilte er mir voller Genugtuung mit, dass er bereits sehr großzügig ungesicherte siebenstellige Kredite an seine Kunden gewährt hätte, die bei mir Geld spekulativ anlegen wollten.

Obwohl mir sein Vorgehen nach Gutsherrenart bereits aus eigener Praxis und von vielen seiner Kollegen vertraut war, nahm ich ihn aus Unterhaltungsgründen ins moralische Gebet: »Herr Pfundsberg, wie können Sie denn als Banker unabgesicherte Kredite für Spekulationsgeschäfte gewähren? Dürfen Sie das überhaupt?«

»Das liegt alles in meinem Verfügungsbereich, Herr Harksen, machen Sie sich da keine Gedanken.«

»Aber Herr Pfundsberg, Sie wissen ja, dass alles ein bisschen länger dauern kann, ich kann Ihnen nicht sagen, wann die Rückführung möglich ist, damit sind ja auch Risiken verbunden.«

»Herr Harksen, ich als Banker habe recherchiert und weiß, dass Vermögen vorhanden ist. Ich kann nicht in Erfahrung bringen, wie viel, aber es ist sehr, sehr viel, für uns alle genug.«

Später habe ich gehört, dass er irgendwann seinen Job verlor.

Geschichten vom Fliegen

Da ich schon immer unter Platzangst litt und die üblichen fliegenden Karnickelställe verabscheute, hatte ich mir 1989 zum ersten Mal einen Privatflieger geleistet, um eine Immobilie auf Mallorca zu besichtigen. Einer meiner Anleger aus der Medienbranche wollte sie kaufen. Als wir auf dem Rollfeld vorfuhren, stand wie verabredet eine gemietete Falcon 50 auf der Landebahn des Hamburger Flughafens. Beim Einstieg empfing uns der Pilot mit einer Fahne – leider aus dem Mund. Oben im Himmel könne es bockig werden, warnte er uns lallend. Wir schauten uns an. War hier irgendwo eine versteckte Kamera? Damit war unsere Tour beendet.

Ein gewisser Helmut Flieger hörte von dieser Geschichte und machte mir wenige Wochen später ein attraktives Angebot: Für eine Monatsrate von circa 75 000 Mark könnte ich ein Flugzeug mieten. Ich hatte gerade einem meiner Kunden im Übermut erzählt, dass ich am Abend des gleichen Tages mit meinem Privatflugzeug nach London fliegen würde. Also ging ich auf den Vorschlag ein. Die Maschine hieß »Delta Cathy«, ein Learjet 35 mit neun Ledersitzen und einer Einbauküche vom Feinsten. Nun war ich stolz wie Schmidts Katze.

Ende des Jahres reifte in mir der Plan zu einem eigenen Flugzeug. Ich gab Helmut Flieger den Auftrag, mir was Passendes zu suchen. Über den damaligen Chef eines süddeutschen Sportvereins bekam ich eine Maschine »Delta Max LJ 20« gebraucht angeboten. Sie war für den Schnäppchenpreis von fünf bis sieben Millionen zu haben, die ich monatlich abstottern konnte. Knapp eine Million, die ich gerade flüssig hatte, gab ich als Anzahlung aus. Die Summe kratzte mich nicht, denn mit Hilfe dieser Maschine würde es einigen Anlegern in den Fingern jucken, mir ein Vielfaches davon freiwillig zu erstatten.

Nach dem Kauf erkannte ich schnell den Haken an der Sache: Die Triebwerke waren so laut, dass mein Flieger aufgrund neuer Lärmschutzverordnungen die meisten europäischen Flughäfen nicht anfliegen durfte. Also trat ich vom Kauf zurück und nahm wieder Helmuts Dienste in Anspruch. Kostenmäßig nahmen sich beide Lösungen ohnehin nicht viel.

Die Million, die mich an den Rand des Konkurses gebracht hatte, verwandelte sich in zehn Millionen Kundengelder, die in den nächsten Wochen eintrudelten. Denn ich war nie besser als in den Zeiten, wenn mir das Wasser bis zum Halse stand.

Jeanette brachte meine waghalsige Verschwendungslust regelmäßig zur Verzweiflung. »Jürgen, warum gibst du nicht nur die Hälfte aus? Warum musst du immer alles gleich auf den Kopf hauen?«

»Muckel, ich bin spekulativ veranlagt wie meine Kunden. Meine Ausgaben kommen mit Faktor 13 wieder rein, das habe ich so abgemacht mit dem Schicksal.« So verblendet war ich damals.

1991 gab es wegen des Irakkriegs Bombendrohungen gegen die Flughäfen von Paris und London. Deshalb waren wir glücklich, mit dem eigenen Flieger bis Nizza zu kommen. Nichts ahnend nahmen wir die öffentliche Hubschrauberlinie für den Endtransfer nach Monte Carlo. Während die Erde und das Meer in beträchtlicher Fallhöhe unter uns schwankten, hielt der Pilot mit der einen Hand seinen Steuerknüppel, um mit der anderen eine Hohlform zu bilden.

»Zahlen Sie mit Kreditkarte oder in bar?«

Hatte der keine anderen Sorgen? dachte ich. Er bestand jedoch auf Cash in die Hand. Danach wusste ich: Dieser Dienst muss privat organisiert werden, schon im Interesse der körperlichen Sicherheit.

Helmut Flieger hatte es in der Zwischenzeit zum Zoobesitzer in der Gattung Learjets gebracht, denn sein Geschäft stieß auf rege Nachfrage. Doch für mich und meinen Dokumententourismus fand er immer Zeit. Ständig pendelte ich mit meinen Kunden durch die Welt, um ihnen echte oder gefälschte Unterlagen zu präsentieren. Was tut man nicht alles für die Seelenpflege! Meine monatliche Flugrechnung lag bei 200 000 bis 300 000 Mark. Auf dem Hamburger Flughafen stand exklusiv für mich Tag und Nacht ein startklarer Learjet bereit, rund um die Uhr hielten sich Pilotenteams aus München für meine Reisewünsche auf Abruf bereit. Allein dieser Stand-by-Service kostete mich rund 100 000 Mark im Monat. Hinzu kamen Hotelrechnungen für meine Kunden, Anwaltskosten und dergleichen, so dass rund eine halbe Million Kosten pro Monat für diesen Kundenservice anfielen.

Eines Tages 1991 hatte ich Lust, nach Genf zu fliegen, dort lief gerade der Autosalon. So erfand ich aus dem Stegreif eine Geschichte – ich hätte dort wichtige Geschäftstermine. Meine Kunden balgten sich um die Mitfluggunst. In der Nähe des Meisters sein! Da ich schon den Flug übernommen hatte, chauffierten sie mich vor Ort zur Schweizerischen Kreditanstalt, wo ich ohnehin ein Konto aufmachen wollte. Damals war das noch sehr leicht. Dort ging ich würdigen Schritts mit meinem Edelkoffer bewaffnet auf das Gebäude zu und holte mir erst einmal die Prospekte. Nach zwei Minuten war ich wieder draußen, nun hatte ich zwei Stunden Zeit zum Spazierengehen. Dann holten mich die Auserwählten aus der Kundengemeinde wieder ab. Natürlich fragte keiner: »Was haben Sie da gemacht?« Das wäre ja indiskret gewesen. Stattdessen hieß es: »Was halten Sie von der Bank?« Und ich konnnte mich bedeckt halten: »Gute Erfahrungen, sind in Ordnung.«

In den Prospekten gab es eine Seite mit den Bilanzen der Bank: Schwindel erregende Summen. Da ich mich auf das heimliche Lugen verlassen konnte, hatte ich meinen Koffer nicht ganz verschlossen und dieses Blatt nach oben gelegt: Nun ging die Bilanz an mich! Welche Geschäfte sind da im Schwange!

Manchmal machte uns das Wetter beim Fliegen gehörig zu schaffen. Am schlimmsten in London 1992. Drei meiner Kunden, mein Freund Wilhelm und ich waren auf dem Weg zurück nach Hamburg. In London schien die Sonne, für Hamburg gab es Sturmwarnungen. Das hatte ich am Telefon gehört, aber nichts davon weitererzählt, denn meine Liebe zum Risiko teilten die Wenigsten. Je näher wir auf Hamburg zuflogen, desto mehr wackelte die Luft, und wir waren mittendrin. Aus dem Cockpit kam die Durchsage: »Herr Harksen, bitte anschnallen! Die Landung kann bockig werden.«

Bockig! So hieß also die Todesursache im Fachjargon. Nun flossen Alkohol und Schweißperlen. Unser aller Pupillen weiteten sich bei der Aussicht, nun die letzten Minuten vor dem Absturz zu erleben. Und obendrein stieg der Blasendruck. Auch wenn ich sonst nicht kleinlich war, hier kostete ein Gang zur Toilette 1500 Mark. Da lohnte sich das Verkneifen.

Wir waren schon bodennah, unter uns nur Nebelschwaden. »Ich sehe die Landebahn nicht.«

»Schauen Sie aus dem Seitenfenster. Der Wind treibt uns dorthin.«

Einen halben Kilometer entfernt lag der Beton. Der Pilot setzte zu einer perfekten Landung an. Alle klatschten erleichtert. Hinterher fragte ich den Piloten: »Und wie gefährlich war es wirklich?«

»Fifty-fifty. Wir hatten als letztes Flugzeug Landeerlaubnis.«

Unter Geiern und Gaffern

Häufiger flogen wir nach Monte Carlo, meine Frau, meine Schwester, ein Freund und zwei, drei Kunden. Dort wohnten wir meistens im Vista Palace, das einen Hubschrauberlandeplatz auf dem Dach hatte. Wie in London war dort eine Suite halbjährlich für mich durchgebucht.

Wie immer saßen wir abends im Restaurant mit einer Gruppe von acht bis zwölf Leuten, Fahrer und Piloten inklusive. Diesmal war die Wahl auf ein kleines Lokal in den Gässchen gegenüber von Monacos Schloss gefallen. Unsere Gruppe belegte den vorderen Teil des Restaurants komplett, hinten stand nur noch ein Tisch mit einem Pärchen. Mein Freund saß mir gegenüber und hatte Einblick nach hinten. Plötzlich lächelte er verträumt. Ich fragte ihn: »Was guckst du denn da?«

Wilhelm schwieg, aber ich ließ mich nicht abwimmeln.

»Weißt du, wer da hinten in der Ecke sitzt ? Guck bloß nicht dahin. Stephanie ist da.«

»Wo?« Unwillkürlich reckte ich meinen Kopf, und automatisch reckten sich die Köpfe aller meiner Gäste. Stephanie schaute genervt weg, die Arme. Dann musste ich plötzlich dringend, und als ich an ihrem Tisch vorbeikam, schaute ich ihr in die Augen. Sie blieb unbewegt. Wir waren eben die üblichen Trampeltouristen, nur auf Edelniveau. Ich hatte es vermasselt, und Wilhelm war beschämt.

Am nächsten Abend saßen wir in einem Restaurant unterhalb des Roquebrune, auf dem unser Hotel thronte. Bergab war es leicht zu Fuß gegangen, für den Weg zurück durch die Nacht hatten wir Taxis bestellt. Die kamen aber nicht. So machten wir uns auf den Fußmarsch. Bald löste sich der Tross auf, wir stapften in Kleingruppen die steil ansteigende Serpentinenstraße hinauf. Nach drei Vierteln des Weges tauchten von hinten Lichter auf: Die Taxen fuhren mit quietschenden Reifen heran. Wild gestikulierend verlangten die Kutscher Bezahlung der Anfahrt, aber wir blieben stur. Schließlich hatten sie uns eine weingeschwängerte Ewigkeit warten lassen.

Unverrichteter Dinge fuhren sie davon. Nach fünf Minuten kehrte das Geschwader zurück, 200 Meter vor dem rettenden Hotel. Mein erster Impuls hieß: Nichts wie abtauchen, bis die Luft rein ist. Ich kletterte über die Natursteinmauer, die die Straße begrenzte. Die anderen folgten meinem Beispiel. Unter mir: Dornengestrüpp. Den anderen ging es nicht besser.

Alle krabbelten aus ihren Fluchtverstecken und wollten sich dem Feind ergeben – mit blutigen Händchen und Kratzern im Gesicht. Auf den kleinen Erwin Lindemann war der große Jochen Strunz gekrabbelt, um eine gute Unterlage zu haben. Erwin hatte sich im Gestrüpp nicht wehren können.

Die Taxifahrer umringten als Erstes mich, den erkennbaren Boss der Gruppe. Ich zeigte mit dem Finger auf Erwin: »Der zahlt.«

Wegen seines Geizes hatte ich ihn sowieso auf dem Kieker. Erwin schrie Zeter und Mordio. Erst als sie ihm Prügel androhten und einer der Fahrer zur Bekräftigung eine Pistole zückte, gab er jedem der Fahrer hundert Francs. Damit zogen sie nicht etwa zufrieden ab, sondern wiederholten das Spiel mit jedem von uns. Jeder musste für alle zahlen, insgesamt 4000 Francs plus Blessuren und kaputter Garderobe.

Am nächsten Tag beschwerten wir uns gleich bei der Hotelleitung über die Geschichte. Sie versprach, die Schuldigen ausfindig zu machen. Mittags besichtigten wir den Schauplatz bei Tageslicht. Unter den Dornen war kein Fels, das Gestrüpp wuchs in den Ritzen, und darunter fiel der Fels steil über hundert Meter ab. Dornen hatten unser aller Leben gerettet!

Zu allem Unglück hatte Erwin bei der missglückten Flucht sein Portemonnaie verloren – am Vorabend, als es ans Bezahlen gegangen war, hatte er es angeblich im Hotel vergessen. Er war verzweifelt, aber ich hatte einen Riecher für den Ort des Verlusts. Mit meinem roten Ferrari F4, den Herr Meckel lenkte, stieg ich dort aus und wurde schnell fündig. Neben der Kreditkarte fanden sich darin drei- bis viertausend Mark, klein gefaltet in großen Scheinen. Bei der Übergabe an den glücklichen Besitzer zog ich leicht die Augenbrauen hoch, damit er merkte, dass ich sein Spiel durchschaut hatte. Aber diese Erkenntnis gab es nicht umsonst.

Einen Tag später war ich mit Steuerberater Sudhoff im Hotel Loews verabredet. Das ist direkt über dem Tunnel, durch den die Formel-1-Autos düsen. Zu dem Rest hatte ich gesagt: Wir treffen uns dort. Als der Termin vorbei war, stand nur Erwin als treuer Knappe vor mir und wollte einen Kaffee trinken. Dagegen hatte ich nichts, aber vorher sollte er noch mit mir in die Boutique gehen. Er sah eine Montana-Jacke und meinte: »Die wär' doch was für Jeanette!«

»Hast du eigentlich Recht!« Ich griff in die Brusttasche und tat erschrocken: »Ich glaub, ich hab das Portemonnaie vergessen. Kannst du mal zahlen?«

Er warf mir einen vernichtenden Blick zu. »Natürlich, kein Problem.«

Jetzt saß er in seinem Geizschlamassel, denn es ist für geizige

Leute immer leichter, große Summen loszulassen, wenn dabei ihre Gier auf eine bessere Zukunft im Spiel ist, als sich von kleinen Beträgen zu trennen, die dem augenblicklichen Genuss dienen. Aber Erwins Schmerzgrenze war noch nicht erreicht. Ich entdeckte einen schicken Aktenkoffer. »Der ist wie gemacht für mich!«

»Ist der nicht zu klein?«, fragte er in scheinheiliger Besorgnis, bevor Herr Sudhoff aus einer anderen Ecke des Ladens trompetete: »Hier gibt es den auch größer!« Nun musste er noch mehr zahlen, weil er mir den billigeren Koffer ausgeredet hatte. Peanuts konnte er nicht zurückfordern, das wäre peinlich gewesen bei der Summe, für die ich in seiner Schuld stand.

In der Regel übernahm ich alle Spesen für Flug, Hotel und Restauration. Nur manchmal gab es Ausnahmen. Sie waren nicht vorhersehbar, und da Jeanette und ich wegen unserer Kinder die Runde ohnehin meist frühzeitig verließen, hatte eine unauffällige Flucht gegen Ende des Abends auch keinen Sinn. Bei mir am Tisch zu sitzen war wie russisches Roulette um Geld.

Im April 1991 waren wir im Hotel Hermitage abgestiegen. Als Kunde war ein Graf dabei. Da ich wusste, dass er stets klamm war und eigentlich nur von Überziehungen lebte, wollte ich ihm eine billige Rechnung überlassen. Schließlich kosten schon ein paar Kugeln Eis für eine fünfköpfige Gruppe in dieser Gegend umgerechnet sechzig Euro. An diesem Abend hatten wir einen Tisch im Hotel de Paris. Wir aßen ein paar Kleinigkeiten. Mitten beim Essen stand ich auf und sagte feierlich in Richtung des Grafen: »Ich danke dir im Namen der Runde, dass du uns alle heute eingeladen hast.«

Als die Rechnung kam, zückte der Graf lässig die Karte: »Das mach ich mit links.«

Nun hatten wir alle den Nachtisch vergessen. Also bestellte ich Soufflé für alle, und Erwin Lindemann beeilte sich freiwillig, die Nachtischrunde zu übernehmen, weil er ebenfalls glaubte, billig davonzukommen. Wie teuer die Leckerbissen waren, wusste nur ich. Dann beugte sich die Kellnerin zu mir herunter und fragte: »Sternenhimmel gefällig?«

Das bedeutete: Einmal das gesamte Dach des Saals aufschieben und zwischen reich verzierten Stuckwänden auf gediegenen Stühlen einen Blick ins kosmische Lichtermeer zu werfen. Diese Aktion kostete die Kleinigkeit von 5000 Francs, wovon die Hälfte für ein örtliches Kinderheim als Spende bestimmt war. Erwin glaubte erst an einen Fehler auf der Rechnung. Ich erklärte ihm die Hintergründe. Die Bedienung fragte ihn höflich, ob er die Summe in bar begleichen könne, um Kreditkartenspesen zu sparen. Bar hatte er es natürlich nicht, und deshalb beeilte ich mich mit der Versicherung: »Die Spesen nehme ich auf meine Rechnung.«

Aus Erwins Augen blitzten Schwerter – wieder musste er blechen! Tage später erfuhr ich, dass selbst er sich vor Lachen kaum halten konnte, als er meinen Streich in der Runde erzählte, während ich daheim bei den Kindern war. Trotz allen Ungemachs, das ich ihm bereitete, hatte er mich ins Herz geschlossen und glaubte offenbar mehr an meine guten Seiten als an meine schlechten.

Jürgens Mondfahrt

Herbst 1991: Ein Sauwetter war das in Hamburg. Muckel und die Kinder waren schon in unserem Haus auf Ibiza. Am Wochenende wollte ich nachkommen und endlich mal wieder richtig ausspannen. Britta, meine hübsche Privatsekretärin, stand schon in der Tür, bewaffnet mit ein paar Akten für mich zum Schmökern. Wir warteten nur noch auf den Chauffeur, der uns mit meiner Limousine zum Privatjet fahren sollte.

»Herr Holtkamp möchte Sie dringend sprechen«, rief die Telefonistin.

»Abwimmeln!« Ich hatte sie nämlich extra auf einen teuren Abwimmellehrgang geschickt. Nun sollte sie zeigen, was sie konnte.

»Herr Harksen, es geht um Leben und Tod«, sagte sie stattdessen.

Entnervt nahm ich den Hörer und lauschte: »Jürgen, ich bin's, Uwe. LTU hat unseren Flug gestrichen. Du hast doch neun Sitze. Hast du vielleicht noch Platz für mich und zwei meiner besten Freunde?«

»Das Wochenende gehört der Familie. Ich will kein Wort übers Geschäft hören.«

»Jürgen, ich verspreche dir, wir lassen dich in Ruhe.«

»Okay. Wir haben Starterlaubnis für neunzehn Uhr. Beeilt euch. Eine meiner Stewardessen wird euch abholen. Wartet bloß nicht auf mich, ich fahre direkt zur Gangway.«

Planmäßig hoben wir Richtung Ibiza ab. Kopfhörer auf,

bloß nichts reden. Uwe hatte sich mit seinen Kumpels nach hinten verkrümelt. Ich genoss die Ruhe und biss gerade in eine der selbst gemachten Frikadellen meiner Haushälterin, als mir ein intensiver Mundgeruch in die Nase stieg. Einer von Uwes Freunden stand vor mir. Alter Schwede, dachte ich mir. Der muss ja ein sehr einsames Leben führen. Sieht er denn meine Kopfhörer nicht – hat er etwa auch noch einen Sehfehler? Demonstrativ nahm ich das Set ab und sah ihn ohne jede Regung an.

»Herr Harksen, bitte entschuldigen Sie.«

»Keine geschäftlichen Gespräche jetzt bitte!«

»Nur eine kurze Frage, Herr Harksen, ich muss aus steuerlichen Gründen unbedingt diesen Monat noch einen größeren Betrag anlegen und habe von Ihrer erfolgreichen Investmentberatung gehört.«

Langsam wurde ich wütend. »Wer sind Sie überhaupt? Wollen Sie sich nicht erst einmal vorstellen, wo Sie sich schon an Bord meiner Maschine befinden?«

»Entschuldigung. Mein Name ist Röhle, ich bin Anwalt und ein langjähriger Freund und juristischer Berater von Uwe. Vielen Dank, dass Sie so freundlich sind, uns mitzunehmen. Mein Problem ist nur . . .«

»Vorne sitzt meine Privatsekretärin. Vereinbaren Sie einen Termin für übernächste Woche.«

Er streckte mir mit flehendem Blick einen Scheck entgegen. »Sie brauchen bloß noch ihren Namen auf die Summe einzutragen.«

Ich winkte höflich ab. Jetzt musste er zeigen, wie weit er gehen würde. Ich sagte: »Weil Sie es sind und vor allem als Freund von Uwe, erzähle ich Ihnen, was ich zur Zeit plane. Absolute Diskretion – Ihr Wort?«

»Meine Lippen sind versiegelt.«

Ich blickte mich agentenmäßig kurz um und hob an: »Ich plane im Jahre 1999, pünktlich zum Ende dieses Jahrtausends einen gigantischen Silvesterausflug. Und wissen Sie, wohin? Zum Mond! Ich will Silvester mit zehn bis fünfzehn meiner besten Kunden auf dem Mond das Milleniumsspektakel zelebrieren.«

Plötzlich stand auch der zweite Bekannte von Uwe neben uns. Mit wichtiger Miene stellte er sich vor: er sei Herr Sommer und ganz nebenbei Vorstandsvorsitzender einer bekannten Versicherung. Ein Managermagazin hatte ihn erst kürzlich als einen der bestbezahlten Manager Deutschlands gepriesen, daher kannte ich seinen Namen.

Andächtig lauschten die beiden meinem Vortrag. Ich hatte mir die Option auf den Erwerb einer Apollorakete bzw. einer Discovery-Raumfähre gesichert. Zur Zeit verhandelte ich noch über den Ausbau auf zehn Sitze, schön von innen vertäfelt mit Minibar und anderem Schnickschnack, das Übliche eben. Ein Flugticket koste, je nachdem, ob Fensterplatz oder Gang, zwischen zweieinhalb und fünf Millionen Dollar, selbstverständlich all inclusive. Es existierten bereits Vorverträge, z. B. mit einem der größten TV-Sender der USA für die Liveübertragung. Als Hauptsponsor hatte mir Coca-Cola bereits fest zugesagt, die wollten aber die ganze Rakete wie eine Cola-Flasche anpinseln. Nur über den Preis seien wir nicht einig geworden.

Nun zog ich Sommer beiseite. »Stellen Sie sich vor, auch eine der größten Versicherungsgesellschaften der USA hat ein unwiderstehliches Angebot gemacht. Die wollen eine ganze Tragfläche mieten«, flüsterte ich ihm ins Ohr.

Er starrte mir erschrocken in die Augen. »Wie lautet das Angebot? Wir bieten mehr!« Die Worte kamen wie gemeißelt aus seinem Mund. Mit einem kurzen, unmerklichen Nicken zu Röhle rollte er einmal kurz mit den Augen und beugte sich dann verschwörerisch über mein Ohr. »Ich werde sofort eine außerordentliche Vorstandssitzung einberufen. Wenn eine Versicherungsgesellschaft auf den Mond fliegt, dann wir!«

»In Ordnung, meine Herren. Weil Sie es sind und vor allem als Freunde von Uwe reserviere ich ohne Ausschreibung jeweils einen Platz für Sie.«

Sie klatschten vor Freude. Du bist einfach zu gut für diese Welt, klopfte ich mir selber auf die Schulter. Dann trauten sie sich, die alles entscheidende Frage zu stellen. »Wie viel ist dabei für uns drin?«

»Alleine für die Liveübertragung vom Start, Landung auf dem Mond, kurzes Foto und Rückkehr zur Erde sind fünfhundert Millionen Dollar im Gespräch. Schon für die Werbeflächen rechnen wir mit mindestens zweihundert Millionen Dollar. Die Bereifung der Rakete stellt Bridgestone für schlappe dreißig Millionen Dollar. Schätzungsweise zehntausend Prozent müssten als Rendite drin sein.«

Solche Aussichten waren offenbar Neuland für sie. Mit leuchtenden Augen zückte Röhle einen Blankoscheck über 500 000 Mark. »Hier eine kleine Anzahlung. Der Rest folgt umgehend.«

Sommer fragte nach meiner Bankverbindung, er wollte noch heute eine telegrafische Überweisung veranlassen. Im Übrigen vertraue er auf meine Verschwiegenheit, denn es handele sich um sein Privatkonto. Mit der Versicherung habe er als Vorstandsvorsitzender weitreichendere Pläne.

Was für ein großartiger Tag – erfolgreiche Männer hatten mich als starken Partner gefunden! Darauf tranken wir eine Runde Champagner. Als ich aber die Herren im Flughafen von hinten sah, fiel mir ein Stein vom Herzen. Jetzt konnte das Wochenende mit Muckel und den Kindern endlich beginnen.

Während der Scheck in der folgenden Woche auf meinem Hamburger Schreibtisch vor sich hin gammelte, hatte sich Herr Sommer auf der Vorstandssitzung durchgesetzt. Stolz teilte er mir am Telefon mit, dass er jetzt nur noch auf den Vertragsentwurf warte, und entschuldigte sich für die Verzögerung. Bis klar war, wer der Herr im Haus sei, habe es eben ein paar Tage gedauert. Da dachte ich: Solche Helden leisten noch echte Pionierarbeit. Anschließend schickte ich den beiden meine schlichte und nichtssagende Beitrittserklärung zu und bekam sie anstandslos unterschrieben zurück.

Allmählich fühlte ich mich wie Kapitän Nemo auf hoher See. Es wurde Zeit, ein wenig auf die Bremse zu treten. Mit kurzem Dank für ihr Vertrauen und der schlichten Mitteilung, die geplante Mondfahrt falle aus, schickte ich einige Tage später den Scheck und das angewiesene Geld zurück. Das hätte ihre Märchenfahrt beenden können, aber die beiden waren jetzt erst richtig heiß geworden.

Die Geschichte vom Ölprinzen

Ende der achtziger Jahre gab es in Norwegen beträchtliche Ölfunde. Das hatte ich in der Zeitung gelesen. Ursprünglich entstand die Geschichte vom Ölprinzen aus einer Verlegenheit. Einer meiner besten Kunden, nennen wir ihn Willi Wächter, sagte 1990 gleich beim dritten Gespräch: »Sie können mir doch nicht erzählen, dass Sie durch Börsengeschäfte zwei Milliarden verdient haben.«

»Kluger Einwand! Aber wissen Sie was? Das muss natürlich unter uns bleiben.«

»Selbstverständlich.«

»Eigentlich habe ich mein Geld woanders gemacht.«

»Ist ja nicht zu fassen.«

Nun erhob ich mich und sah auf meine Hände. »Wissen Sie, was an diesen Händen klebt?«

Nun schaute er wie nach ihm viele andere verdutzt und neugierig zugleich aus dem Anzug.

»Schwarzes Gold.« Damit hatte ich ihn am Haken und plauderte munter los: »Eines Tages war ich übers Wochenende bei meinem Freund Jörn, der achtzig Kilometer entfernt von Bergen direkt am Fjord in einem alten Blockhaus lebte. Ich hatte ihn vor Jahren in Oslo kennen gelernt und den Kontakt immer aufrechterhalten. Meine Frau hatte mir geraten, doch wieder mal bei echten Menschen einzukehren, nachdem ich die Reise schon mehrfach wegen angeblich wichtigen Geschäftsterminen verschoben hatte: ›Unterscheide immer zwischen Menschen und Leuten. Menschen mögen dich, weil du du bist, ob du Geld hast oder nicht. Leute wollen immer nur auf deine Kosten eine Bestätigung ihrer Person. Denen geht es nur um Macht und Ansehen.‹

Als ich Jörn zur Begrüßung umarmte, hatte ich sofort das Gefühl, zu Hause zu sein. Schnell luden wir das Auto aus. ›Abschließen musst du hier nicht, der nächste Nachbar wohnt zwanzig Kilometer entfernt.‹

In dem riesigen Kamin des großen Wohnzimmers tanzte ein Feuer. ›Sei mir nicht böse, aber ich schlafe gleich im Stehen ein.‹

›Ruh dich nur aus, du hast ein Zimmer mit Blick aufs Wasser.‹ Er führte mich in den Raum und schloss die Tür hinter mir.

Im Traum schwamm ich in einem Meer von Geld. Am nächsten Morgen klopfte es. Vor mir stand Olaf, Jörns Vater. ›Städter, es ist fünf Uhr. Jetzt beißen die Fische am besten.‹

Erschrocken blickte ich ihn an. Schallendes Gelächter ertönte neben der Tür.

›Dein Gesicht hättest du mal sehen sollen, als ob man dir eine Million geklaut hätte‹, prustete Jörn und trat in den Raum. ›Vater macht nur einen Scherz. Es ist acht. Der Kaffee ist fertig. Ich will dir noch etwas zeigen.‹

Während ich am Küchentisch saß und zum Kaffee hausgemachten, frisch geräucherten Lachs zu mir nahm, kam Jörn ein Papier schwenkend auf mich zu: ›Das sind die norwegischen Dokumente vom Grundbuchamt. Wir haben dir nichts erzählt, aber das Geldverdienen mit der Fischerei wird immer schwieriger. Ich hatte schon überlegt, eine Hypothek aufzunehmen, um weiter aufs Meer raus zu fahren. Aber die Bank hat es abgelehnt. Mein Vater sagte mir mal, wir seien die einzige Familie, deren Grundstück bis zum Meer reicht. Vielleicht kannst du etwas damit anfangen.‹

Er überreichte mir zur Ansicht ein wunderschönes altes Pergament. Ich verstand so gut wie nichts und glaubte ihm jedes Wort – zu Recht, wie sich zeigen sollte. Am nächsten Morgen wanderten Jörn und ich am Fjord unter der grenzenlosen Weite des Himmels. Mein Glück wurde nur getrübt durch den unglaublichen Gestank der frischen Luft. Jörn sagte: ›Das ist der Gestank von den toten Fischen, die ans Ufer gespült werden. Ich rieche das schon gar nicht mehr.‹

›Wieso werden die Fische ans Ufer gespült?‹

›Wahrscheinlich überzüchtet.‹

Aha, dachte ich. Wir gingen weiter. Dann fielen mir die riesigen Fischreusen und Fischnetze auf, alle schwarz vor Schmiere. Jörn beklagte sich: ›Das ist auch unser Problem. Wir verlieren einen Großteil unserer Gewinne durch extra Personal- und Reinigungskosten, um die Netze und Reusen vor jedem Fischfang zu reinigen.‹

›Wo kommt der ganze Dreck bloß her?‹

Jörn ließ seine stahlblauen Wikingeraugen blitzen. ›Keine Ahnung.‹

Da zuckte es an meiner Nase. Mein goldener Daumen kribbelte unruhig. Diesem Phänomen wollte ich nachgehen. Unverzüglich nahm ich eigenhändig Proben des Wassers und des Schlamms an den Netzen und schickte sie zur Analyse an ein Universitätslabor in Oslo. Nun bekam ich höchstoffiziell bestätigt: Es war echtes Erdöl.

Unverzüglich mandatierte ich einen norwegischen Rechtsanwalt, der auf Ölgeschäfte spezialisiert war. Wir beschlossen diesen Schatz zu sichern und erkundeten Förderrechte und Investmentbedingungen. Mein Freund Jörn sollte natürlich als Erster von dem bevorstehenden Ölrausch profitieren, denn ihm gehörte der ganze Küstenstreifen einschließlich Hinterland.

In Norwegen besteht ein altes Gesetz aus Wikingerzeiten, wonach der Eigentümer eines Küstengrundstücks automatisch je nach Quotenanteil des Grundstücks am Gesamtfjord an Erlösen aus dem Meer oder dem Meeresgrund partizipiert. Diese besondere Rechtslage ist selten auf der Welt; normalerweise befinden sich die meisten Küstengrundstücke sowie die kompletten Meernutzungsrechte in staatlicher Hand. Und genau das war unser Glück! So schlossen wir Verträge auf eine goldene Zukunft. Jörn und besonders sein Vater Olaf waren sehr guter Dinge, denn nun konnten sie an ihre Holztür schreiben: Ölmagnat.

Die verbrieften Rechte offiziell eintragen zu lassen, kostete natürlich erst einmal eine Stange Geld, aber davon hatte ich ja schon genug aus Börsenspekulation und Immobiliengeschäften. So konnte ich für meine Beteiligung an dem Geschäft eine kleine Vorleistung erbringen. Schließlich sollte Jörn wissen, warum er einen Großinvestor wie mich mit der ganzen Angelegenheit betraute. Nun, die Dinge nahmen ihren Lauf, ich machte erste Probebohrungen und erkundigte mich nach der Möglichkeit, eine mobile Ölplattform zu chartern. Siehe da, die Thorbjørn aus dem dänischen Hafen Esbjerg, eine noch intakte, aber ausgemusterte Plattform, war für 125 000 Kronen Miete am Tag zu haben. Wenige Tage später war die Thorbjørn auf dem Weg. Jede Stunde zählte. Um den Skagerrak herum kamen gewaltige Stürme auf, und wir mussten den Transport aus Sicherheitsgründen stoppen. Natürlich tickte die Mietuhr unbarmherzig weiter, und ich konnte mir nur diese vierzehn Tage leisten. Aufgrund des Sturms, der immer schlimmer wurde, bestand sogar die Gefahr, dass ich die Plattform verlor.

Das Glück war auf meiner Seite: Der Sturm ließ nach, und nach knapp sieben Tagen tauchte das Maschinenmonster am Eingang des Fjords auf. Sofort bestiegen Jörn, Olaf und ich eines der Fischerboote, um als Begrüßungskomitee die Thorbjørn in ihre richtige Position zu geleiten. Noch um Mitternacht ankerten wir. Bis zum Morgengrauen waren alle Vorbereitungen abgeschlossen, um die ersten Probebohrungen vorzunehmen. Die ersten 40 bis 50 Fuß waren relativ einfach zu durchdringen, aber dann stießen wir unvorhergesehen auf Fels. Der Bohrer war nicht für derartige Gesteinsmassen vorgesehen. Eigentlich hätten wir einen Diamantbohrer gebraucht. Da ich das nicht bezahlen konnte, rangierten wir stattdessen ein wenig. Und siehe da, wir hatten Glück. In der Tiefe des Fjordes stießen wir fast widerstandslos auf unseren Schatz. Aus einem offenen Kanal sprudelte die Rohmasse. Jörn und ich sprangen ins Wasser und badeten in unserem Reichtum.

Es war geschafft. Mein Investment hatte sich bezahlt gemacht. Nun musste es weitergehen. Wie, fragte ich mich, konnte ich nun daraus Kapital schlagen? Unverzüglich begann mein Ölanwalt mit der Arbeit. Er nahm Kontakt auf mit der norwegischen Firma Statsoil und der dazugehörigen Petroleumfirma Norsk Hydro ASA, um unser Projekt und die damit verbundenen Rechte als Paket an sie zu verkaufen. Die Verhandlungen erwiesen sich als langwierig und gestalteten sich sehr schwierig. Auch mein Geld näherte sich dem Ende. Ich musste mich refinanzieren, und so beschloss ich, einige Bekannte, die ich in Hamburg kennen gelernt hatte, als Unterinvestoren spekulativ an meinem Ölinvestment zu beteiligen.«

Hatte ich die frei erfundene Geschichte aufgrund meiner begrenzten Kenntnisse auf dem Gebiet zunächst recht vage erzählt, ohne Namen von Orten oder Firmen zu nennen, bekam ich die nötigen professionellen Informationen durch meine Kunden geliefert. Etwa durch die Frage: »Sagt Ihnen Hydro Oil etwas, oder Statsoil?« Natürlich hatte ich diese Namen zum ersten Mal in meinem Leben gehört, aber ich nickte beiläufig lächelnd. Von einem Banker erfuhr ich, dass es dort zehnjährige Staatsobligationen gäbe. Also raunte ich dem Kunden bei der nächsten Begegnung ins Ohr: »Schon gehört, zehnjährige Staatsobligationen bei der Hydro?«

Damit brachte ich ihm entweder eine Neuigkeit oder eine Bestätigung, wie gut ich informiert war. Und da er sich versichert hatte, dass ich mich in der Realität auskenne, konnte ich ihm munter ein nächstes Kapitel aus der Märchenwelt erzählen. Am Ende achtete ich immer darauf, dass ich den Bogen zu meinem aktuellen Finanzierungsbedarf bekam. Damit erzeugte ich einen Raum, in dem sich meine Kunden die Frage stellen konnten: »Willst auch du dabei sein?«

Bei klarem Verstand und mit etwas Vernunft hätten sie mich leicht ausbremsen können. Jeder meiner Kunden hatte an sich Sachverstand genug. Aber das nützte ihnen nichts, denn ich saß am Hebel und wusste, wo der Aus-Schalter war. Indem ich ihre tiefen Geldgefühle bewegte, überschwemmte ich ihren Verstand wie eine Insel im Meer. Zuerst weckte ich die Gier, die wahnsinnige Gier, endlich mal genug zu haben und wirklich reich zu sein, so reich wie ich, und nicht nur halbreich, halbarm – die Gier der Übersatten und zugleich Ewighungrigen, die Gier der armen Reichen, die brachte ich auf Hochtouren.

Dann verwandelte sich durch den Gang der Ereignisse die Gier in Angst: Angst vor dem Eingeständnis des Versagens, sich in mir getäuscht zu haben, Angst vor dem Verlust des Geldes, die mit der Größe des Vermögens bei den meisten Reichen steigt, statt abzunehmen. Angst und Gier erzeugten einen gewaltigen inneren Druck. Wer unter Druck steht, glaubt eben fast alles. Angst und Gier sind Bundesgenossen – sie saßen auch mir schmerzhaft im Nacken.

Der Hundert-Millionen-Steuerbescheid

Anfang 1992 saßen Muckel und ich entspannt im Wohnzimmer unseres Hamburger Hauses. Gerade hatten wir die Fotos von der Weihnachtsfeier ausgepackt, als das Telefon klingelte. Leicht genervt hob ich ab und bellte gleich los: »Harksen.«

Johannes Sudhoff, mein Steuerberater, kam sofort zur Sache: »Jürgen, pass' auf! Bis eben gerade war das Finanzamt bei mir. Die wollen bei dir eine Betriebsprüfung durchführen. Wir müssen uns unbedingt sehen, am besten heute noch.«

Sein Tonfall machte mir Angst. »Was ist denn los?«

»Die haben die Messerschmidt von der Kette gelassen, ein alter Drachen von der Steuerfahndung. Vor der haben alle Angst. Du weißt doch, hundert Prozent Steuerehrlichkeit geht bei den immer wechselnden Gesetzen gar nicht.«

»Okay, komm vorbei.«

Kurze Zeit später stand er in der Tür. Wir begaben uns auf direktem Weg ins Büro.

»Sag mal, Johannes, was ist eigentlich eine Betriebsprüfung?«, wollte ich wissen. Er wirkte gehetzt, ohne die übliche Souveränität, die er sonst zur Schau trug. Offenbar machte diese Frau ihm wirklich Angst.

»Muss ich mir jetzt auch Sorgen machen?«, fragte ich ihn besorgt.

»Jürgen, hör mir jetzt mal bitte genau zu!«, begann er, während er sich mit zitternder Hand einen Whisky eingoss und einen hastigen Schluck nahm. »Bei einer Betriebsprüfung wird von der Anschaffung eines Bleistifts bis zum Firmenwagen einfach alles durchleuchtet – jede Mark, die von A nach B wandert. Wir haben fünf Tage Zeit, deine Buchhaltung auf Vordermann zu bringen.«

Er ging tatsächlich davon aus, dass ich eine Buchführung hatte. Unglaublich! Genau dafür war er doch da. Schließlich schrieb er mir jeden Monat eine Riesenrechnung.

»Johannes, ich habe keine Buchführung, nur einen Haufen Quittungen, Belege etc. Du bist doch der Fachmann«, sagte ich vorwurfsvoll und stieß den Gedanken weg, dass er mit ca. 140 000 DM ja auch zu meinen Kunden zählte.

»Jürgen, das kann doch nicht dein Ernst sein, oder?« Er sah mich ungläubig an. »Du hast mir doch gesagt, dass ich nur pro forma für dich tätig sein soll, da du in Deutschland keine Geschäfte tätigst, also auch keine Einnahmen hast. Und was ist mit deiner Autovermietung? Wie hast du die Fahrzeuge steuerlich untergebracht? Wie hast du die Anschaffung finanziert? Am besten bringst du mir erst mal alles an Papieren, was du hast, und dann machen wir einen Plan und richten dir eine Buchführung ein.«

Offenbar ahnte er schon, was da auf ihn zukommen würde. Während die Korrespondenz ordentlich in Ablagen abgeheftet war, harrten etliche Umzugskartons mit wild durcheinander geworfenen Belegen, Aufträgen und Quittungen der Sichtung. Wir verbrachten zwei Tage von morgens bis abends mit dem Sortieren der Belege. Der Fußboden im Büro sah aus wie ein einziges Papiermeer. Erstaunlich, was alles in so ein paar Kartons hineinpasst, dachte ich gerade, als Johannes sich die Papiere der Autovermietung vornahm.

»Jürgen, ich kann keinen einzigen Miet- oder Kaufvertrag finden. Hast du die woanders?«, fragte er beiläufig. Offenbar konnte er sich nicht vorstellen, dass es tatsächlich keine Verträge gäbe.

»Ich wusste nicht, dass ich die einmal bräuchte.«

»Das darf doch nicht wahr sein! Wie viele Autos hast du denn? Wir müssen für jedes Fahrzeug nachträglich einen Vertrag schreiben.«

»Das hättest du mir doch alles vorher sagen können. Wir hätten die Verträge doch mit Leichtigkeit zum jeweiligen Zeitpunkt gemacht«, erwiderte ich leicht anklagend, um mich aus der Schusslinie zu nehmen. Er schüttelte resigniert den Kopf, während er da so auf dem Fußboden kniete und versuchte, die Papierstapel vor ihm an einer geraden Linie auszurichten.

Am Ende schafften wir es doch noch, etwas Ordnung in das Chaos zu bringen. Am Tag der Steuerprüfung trafen wir uns in Johannes' Büro – Frau Messerschmidt mit einem Kollegen, mein Rechtsanwalt Frohne, Johannes und ich. Während Johannes ziemlich entspannt der Prüfung entgegensah, fühlte ich mich in diesem Moment verdammt allein und versuchte meine innere Unruhe zu verbergen. Er hatte für mich keinen anderen Ausweg gesehen, als dem Drachen von meinen Investments zu erzählen. Unglaublich! Sollte ich ihr etwa gestehen, dass es sich dabei nur um Luftschlösser handelte und Peter Pan auf mein Geld aufpasste, während ich draußen unter den Träumern saß und an ihn dachte? Gerne wäre ich diesem Termin ferngeblieben, aber Frau Messerschmidt mit ihrem siebten Sinn hatte Johannes ausdrücklich auf meine Anwesenheitspflicht hingewiesen.

Meine Hände waren schweißnass, als die Messerschmidt mit einem Haifischgrinsen das Wort an mich richtete: »Nun erzählen Sie mal, Herr Harksen! Das sind ja gigantische Summen, die Sie da bewegen. Nach Ihrem Lebenswandel zu urteilen, muss Ihr Einkommen beträchtlich sein. Bedauerlicherweise kann ich aber keine Einkünfte feststellen. Alle Einzahlungen sind von Dritten. Keine einzige Buchung enthält den Vermerk ›Einkommen‹, ›Gehalt‹ oder Ähnliches. Können Sie mir das bitte mal erklären?«

Mit unschuldigem Augenaufschlag blickte sie mir ins Gesicht. Die war wirklich gefährlich, schoss es mir durch den Kopf. Nun hieß es cool bleiben.

»Frau Messerschmidt, Sie müssen verstehen, ich habe kein Einkommen im herkömmlichen Sinne. Bei allen Einzahlungen handelt es sich um Kundengelder, die mir zur freien Verfügung übergeben wurden.« Offenbar eine vergebliche Einlassung, um meine Projekte oder die Höhe der Renditezusagen zu verheimlichen.

»So kommen wir doch nicht weiter, Herr Harksen.« Ihr Tonfall war nun merklich kälter. »Wir können hier noch lange sitzen und im Smalltalk um den heißen Brei herumreden, oder wir kommen jetzt langsam zur Sache!«, forderte sie mich mit energischer Stimme auf und richtete dann das Wort an Johannes: »Oder haben Sie beide etwas zu verbergen?«

»Nun erzähle ihr schon von den 1300 Prozent!«, ergriff Johannes Partei für sie.

Jetzt hatte ich den Kopf in der Schlinge. Äußerlich ruhig richtete ich mich langsam auf und strafte Johannes mit einem vernichtenden Blick. Nun blieb mir nur noch die Offensive. Nun gut, schließlich war das nicht meine erste Verzweiflungsschlacht. Mit scharfer Stimme stürzte ich mich in den Kampf: »Obwohl ich nicht glaube, dass Sie das irgendetwas angeht, Frau Messerschmidt, möchte ich hier nicht den Eindruck erwecken, ich hätte etwas zu verbergen!«

Um die Wirkung meiner Worte abzuwarten, machte ich

eine kleine Pause und fing einen feindselig-spöttischen Blick meiner Kontrahentin auf, der mich zu äußerster Konzentration ermahnte. In sachlichem Ton fuhr ich fort: »Diese Einzahlungen stellen Beteiligungen dar, auf die eine Verzinsung von 1300 Prozent gezahlt wird. Ich hatte aus früheren Geschäften in Skandinavien beträchtliche Forderungen gegen diverse Firmen, die zwar fällig werden und mir zustehen, bei denen aber noch unklar ist, wann sie zur Auszahlung gelangen. Es handelt sich hier ausschließlich um im Ausland getätigte Geschäfte, die nach meiner Auffassung nicht in Ihre Zuständigkeit fallen. Mit Ausnahme meiner Autovermietung betreibe ich in Deutschland keine Geschäfte im herkömmlichen Sinne. Deren Papiere liegen direkt vor ihnen«, wies ich verächtlich mit der Hand auf den Stapel Papier vor ihr.

»Herr Harksen, verstehe ich Sie da richtig? Sie haben im Ausland, ganz egal wo, ein so beträchtliches Vermögen, dass Sie es sich leisten können, 1300 Prozent Zinsen für Zwischendarlehen anzubieten?«, flötete sie mit gespitzten Lippen.

Sie hat es gefressen, jubelte ich innerlich, während ich mit feierlicher Stimme antwortete: »Jawohl, das ist richtig!«

Freundlich lächelte sie mich an. Jetzt entschuldigt sie sich wohl und verschwindet dann endlich, dachte ich, als sie aufstand und einen Schritt näher an mich herantrat. Mit zuckersüßer Stimme verkündete sie mir einen neuen Anfang vom Ende: »Das bedeutet ja, dass Sie die gesamten Kundengelder aus steuerlicher Sicht als Einkommen verwenden, bis Ihre ›Projekte‹ zur Auszahlung gelangen. Welch erfreuliche Nachricht! Nicht für Sie, aber für den Finanzminister.«

Ihre gesamte Haltung änderte sich nun schlagartig. Aus einem Schmusekätzchen wurde ein Säbelzahntiger. Sie trat einen Schritt zurück. »Herr Harksen, hiermit eröffne ich ein

Strafverfahren wegen des Verdachts der gewerbemäßigen Steuerhinterziehung. Alles, was Sie sagen, kann und werde ich gegen Sie verwenden. Sämtliche Dokumente sind hiermit als Beweismittel beschlagnahmt. Ich empfehle Ihnen, dass Sie umgehend einen sehr guten Fachanwalt zu Rate ziehen. Einen guten Tag wünsche ich noch.«

Ihr Kollege hatte in der Zwischenzeit die vorbereiteten Dokumente verstaut. Die beiden verschwanden entschlossenen Schritts.

Nun herrschte betretenes Schweigen in der Runde. Damit hätte wirklich keiner von uns gerechnet. Für uns alle hatte es so ausgesehen, als hätte das Gespräch mit Frau Messerschmidt eine günstige Wende genommen, und nun das! Mein Rechtsanwalt fand als Erster seine Worte wieder: »Unglaublich! Sie müssen sofort mit Dr. Engels Kontakt aufnehmen, ein Spezialist für Steuerrecht. Der hat sogar mal einen Prozess gegen die Messerschmidt gewonnen. Warten Sie.« Er fingerte nach einer Visitenkarte mit seiner Nummer. Ich griff gleich zum Hörer und bat auf dem Anrufbeantworter um Rückruf in meinem Büro. Beklommen und ziemlich ratlos standen wir nun in Johannes' Büro und wussten weder ein noch aus.

Ich konnte ihnen unmöglich die ganze Wahrheit sagen, dann wäre ja alles zusammengebrochen. Also machte ich Johannes schwerste Vorwürfe, in was für eine Situation er mich da hineingezogen hätte, und verließ die Bühne empörten, aber erhobenen Hauptes. In meinem Büro angekommen, rief ich erneut bei Herrn Dr. Engels an. Seine Sekretärin teilte mir mit, dass Herr Dr. Engels zwar heute nicht mehr erreichbar sei, er aber Grüße ausrichten lasse. Herr Frohne hätte ihn schon ins Bild gesetzt. Er würde morgen Zeit für mich haben. Ich sollte mir keine Sorgen machen.

Von wegen. Noch in derselben Nacht im Januar 1992 hatte ich ein volles Haus. In einer Blitzaktion hatte die Messerschmidt den Stein ins Rollen gebracht. Überall in meinen Firmen und bei mir zu Hause fanden zeitgleich Hausdurchsuchungen statt. Unzählige Polizisten und Finanzbeamte schleppten aus meinen Büros und meinem Haus alles raus, was nicht fest angeschraubt war, und hinterließen Chaos auf Schritt und Tritt. Damit hatte ich nicht gerechnet. Und jetzt stand ich da, ohne fähigen Anwalt, der die Situation vielleicht hätte retten können. Mir lief es heiß und kalt den Rücken herunter. Was nur, wenn die mich jetzt verhaften?, dachte ich. Im Knast überlebe ich doch keine vierundzwanzig Stunden.

Ich ärgerte mich maßlos über meine Dummheit, so ein Schlamassel nicht vorhergesehen zu haben, während Muckel wie eine Löwin um das eine oder andere Hab und Gut kämpfte, jedoch ohne jeden Erfolg. Verklagen wollte sie alle. Die Polizeibeamten quittierten ihre empörten Ausrufe mit mildem Lächeln und straften sie ansonsten mit Nichtbeachtung. Die Durchsuchung dauerte bis in den späten Abend.

Draußen wurde es schon langsam hell, aber Muckel und ich saßen in der Küche und tranken Kaffee. Um Muckel zu beruhigen, spielte ich die Sache als persönlichen Rachefeldzug der Messerschmidt herunter. Wir warteten darauf, dass es endlich acht Uhr wurde. Als ich wenig später im Büro von Dr. Engels ankam, war er sogar höchstpersönlich da, natürlich in Eile, um ein paar Gerichtsunterlagen zu holen. Aber er schenkte mir ein wenig von seiner kostbaren Zeit, sodass ich ihm die Vorgänge schildern und eine Vollmacht erteilen konnte.

»Ich beantrage erst einmal Akteneinsicht, und dann sehen wir weiter. Diese Geschwindigkeit, mit der die Steuerfahndung zu Ihnen kam, zeugt von einem sehr starken Anfangsverdacht. Können Sie sich das erklären?«, frage er leicht misstrauisch.

Ich schilderte ihm daraufhin den Ablauf der Betriebsprüfung. Nachdenklich schüttelte er den Kopf und meinte, dass die Sache ernster sei, als er gedacht habe. Er wolle die Messerschmidt gleich am Nachmittag anrufen. Mein Blutdruck stieg sofort an, die Zeit bis dahin war ich unter Hochspannung. Endlich rief er an: Das Telefonat mit Frau Messerschmidt habe fast eine Stunde gedauert. Ob ich gut sitze, wollte er wissen.

Dann rückte er langsam mit den Einzelheiten heraus. Das Finanzamt hatte in einer großen Sichtung meiner Kundeneinlagen und dank meiner eigenen Angaben während der Betriebsprüfung mein gesamtes Vermögen geschätzt. Nach deren Rechtsauffassung seien sämtliche Kundengelder als Einkommen zu werten und zum Höchstsatz zu versteuern. Der vorläufige Bescheid war bereits auf dem Weg zu mir, und es existierte zudem eine Beschlagnahmeverfügung hinsichtlich meines gesamten Vermögens, namentlich die festgestellten Immobilien, meine Yacht und meine Gemälde. Alleine meine Kunstsammlung entspreche einem Wert von ca. zwanzig Millionen Mark in beweglichen Gütern, meine Autos seien zwei bis drei Millionen wert und mein Haus weitere zwei Millionen.

Mir wurde leicht schwindelig, Als ich mich etwas gefasst hatte, rückte Dr. Engels mit dem nächsten Hammer raus: Über meine Konten wurde eine sofortige Sperre angeordnet. Nochmal fünf Millionen. Das war zu viel. Mein Herz raste, und mir wurde abwechselnd heiß und kalt. Ich zitterte am ganzen Körper und war kaum noch fähig, einen klaren Gedanken zu fassen. Was für eine Katastrophe! Meine Gedanken drehten sich im Kreis: Wenn sich das herumspricht? Wie reagieren meine Kunden? Hilfe, die rennen mir die Tür ein!

Bevor die Panik mich endgültig überwältigte, reichte mir Dr. Engels einen winzigen Rettungsfallschirm. Er sprach in eindringlichem Ton: »Herr Harksen, ich kann mir gut vorstellen, wie Sie sich gerade fühlen, aber für Gefühle ist jetzt der falsche Zeitpunkt. Wir müssen retten, was noch zu retten ist. Zuerst einmal müssen wir Ihren Besitz vor dem Vermögensverfall schützen. Sie müssen sofort Ihren gesamten beschlagnahmten Besitz an das Finanzamt zur Sicherheit übereignen. Auf diesem Weg verhindern wir defizitäre Zwangsvollstreckungen. Ich brauche Ihre Entscheidung sofort! Soll ich das alles in die Wege leiten?«

»Tun Sie, was Sie für richtig halten, Herr Dr. Engels. Sie sind der Spezialist. Ich flehe Sie an!«, antwortete ich verzweifelt.

»Bewahren Sie Ruhe, Herr Harksen. Passiert ist passiert. Ich kümmere mich sofort darum. Ich halte Sie auf dem Laufenden.«

Dann legte er auf. Ich verfiel von einer Panikattacke in die nächste, aber Dr. Engels behielt einen kühlen Kopf. Er legte Widerspruch gegen den Steuerbescheid ein. Bis zur abschließenden Klärung der Sachlage erhielt das Finanzamt eine einmalige Akontozahlung in Höhe von drei Millionen Mark. Damit erreichten wir eine Aufhebung der Beschlagnahmeanordnung. Die Millionen holte ich mir bei Wotan, meiner Schweizer Sparkasse.

Parallel zum Steuerstrafverfahren erhielt ich am 15. September 1993 ein Schreiben von Staatsanwalt Dr. Meine, dass er ein Betrugsverfahren gegen mich eingeleitet habe. Noch 1992 hatte sich derselbe Staatsanwalt in einer Aktennotiz geweigert, auf Anregung von enttäuschten Anlegern ein Betrugsverfahren gegen mich einzuleiten, mit der Begründung, einer Gewinnerwartung von 1300 Prozent stehe automatisch ein Verlustrisiko in gleicher Höhe gegenüber. Von daher könne sich niemand beklagen, wenn er sein Geld verlöre. Allein dieser Aktenvermerk trug mir später in Südafrika einige Freisprüche ein.

Später erfuhr ich aus den Akten, dass mein Anwalt Engels wenige Tage zuvor in einem Telefonat der Staatsanwaltschaft mitgeteilt habe, er könne aufgrund der vorliegenden Erkenntnisse Betrug nicht ausschließen. Für ihn selbst machte sich dieser Schachzug allerdings nicht bezahlt, im Gegenteil: Bald ermittelte die Staatsanwaltschaft auch gegen ihn wegen Strafvereitelung und Beihilfe zum Betrug. Das Verfahren wurde Jahre später eingestellt. 2003 soll Dr. Engels angeblich einem Herzinfarkt erlegen sein.

Dr. Meine war auch der Staatsanwalt für das Steuerstrafverfahren aufgrund meiner – von mir bloß phantasierten – Milliarden in Skandinavien. Das verstehe wer will: Einmal sollte ich für diesen Staat ein Steuersünder sein, weil ich ein Vermögen in Skandinavien am deutschen Fiskus vorbei erwirtschaftet hätte, und zugleich sollte ich ein Betrüger sein, weil es dieses Vermögen nicht gab. Wie Dr. Meine diesen schreienden Widerspruch ausgehalten hat, weiß ich bis heute nicht. Auf der bekanntermaßen nicht existierenden Vermögenslage wurde eine Pfändung nach der anderen durchgeführt. Währenddessen hatte ich die Möglichkeit, trotz der Betrugsermittlungen weiterhin ungestört Kundengelder einzusammeln. Zudem hatte ich von nun an ein kaum zu schlagendes Argument in der Hand: Wie konnte ich ein Betrüger sein, der seine Anleger mit nichtexistenten Investments täuscht, wenn ich dieses angeblich nichtexistente Investment versteuern sollte?

Das Steuerverfahren lief weiter, während ich in Südafrika war und später in Deutschland inhaftiert wurde. Per April 2005 schulde ich daher dem Finanzamt Schlump exakt 143 354 783,54 Euro inklusive Zinsen und Säumniszuschlägen. Unser armer Finanzminster!

Epibrieren für Anfänger

Zum wiederholten Male verfluchte ich meine Leichtfertigkeit: Hätte ich Britta, meine Sekretärin, nicht mit dem Learjet nach Xerez de la Frontera geschickt, um anständigen Sherry einzukaufen, müsste ich mich jetzt nicht über diese engen Sitze ärgern! Zu allem Überfluss nervten mich meine beiden Begleiter mit dämlichen Bemerkungen, die sie sich gegenseitig an den Kopf warfen.

Selber schuld, sagte ich mir. Die Reise ist nicht umsonst, auch wenn ich alle Kosten trage. Da ich schon aus Prinzip kein eigenes Geld riskierte, hatte ich aus reiner Güte meinen Sitznachbarn eine ehrenwerte Aufgabe übertragen. Sie sollten den Kauf und Luxusumbau einer gigantischen Ferienanlage finanzieren. Wir befanden uns im Anflug auf Gran Canaria, es war Sommer.

Am Fensterplatz zu meiner Linken saß Gustav Schwarz, zu meiner Rechten Herr Fürth-Feucht, von Beruf Erbe, der jährlich über ein zweistelliges Millioneneinkommen verfügen konnte. Kindermädchen, die ihm bis zu einem gewissen Alter bei jedem Bedürfnis hilfreich zur Hand gingen, entbanden ihn von jeglicher Selbstständigkeit. Schon früh spürte er den Drang zu Höherem und widmete sein ganzes Bemühen dem Studium der Familienchronik.

Nun brachte er wieder die alte Leier. »Früher war alles einfacher. Da hatte jeder seinen Platz. Aristokraten zeugten Aristokraten, und Bauern zeugten Bauern. Alle haben gearbeitet, damit es dem Adel und ihren Familien gut ging. Und heute? Nirgendwo kann man noch ungestört flanieren. Überall dieser Pöbel.«

Mir hingen diese Sprüche zum Hals raus, aber ich konnte ihm ja unmöglich sagen, wie sehr er mich persönlich damit kränkte. Also wechselte ich das Thema.

»Sag mal, Gustav, hast du eigentlich schon einmal epibriert?«, fragte ich ihn mit unschuldigem Augenaufschlag.

»Nein, bisher noch nicht.«

»Und Sie, Herr Fürth-Feucht, haben Sie wenigstens schon einmal epibriert?«

»Nein, leider nicht. Ich war noch nie auf Gran Canaria. Ich kenne mich da nicht aus.«

Ich winkte der Stewardess zu. »Sagen Sie, wo bitte kann man in Las Palmas am besten epibrieren?«

»Am besten im Hafen.« Ihre Stimme duldete keinen Widerspruch.

»Hab ich auch schon gehört«, meldete sich Gustav erneut zu Wort. »Da soll es am besten sein. Genau! Jetzt erinnere ich mich wieder.« Seine Augen flehten mich an: Bitte lass' uns das Thema wechseln. Ich tat ihm den Gefallen.

Kaum in der Flughafenhalle, griff ich mir die Auskunft. »Sagen Sie, gute Frau, wo kann ich hier diskret epibrieren, bitte?«

Unmissverständlich wies ihr Zeigefinger auf den Eingang der Herrentoilette. Ich bedankte mich und lächelte zufrieden. Gustav wurde sichtbar unruhig. Ich hatte ihn erwischt, und er wusste, dass ich das wusste. Jetzt galt es das Gesicht zu wahren. Er folgte mir auf die Toilette und wusch sich das Gesicht. Keiner von uns sagte ein Wort. Wir gingen zum Ausgang.

Inzwischen war Hartmut, einer meiner Anwälte, mit dem Jaguar eingetroffen. Wie verabredet sollte er uns zu dem Notar kutschieren, um die Sache unter Dach und Fach zu bringen. Nach kurzer Begrüßung stiegen wir ein. Endlich. Die Klimaanlage summte leise. Ich fühlte mich hervorragend und holte aus zum nächsten Schlag. »Sagen Sie mal, Hartmut, haben Sie die Herrschaften entsprechend epibriert?«

Geschäftsmäßig tönte er zurück: »Die Bankauskünfte waren gut, die Bilanzen könnten besser sein, sind aber im Rahmen. Am Rest können wir zur Not feilen.«

Gespannt schielte ich aus den Augenwinkeln zu meinen Begleitern. Keiner zeigte die geringste Lust, die alles entscheidende Frage zu stellen.

»Wie sehen dann Ihre nächsten Pläne aus?«, mischte sich endlich Herr Fürth-Feucht ein.

»Sagte ich das nicht? Ich plane ein Epibrationscenter. Der Epibral-Pool ist schon gegründet, der fließt dann in die Epibral-Fonds. Das ist so eine Art Dow Jones Index, aber darauf haben nur Broker Zugriff, für Laien ist das zu brisant. Im Moment bin ich dabei, ein eigenes System zu etablieren. Die Gebühren an mich werden proportional berechnet und die Gewinne für meine Kunden antiproportional abgerechnet. So ist für jeden etwas dabei.«

»Wann geht's los?«, fragte Gustav.

Mein rechter Daumen zuckte schon wieder. Ich blickte in sein Gesicht. Für einen Moment war sie zu erkennen – die Gier. Wenn sie einmal ihr Recht angemeldet hatte, konnte ihn nichts mehr aufhalten. Nun wusste ich: Gleich gibt's wieder Taler für den Onkel. »Erst einmal muss meine Ernennung zum Epibrator bestätigt werden.«

»Hier nehmen Sie!«, sagte Gustav voller Ernst und reichte mir einen Scheck über 100 000 Mark.

»Das ist zu früh«, protestierte ich.

»Ich bestehe darauf. Ich will unbedingt dabei sein, egal wann.«

Er ließ nicht locker, also tat ich ihm den Gefallen. Kurze Zeit später waren wir beim Rechtsanwalt, um den Kauf der Ferienanlage zu prüfen. Schnell holte der Anwalt die Absichtserklärung des Reiseveranstalters, nur die Unbedenklichkeitsbescheinigung fehlte. Auf Nachfrage erklärte der Anwalt dann, dass die Freigabe noch nicht abgeschlossen sei. Zur Zeit sei das Gebiet noch Naturschutzgebiet, aber da schon eine Anlage darauf stünde, sei die Änderung nur Formsache.

»Rufen Sie uns an, wenn Sie alle notwendigen Genehmigungen haben. Oder noch besser, faxen Sie uns die entsprechenden Dokumente vorab in mein Büro«, beendete ich unser Treffen. Für mich war die Sache von einem Moment zum anderen gestorben. Ferienanlagen haben mich noch nie interessiert. »Können Sie den beiden Herren bitte ein Taxi rufen?«

Die beiden schauten mich entgeistert an. So schnell können Träume platzen! Wie sie jetzt nach Hause kamen, war ihr Bier. Mir hatte die Sache dennoch einen Hunni eingebracht. Ich stieg zu Hartmut ins Auto, wir fuhren auf direktem Weg zum Flughafen. Mein Learjet stand bereit, ich war gerettet! Muckel, ich komme nach Hause!

Die versprochenen Papiere trafen nie in Hamburg ein, offenbar hatte der Verkäufer Lunte gerochen, dass mit mir kein Geschäft zu machen war. Wenige Wochen später, im Herbst, flatterte mir eine Einladung zum Frank-Sinatra-Konzert in Groß-Flottbek ins Haus: Fünfhundert geladene Gäste, echte Prominenz aus Medien, Wirtschaft, Politik und der ganze hanseatische Geldadel. Keine Frage, da durfte das Ehepaar Harksen nicht fehlen.

Mit dem Bentley fuhren wir hin. Es war brechend voll. Wir

drehten erst einmal ein paar Runden zum Händeschütteln. Bankvorstände, Rechtsanwälte, Wirtschaftsprüfer rudelweise, dazu noch ein Großteil meiner Kunden. Wir nahmen am Tisch des ersten Bürgermeisters Platz. Wir wurden übertrieben überschwänglich begrüßt. Mir schwante schon Böses, als am Podium mein Name fiel. Der amtierende Bürgermeister plauderte munter über mich – Selfmade-Milliardär, Vorbild für alle, besonders innovatives Unternehmerdenken usw. usw. Das war ja nicht zum Aushalten! Muckel drückte fest meine Hand. Dann forderte mich der Bürgermeister zur Vorstellung auf.

Ich verbeugte mich dankend in Richtung Podium. Tosender Beifall mit Händen und Füßen. Die Sache wurde mir langsam peinlich. Ich setzte mich wieder.

»Herr Harksen«, tönte es nun durch den Lautsprecher, »wir alle sind sehr stolz, Sie in unserer Mitte zu haben. Wir haben erfahren, dass Sie im Begriff sind, ein Epizentrum zu planen. Wir alle sind sehr interessiert, mehr davon zu hören. Alles, was Sie anfassen, wird traumhaft erfolgreich. Darf ich Sie bitten, aufs Podium zu kommen?«

Der Bürgermeister winkte mich freundlich zu sich. Ich blickte zu Muckel. Sie blickte ein wenig ratlos zurück, wie immer, wenn's um Geschäfte ging. Sollte ich wirklich epibrieren? Das konnte doch nicht gut gehen. Meine Banker von der Nordsternbank würden das sofort durchschauen, von den anderen mal abgesehen. Noch zögerte ich.

Die Harksen-Rufe wurden immer lauter. Nun sollte ich zum Podium kommen. Aufmunternde Worte und Schulterklopfen säumten meinen Weg. Der Bürgermeister übergab mir das Mikrofon und zog sich zurück. Da stand ich nun mutterseelenallein und räusperte mich ins Mikro. Schlagartig wurde es totenstill. Alle blickten gebannt in meine Richtung.

»Guten Abend, meine Damen und Herren, wie Sie wissen, rede ich nie über Geld, geschweige denn über Geschäfte. Aber wenn Sie, selber alles hoch qualifizierte Finanzexperten, mich um einen Vortrag bitten, wer bin ich denn, dass ich eine solch hohe Ehrung ausschlagen könnte? Wir reden hier nicht über ein Epizentrum, mit Erdbeben will ich nichts zu tun haben, sondern über Epibration. Ist hier etwa irgendjemand, dem ich den Unterschied erklären muss?«

Mitleidig blickte ich in die Menge. Ein Wunder war geschehen. Nirgendwo rührte sich ein Finger. Unbarmherzig ließ ich Zeit verstreichen. Vor mir verdrehten sich die Köpfe. Jeder vor mir hoffte, sein Nachbar höbe die Hand. Nichts passierte. Ich erhöhte die Dosis.

»Ich plane zum ersten Dezember zu epibrieren. Unsere Banken sind zuversichtlich, dass wir mindestens die Ergebnisse des Pluvex-Investments verdoppeln. Unsere Wirtschaftsprüfer empfehlen uns, eine Emission zu prüfen.«

Nun legte ich eine kleine Pause ein. Immerhin saßen alle meine Banker in direktem Blickkontakt zueinander direkt zehn Meter vor mir. Von ganz hinten rief jemand laut in den Raum: »Warum macht Hamburg das nicht? Wir sind so stockkonservativ. Wir brauchen mehr Mut zur Veränderung. Der Senat sollte sich daran beteiligen! Die Platzierung der Neuemission muss in Hamburg passieren.«

Eifriger Applaus. Schnell ergriff ich erneut das Wort – bevor der unbekannte Sprecher noch auf die Idee kam, mich als Finanzsenator vorzuschlagen. »Mein Herr, so ehrenwert Ihr Einwand ist, er kommt viel zu spät. Wenn wir uns entscheiden, an die Börse zu gehen, dann nur an die skandinavische Börse.«

Aus der Reihe der Topbanker regte sich noch immer kein Protest. Das kann doch nicht wahr sein, dachte ich. Dann beschloss ich, meine Rede mit einem Knall zu beenden. »Was ich allerdings jetzt schon versprechen kann – sobald das skandinavische Steuerrecht annähernd so miserabel wie das deutsche geworden ist, werden wir unseren Hauptsitz nach Hamburg verlegen.«

Ich legte das Mikro aufs Rednerpult. Totenstille. Dann plötzlich brandete tosender Beifall mit Fußgetrappel auf, alle redeten durcheinander. Schnell verließ ich mit Muckel den Ort.

Mein Picasso oder: Harksen als Sachverständiger

Wieder war Montagmorgen, irgendwann im Frühling 1993. Ich kann Montage nicht ausstehen. Britta, meine Sekretärin, war ganz aufgeregt am Telefon: »Herr Harksen, Herr Brand von der Nordsternbank am Telefon. Er muss Sie dringend sprechen.«

»Stellen Sie ihn durch.« Waren meine Kredite gekündigt worden oder irgendwelche Schecks geplatzt? Immerhin hatte ich einen Dispo von vierzehn Millionen Mark. Das konnte nichts Gutes bedeuten! Also nichts wie ran an den Feind. »Guten Morgen, Herr Brand. Wie geht es Ihnen an diesem wunderbaren Montagmorgen?«

»Nicht so gut, Herr Harksen«, erwiderte er. Ich war für einen Moment sprachlos. Sollte es mir nun etwa an den Kragen gehen? »Herr Harksen, wir brauchen Ihre Hilfe. Wir sind zum wiederholten Male Opfer von Anlagebetrügern geworden. Sie als seriöser Anlageberater kennen doch sicher die Tricks, um die schwarzen Schafe der Branche zu entlarven. Könnten Sie uns nicht einen Vortrag über dieses Thema halten?«

Schmunzelnd sagte ich zu und versprach, ihm und seinen Kollegen am nächsten Tag eine Einladung zu einer Besprechung zu schicken, bei der auch weitere von mir ausgewählte Experten anwesend sein würden. Ich plante zu dieser Zeit den ersten privaten Kunstfonds in Deutschland, mit dem Privatleute sich an Käufen von hochwertigen Kunstobjekten beteiligen konnten. Dazu hatte ich 1991 das Schloss Bredeneck in der Holsteinischen Schweiz erworben, das ein privates Kunstmuseum und einen Club bzw. ein Kunsthotel beherbergen sollte. Sammler aus aller Welt wollte ich vom Hamburger Flughafen abholen lassen, um sie in Edelkarossen zu dem großzügigen Anwesen zu chauffieren. Immerhin hatte es 48 Zimmer, sieben Säle und einen zehn Hektar großen Park, alles komplett für sieben Millionen Mark.

Einige Tage später waren im Büro am Harvestehuder Weg rund um meinen prächtigen Konferenztisch versammelt: Herr Brand von der Nordsternbank, Herr Wiesenfließ von der XY-Bank, Herr Funke, ein bei mir hoch beteiligter und mit mir befreundeter Immobilienmogul, der sich im Laufe der Jahre zum Kunstsammler bzw. -händler gemausert hatte, und Herr Fürth-Feucht, einer der reichsten Söhne Deutschlands. Lauter gestandene Geschäftsleute und Bankexperten hatten die Ohren gespitzt für die Worte ihres Obergurus.

»Meine Herren, Sie wollen nun hier erfahren, wie man sich gegen Betrüger in der Kunstszene schützt. Das betrifft nicht nur Sie als Banker und Geschäftsleute, auch wir seriösen Anlageberater leiden unter diesen Scharlatanen.« Dann stellte ich den Teilnehmern Herrn Funke als anerkannten Kunstexperten vor und berichtete dem staunenden Publikum, dass im Anschluss an die kürzlich erfolgte Versteigerung der »Dame mit Hut« von Picasso mir über einen renommierten Kunstmakler eine andere Version dieses gleichen Motivs angeboten worden sei, allerdings nicht wie das versteigerte Objekt aus der blauen, sondern – und das sei das Sensationelle – aus der rosa Periode.

»Das ist ja unglaublich«, tönte es vom Konferenztisch.

Auch Herr Funke wirkte elektrisiert. »Was soll das Gemälde kosten? Wir müssen es kaufen, es ist eine Sensation.«

Mit Gleichmut in der Stimme fuhr ich fort: »Lächerliche

neun Millionen DM. Im Vergleich zu den 40 Millionen, die für das andere gezahlt wurden, ein Schnäppchenpreis.«

Dollarzeichen glänzten in den Augen aller Beteiligten. Wieder einmal hatte ich mit minimalem Aufwand ganze Überzeugungsarbeit geleistet. Allerdings, so fuhr ich fort, gäbe es ein kleines finanzielles Problem. Der Anschaffungsbetrag müsse gemeinsam aufgebracht werden.

Herr Brand schaltete als Erster. Mit geballter Faust schlug er auf den Tisch. »Da machen wir mit! So ein Gemälde gehört einfach in den Sitzungssaal unseres Unternehmens. Endlich ergibt sich die Gelegenheit. Mit drei Millionen sind wir dabei!«

Erwartungsgemäß konnte Herr Wiesenfließ als Direktor der XY-Bank den Erfolg nicht allein der Nordsternbank überlassen. »Mit einer Million sind wir ebenfalls dabei. Falls mehr benötigt wird, zögern Sie bitte nicht, sich zuerst an mich zu wenden, Herr Harksen«, bestätigte er würdevoll.

»Ich beteilige mich mit drei Millionen«, nickte Herr Fürth-Feucht gelassen.

Ich hob beschwichtigend die Hände. »Meine Herren! Zum einen ist nicht sicher, ob die neun Millionen überhaupt reichen, daher möchte ich vorschlagen, dass wir eine Obergrenze von zehn Millionen vereinbaren und Sie bei Bedarf prozentual noch einmal nachschießen. Zum anderen brauche ich eine verbindliche Kapitalzusage, bevor ich meine Agenten beauftrage, ein Angebot abzugeben. Sie haben doch sicher alle ihr Scheckheft dabei?«, frage ich in die Runde.

»Ihre drei Millionen brauchen wir nicht, Herr Brand«, wandte ich mich ihm zu. Erschrocken sah er mich an. »Wir müssen das Gemälde ja irgendwo lassen. Deshalb dachte ich, Sie räumen mir einen Dispositionskredit von drei Millionen ein, und ich leihe der Landesbank dann das Bild.«

Erleichtert blickte er mich an. Dann zückte er aus seinem Aktenkoffer einen Bankbriefbogen und räumte mir handschriftlich einen Dispositionskredit von drei Millionen ohne Verwendungszweck ein.

Während Herr Wiesenfließ handschriftlich auf dem Briefpapier der Bank die Million zur Auszahlung an mich anwies, tat sich Herr Fürth-Feucht merklich schwer damit, den Scheck über drei Millionen aus der Hand zu geben – als wolle er sich im letzten Moment noch anders entscheiden. Erst mein fragender Blick brachte ihn dazu, das Papier endlich loszulassen.

Ich steckte die Schecks und die Bestätigungen in einen bereits vorbereiteten Umschlag und klebte ihn zu. Dann bat ich meinen Mitarbeiter und meine Sekretärin telefonisch in den Raum. Wie verabredet legten die beiden Gutachten, Kunstbücher und eine Picasso-Biographie auf meinen Konferenztisch.

»Warum sind wir eigentlich heute hier, warum habe ich Sie eingeladen?«, fragte ich in gespielter Naivität in die Runde und fuhr nach kurzer Pause in gestrengem Ton fort: »Sie wollten eine Schulung zum Thema Betrug. Herr Funke, darf ich Sie bitten, Seite vierzehn der Biographie von Picasso kurz aufzuschlagen, und Sie, Herr Brand, Seite vierundsechzig des Picasso-Kunstbuchs ›Meine Werke‹. Würden Sie bitte daraus zitieren?«

Beide Belegstellen ergaben zweifelsfrei: Picassos »Dame mit Hut« gibt es nicht aus der rosa Periode. Den Anwesenden dämmerte es ganz allmählich: Sie waren unwiderruflich in ihrer Ahnungslosigkeit entlarvt.

»Das war eine kleine Demonstration, meine Herren, wie leicht man betrogen werden kann und wie fahrlässig Sie mit Ihrem eigenen oder fremdem Geld umgehen«, sagte ich und legte den versiegelten Umschlag wieder auf den Tisch. Ein tiefes Seufzen ging durch die Runde, während ich eine Erklärung verlas, wonach dieses Vorgehen von Anfang an als Maßnahme zur Betrugsbekämpfung gedacht war.

Herr Brand sprach stellvertretend für die anderen: »Wo wären wir nur, wenn wir Sie nicht hätten! Ich hätte schwören können, dass es dieses Gemälde aus der rosa Periode gibt. Ein großes Dankeschön an Herrn Harksen, der uns einmal mehr bewiesen hat, was einen ehrlichen hanseatischen Kaufmann ausmacht!«

Nun ging es ans Austeilen der Dokumente. Wie erwartet, steckten die Herren Fürth-Feucht, Wiesenfließ und Brand ihre Schecks wieder ein. Letzterer nahm zwar seine Kreditzusage aus dem Umschlag, blinzelte mir aber verstohlen zu:

»Was wollen wir mit dem Papier? Wenn wir uns gegenseitig nicht trauen können, wem dann?«, murmelte er vielsagend und beließ es dann bei der Kreditgewährung von drei Millionen.

So hatte ich meinen ersten ehrlich verdienten Kredit ohne einen einzigen Nachweis meiner Kreditwürdigkeit erworben. Einige Tage später besuchte ich die Nordsternbank, um mir eine neue, standesgemäße Platinumkreditkarte abzuholen. Offenbar hatte sich eins der Vorstandsmitglieder verplappert, denn mein Anblick löste hinter den Schaltern der Bankangestellten sichtlich heiteres Getuschel aus.

Eine Woche später aß ich allein im Landhaus Scherrer zu Abend. Während ich auf mein Essen wartete, sah ich mich um: Da saß der gesamte Aufsichtsrat der Nordsternbank nur einige Tische weiter. Einer der Herren bemerkte meinen Blick und trat an meinen Tisch. »Herr Harksen! Sie sind uns ja ein Schlawiner! Toll gemacht! Respekt!«

Ohne meine Reaktion abzuwarten, drehte er mir den Rücken zu. Was muss ich denn noch tun, damit sie die Lektion endlich verstehen?, dachte ich halb kopfschüttelnd, halb zu neuen Plänen angestachelt, als der Kellner kam. Endlich! Ich hatte einen Mordshunger.

Dünne Luft in Deutschland

Im Spätherbst 1993 schaute ich verschlafen in den Garten und erblickte am Ende des großen Rasens ein weißes Holzkreuz. Hatte mein Sohn Julien ein Tierchen begraben? Als ich direkt vor dem Kreuz stand, las ich die Inschrift: Jürgen Harksen 1960–1993. Mir wurde abwechselnd heiß und kalt. Ich rief meine Frau, wir waren uns sofort einig: Die Kinder sollen nichts merken. Wir gruben das Ding aus und verstauten es in der Garage unter einer Plane. Später nahm ich es mit nach Ibiza, wo ich ohnehin eine persönliche Trophäensammlung besaß.

Schon vorher hatten wir uns im Zuge der steuerlichen Ermittlungen mit der Frage beschäftigt, ins Ausland umzusiedeln. Südafrika, Kanada und Neuseeland standen zur Debatte, aber Südafrika machte das Rennen, weil es praktisch keine Zeitverschiebung gibt und ohnehin viele Deutsche dort wohnen. Im September 1993 wurde das Vorhaben auf einer Familiensitzung mit den Schwiegereltern beschlossen. Dr. Engels kümmerte sich um den Papierkram, und ich war schon mal unter dem Vorwand, dringend geschäftlich nach New York zu müssen, im Oktober für eine Woche nach Südafrika geflogen, um nach geeigneten Immobilien Ausschau zu halten. Ich fand dort die Klaasenboschfarm, in der wir später wohnten. Geplant war, zu Beginn des nächsten Jahres überzusiedeln. Das Kreuz drängte jedoch zu schnelleren Entscheidungen.

Am 22. Oktober 1993 kam ich aus London in die Höhle des

Löwen nach Hamburg, nicht ahnend, dass am gleichen Tag ein Haftbefehl gegen mich ausgestellt und zunächst von der Vollstreckung ausgesetzt worden war. Ich hatte nur steuerliche Probleme, glaubte ich, und deswegen wollte ich nach England umziehen. Das war jedenfalls die Version für die Mitarbeiter und die Gläubigergemeinde. Um bei den Behörden keinen Argwohn zu wecken, musste der Umzug möglichst geräuschlos vor sich gehen. Deshalb kaufte ich einen Minibus, in den Schritt für Schritt die 500-Quadratmeter-Einrichtung des Kritenbarg-Hauses verschwand – durch einen Inneneingang in die Garage, von wo aus der Bus allnächtlich zum Containerhafen fuhr. Dort wurde sein Inhalt in einen 40-Fuß-Container verladen. Im sich leerenden Haus hingen für den Briefträger und Überraschungsgäste überall Schilder: Vorsicht, frisch gestrichen. Der Ordnung halber meldete ich meine Kinder in der Schule ab und erklärte brieflich meinen Anlegern die Gründe meiner Umsiedlung: »Ich bin nicht auf der Flucht. Der Grund für meinen augenblicklichen Auslandsaufenthalt sind allein die massiven psychischen und physischen Bedrohungen.«

Am 7. November war es so weit: Wir starteten im Learjet nach London, während mein Porsche und mein Mercedes mit der Fähre und Fahrern unterwegs waren. Am 11. November schwärmte eine Hundertschaft von Polizisten aus, um meine Büros und mein Haus zu durchsuchen. Erst an diesem Tag erfuhr ich von dem Haftbefehl, denn Verhaftung und Durchsuchung sollten auf einen Schlag erfolgen. Jetzt hieß es Gas geben.

Um unauffälliger außer Landes zu kommen, wollten wir von Birmingham nach Südafrika starten. Inwieweit britische und deutsche Behörden kooperieren würden, wusste ich nicht. In London kannten sie mich auf den Flughäfen persönlich.

Für 400 000 Dollar mieteten wir eine dreistrahlige Falcon 900, die neben der luxuriösen Vollausstattung den großen Vorteil hatte, bei günstigen Windverhältnissen die Strecke nach Südafrika mit einer Tankfüllung zu schaffen. In der folgenden Nacht sollte es losgehen. Da ich nicht wusste, ob sie mich durch die Ausweiskontrolle lassen würden, wollte ich zunächst allein vorgehen, um bei einer eventuellen Verhaftung wenigstens meine Familie zu schützen. Ich sehe den langen geraden Tunnel wieder vor mir, durch den ich mit einem Aktenkoffer in der Hand, in dem sich vier Millionen Mark in bar befanden, endlos langsam auf einen Tisch zuging, wo zwei Polizisten saßen. Das war's dann wohl, dachte ich.

»Hello Mr Harksen!«

»Hello!«

»You're going to South Africa?«

»Yes.«

»Anything to declare?«

»No.«

Ich war erleichtert, als ich im Flieger saß und meine Familie über das Rollfeld kommen sah. Gemeinsam hoben wir ab. Ich war mal wieder im Siegestaumel. Aber der währte nicht lange. Aufgrund von Gegenwind mussten wir in Addis Abeba zwischenlanden. Als ich dort aus dem Fenster blickte, traf mich der Schlag: Es wimmelte von Polizisten. Das zweite Mal gab ich innerlich auf, bevor ich registrierte, dass sie nur zur normalen Flughafenbewachung dienten.

Später, als ich schon in Kapstadt war, wurde gerätselt, wie ich trotz eines offenen Haftbefehls problemlos aus Deutschland herauskommen konnte. Im Januar 1994 gab ich der *Bild* zu Protokoll: »Ich wusste nichts von einem Haftbefehl, meine Anwälte und Steuerberater auch nicht. Bis zu meiner Abreise stand ich permanent mit der Steuerfahndung in Kontakt. Wenn es einen Haftbefehl gab – warum hat man mich dann nicht verhaftetet? Worauf wartete man denn – dass ich abreise?«

Als Kautionär in Südafrika

Obwohl mittlerweile ein internationaler Haftbefehl gegen mich ausgestellt war, hatte ich eine Aufenthaltsgenehmigung unter meinem richtigen Namen beantragt und auch bekommen. In Kapstadt fanden wir schnell eine Mietwohnung – gegenüber dem Sitz des deutschen Konsuls, dem diese Nachbarschaft alles andere als angenehm war.

Nachdem ich aus der Presse von dem Haftbefehl erfahren hatte, stellte ich mich in Südafrika sofort der Polizei und kam als »Selbststeller« nach einer kurzen Gerichtsverhandlung gegen eine Kaution von einer Million Rand (ca. 170 000 Euro) frei. Bei täglichem Erscheinen auf der Polizeiwache durfte ich mich frei in der Western Province bewegen – Flughafen und Hafen ausgenommen.

Jeden Morgen, wenn ich zur Polizeistation fuhr, um mich handschriftlich in das Kautionsbuch einzutragen, verabschiedete ich mich im Geiste von meiner Frau und meinen Kindern. Jeden Tag hatte ich Angst. Einmal kam ich eine halbe Stunde zu spät, weil ich mit dem Auto im Stau steckte. Da glaubte ich felsenfest, gleich einkassiert zu werden. Doch die Beamten blieben gutmütig, denn eine solche Pflichterfüllung wie bei mir hatten sie noch nie erlebt.

Währenddessen überboten sich ab Januar 1994 die Boulevardblätter in Deutschland mit den sensationellsten Schlagzeilen: »Hamburgs größter Betrug: Polizei jagt Steuerberater und Anwälte.« »Super-Betrüger kauft Insel.« »Millionen-Betrüger

Harksen: Die Spur führt nach Chile.« »Mit 100 Millionen in die Karibik?« »Privat-Jet für den Schäferhund, Mini-Porsche für Sohn Julien« usw. *Bild* Hamburg legte gleich eine neue Serie auf: »Jürgen Harksen. König der Hochstapler.«

Mal stand mir der Angstschweiß auf der Stirn, dann wieder lachte ich in der Sonne. Für einige meiner Anleger wurde die Lage sehr unangenehm, sie bekamen selbst Strafverfahren wie Dr. Engels oder mein Steuerberater Sudhoff, oder sie wurden in der Öffentlichkeit bloßgestellt. Der ehemalige Handwerkskammerpräsident von Hamburg war auch mit seiner Anlage reingefallen und hatte Anzeige erstattet, was einen Leserbriefschreiber zu dem Kommentar veranlasst hatte: »Ein Handwerkskammer-Präsident als Profitgeier? Wie kann dieser Präsident an 1300 Prozent Rendite glauben? Er müsste sich zu Tode schämen, sich mit seinem Reinfall auch noch an die Öffentlichkeit zu trauen.«

Doch es gab auch positive Resonanz: Ein Leserbriefschreiber der *Hamburger Morgenpost* schlug mich für das Bundesverdienstkreuz 1. Klasse vor. Begründung: »Dass Rechtsanwälte, Notare, Steuerberater und Banken auf ihn reingefallen sind, zeigt doch, welch geistige Armut diese Intelligenzköpfe besitzen.«

Die plötzliche Publizität bot mir zugleich die Chance, meine Legenden erneut unters Volk zu bringen: »Ich habe Aktiengesellschaften gekauft, die kurz vor dem Konkurs standen. Dazu gehörte eine Fluglinie – die Tjaereborg. Für 25 Millionen habe ich sie gekauft, für 125 Millionen wieder verkauft. Dann sagte ich mir: Was einmal geht, geht immer. Oft habe ich erst wieder verkauft, nachdem ich die Aktie durch Pressegerüchte hochgepuscht hatte. Das machte ich mit insgesamt 74 Firmen. Dadurch verdiente ich 800 Millionen.« (*Bild* vom 27. 01. 1994)

Auch RTL stattete mir im Frühjahr in unserem neuen Zuhause eine Stippvisite ab. Freimütig bekannte ich vor der Kamera: »Ich habe Angst einzuschlafen – das Hamburger Kiez-Milieu verfolgt mich bis in meine Träume. Noch habe ich keine Millionen, aber irgendwann kommen sie.«

Irgendwann klingelte es mitten in der Nacht an der Tür unseres Hauses. Ich machte auf – vor mir wimmelte es von Fahrzeugen und wichtig dreinblickenden Menschen, die alle Einlass begehrten. Einer der Gerichtsvollzieher hielt mir ein Papier unter die Nase: eine einstweilige Verfügung zur präventiven Beschlagnahmung von Wertgegenständen, um ihre Verschleppung bei einem laufenden oder noch zu eröffnenden Konkursverfahren zu verhindern. Ich bat um etwas Bedenkzeit und rief sofort meine Advokaten an. Die kamen wenige Minuten später mit quietschenden Reifen vorgefahren und pöbelten gleich los: Es sei verfassungswidrig, morgens um vier Uhr meine Kinder aus dem Bett zu holen, wenn es noch nicht einmal in einem strafrechtlichen Verfahren möglich ist, zu einer derartigen Zeit zu kommen.

Dennoch hatte ich keine Chance, den Einlass zu verweigern. Die Truppe durchsuchte das ganze Haus und beschlagnahmte im Laufe des Tages alle möglichen Geschäftsunterlagen. An diesem Tag sah ich zum ersten Mal den Mann, der mich in den kommenden Jahren als Ronald Dopplers Advokat verfolgen sollte. Ein gut aussehender Mann, braun gebrannt, das Haar gestylt und elegant gekleidet, was bei einem südafrikanischen Anwalt nicht unbedingt Standard ist.

Gegen die einstweilige Verfügung legte ich Berufung ein. Dass mein Name als der eines vermeintlichen, gesuchten Betrügers aus Deutschland in den Zeitungen stand, sei eine besondere Form der Vorverurteilung. Und die gab es auch tatsächlich, denn später in den Verfahren hörte ich immer wieder den Satz: »We have reason to believe.«

Auch gegen den Auslieferungsantrag von 1994 legte ich Widerspruch ein. Tatsächlich war er schlampig gemacht und hatte keinen juristischen Bestand. Zunächst wurde ich verhaftet, kam aber gegen Zahlung einer halben Million Mark wieder frei – die höchste Kaution, die bis dato in Südafrika gezahlt worden war. Dann nahm ich mir die südafrikanische Gesetzgebung vor und erhob mit Hilfe meiner einheimischen Anwälte Verfassungsklage gegen einige Auslieferungsparagrafen. Bei einem Großteil der südafrikanischen Politiker galt mein Verhalten in der Sache als normal: Ich hatte ein gutes Recht auf Widerstand, da meine Familie mittlerweile in Südafrika lebte.

Das mit Deutschland bestehende Auslieferungsabkommen war im Zweiten Weltkrieg ausgesetzt worden. Stattdessen hatte der Präsident in der südafrikanischen Auslieferungsgesetzgebung quasi diktatorische Vollmachten bekommen, die sich schlecht mit den Grundgedanken der Demokratie vertragen. Ich forderte, dass der Präsident die Akten studieren müsse, bevor er sich ein Urteil bilde, und akzeptierte auch keine Luftbeweise in Form eines Zertifikats, das sich selbst seine eigene Glaubhaftigkeit bescheinigte. Grundsätzlich bekam ich dreimal Recht und konnte entsprechende Gesetzesnovellen durchdrücken. Nur persönlich ging es mir immer mehr an den Kragen.

Die Gemeinde im Dauert-noch-Haus hatte sich gespalten. Der eine Teil war ausgetreten, der andere glaubte umso leidenschaftlicher an seinen von der Welt verfolgten Prediger. Die Abtrünnigen bildeten eine neue Sekte, deren Oberhaupt die Konkursverwalter waren. Sie sollten entweder das Milliardenvermögen aufspüren oder die verlorenen Anlagegelder wieder eintreiben und bekamen damit Rückendeckung, um in aller Ruhe ihrem legalen Räuberhandwerk nachzugehen. Mein Anwalt Engels und mein Steuerberater Sudhoff waren im Zuge der Ermittlungen gegen mich ebenfalls verhaftet worden. Juristischen Beistand bekam ich ab nun von dem Hamburger Staranwalt Gerhard Strate. Bei der Mandatvergabe beeindruckte ich ihn durch meinen Kommentar zur Situation der gespaltenen Gemeinde: »Ein Teil glaubt an mich, der andere nicht, und das ist gut so.« Letztlich war ich froh, in ihm einen Menschen getroffen zu haben, dem ich nicht so viel vormachen musste.

Anfang 1994 bot ich über meinen Rechtsanwalt Christopher Lyle in einem Rundschreiben an 150 meiner Kunden Folgendes an: Wer verunsichert durch die ungeheuerlichen Verleumdungen in der Presse seine Einlage kündigen wolle, könne es jetzt tun. Ein ungenannter Großinvestor, von der Werthaltigkeit meines Investments überzeugt, sei zur Übernahme aller Anteile bereit. Jetzt dampfte es in der Hamburger Gerüchteküche: »Der Harksen sitzt längst auf seiner Kohle und will uns billig abspeisen. Da hat er sich aber verrechnet.«

»Der Großinvestor weiß tatsächlich mehr als wir. Jetzt will er uns über den Tisch ziehen.«

Ergebnis meines Rundschreibens war: Zwei Kündigungen über insgesamt eine Million Mark. Das Geld wurde prompt angewiesen. Auch das sprach sich in Hamburg in Windeseile herum: »Er hat tatsächlich bezahlt. Also haben wir doch Recht.«

Mit diesem Bluff hatte ich noch einmal Glück. Zwischendurch gab ich diverse Presseinterviews, immer nach der Devise: So nah dran an der Wahrheit wie möglich. Im April 1994 stand im *Stern*: »Wenn Sie die Liste meiner Anleger sehen, lachen Sie sich schlapp.« Natürlich blieb es bei dieser Andeutung. Ansonsten schilderte ich mein Geschäftsmodell in aller Offenheit: »Die Spende für das Knochenmarkzentrum, mein Haus – und dann die Kunden, die laut Vertrag ihr Geld wiederhaben wollten. Die musste ich ja irgendwie befriedigen. Ich habe dann immer wieder neue Kunden bekommen und habe diese Gelder dafür verwendet, um Kunden, die aussteigen wollten, auszuzahlen.«

Der Geldnachschub in den ersten südafrikanischen Jahren lief einigermaßen. Geld bekam ich nach wie vor von Teilen meiner Kunden, die immer weiter gutes Geld dem schlechten hinterherwarfen. Außerdem hatte ich noch Gelder in der Schweiz bei Wotan deponiert, die ich auf Abruf anfordern konnte. Insgesamt stand mir pro Jahr etwa eine Million Mark zur Verfügung, um meinen aufwändigen Lebensstil zu finanzieren. Währenddessen wurden in Deutschland die meisten meiner Kunden als Zeugen in dem Betrugsverfahren vernommen. Von Anzeigen wollten bis auf drei Ausnahmen alle Kunden am Ende absehen – noch war das Spiel nicht aus.

Von 1995 bis 1998 lebten wir auf der Klaasenbosch-Farm, einer ehemaligen Pferderanch von viereinhalb Hektar in Constantia, einem der besseren Stadtteile von Kapstadt. Sie kostete vier Millionen Mark, die ich mir von Wotan finanzieren ließ. Der wurde dann auch gleich pro forma Eigentümer, um das Anwesen vor dem Zugriff der Konkursverwalter zu schützen. Von dort aus hat man Blick auf die »False Bay« und das Wahrzeichen der Stadt, die Tafelberge. Viele deutsche Aussteiger wohnen hier inmitten des Geldadels von Kapstadt. Für mich war die erste Zeit dort sehr stressig. Die *Bild*-Zeitung hatte mich schnell dort ausfindig gemacht. So wussten meine Feinde vom Hamburger Kiez, wo sie ihre Muskelmänner hinschicken mussten. Nachdem vier unheimliche Gestalten sich vor der Einfahrt zu meiner Farm postiert hatten, suchten wir zeitweilig das Weite. Währenddessen wurde umgebaut – meine Frau durfte sich gestalterisch bei dem Aufbau von drei Gebäuden mit insgesamt 1000 Quadratmetern Wohnfläche austoben. Als die Muskelmänner verschwunden waren, engagierte ich einen Sicherheitsdienst für das Gelände und Bodyguards.

Das ganze Gelände erhielt einen drei Meter hohen Zaun. Im reetgedeckten Haupthaus befanden sich fünf Kamine, die Küche war aus Yellowwood-Holz. Als besondere Attraktion hatte die Decke einen künstlichen Sternenhimmel in Form von unzähligen kleinen Lämpchen, die unsere beiden Sternzeichen (Löwe und Steinbock) abbildeten. Unser Ehebett war größer denn je, der Fernseher kam auf Knopfdruck aus dem Boden, denn meine Frau missbilligte den Anblick von Fernsehgeräten. Insgesamt besaß das Gelände drei Swimming-Pools, einen Teich mit dreißig bis vierzig Koi-Zierfischen und weißen Schwänen, ein Pferdegestüt mit vier edlen Hannoveranern – und einen herrlichen Blick auf die Tafelberge. Insgesamt hatte der Erwerb und Umbau der Farm fünfzehn Millionen Rand verschlungen. Hätte ich nicht ständig Geldsorgen gehabt, wäre sie das Paradies auf Erden gewesen.

Auf dem Grundstück konnten sich meine Söhne nach Herzenslust austoben – im Boot auf Schwanenjagd gehen oder auf dem grundstückseigenen Tennisplatz spielen. Irgendwann bauten wir ein Baumhaus für die Kinder – Herr Schwarz, Herr Lindemann und andere Millionäre aus Hamburg, die bei uns zu Besuch waren, legten mit Hand an. Abends wurde mit den Kindern zusammen gegrillt, tagsüber kam meine Frau mit einem Picknickkorb vorbei. Als das Baumhaus fertig war, feierten wir eine Einweihungsparty und übernachteten nahe der

Baumkrone. In dieser Nacht fand ich heraus, dass ich das Haus an der verkehrten Stelle gebaut hatte, nämlich unten am See statt oben auf dem Hügel, wo uns nachts das Lichtermeer von Kapstadt entgegenblinkte. Sollte ich nun abreißen und neu bauen? Stattdessen ließ ich nahe der Aussichtsstelle einen Hubschrauberlandeplatz anlegen.

Auf der Klaasenboschfarm liegt auch mein bester Freund, ein deutscher Schäferhund namens Bamse, den ich aus dem Tierheim mitgenommen hatte. Sein Vorbesitzer hatte ihn angezündet. Während all der Jahre war er mein treuer Begleiter. Ich war ihm dankbar, dass er mich liebte und leckte, egal wie viel Geld ich hatte, ob ich sauber oder schmutzig war. Er starb 1997, ich begrub ihn eigenhändig unter einem alten Ahornbaum, von dem aus man einen Blick auf ganz Kapstadt hat. Wenn ich mir aussuchten dürfte, wo ich gerne begraben sein wollte: dort, neben meinem geliebten Hund.

Inzwischen bekam auch die Nordsternbank von der Presse ihr Fett weg, weil sie mir einen Kredit über 14,4 Millionen eingeräumt hatte – mit der Bürgschaft von Gustav Schwarz. Warum sich die Bank nicht am Bürgen schadlos halte, sondern stattdessen mit wenig Erfolgsaussichten die Forderung bei mir in Südafrika per Konkursverfahren eintreiben wolle, fragte sich die *Hamburger Morgenpost*. Die Antwort lag auf der Hand: Der Kunde muss nur groß genug sein, damit die Bank beide Augen zudrückt.

In immer neuen Anläufen versuchte ich der südafrikanischen Justiz und dem Staatspräsidenten meine Unschuld zu beweisen. Ich kaufte eine Doppelseite in der *Cape Times* für einen offenen Brief an Nelson Mandela, in dem ich meine Unzufriedenheit mit dem südafrikanischen Rechtssystem kundtat und an ihn als Rechtsanwalt appellierte, sich der bananenrepublikartigen Zustände anzunehmen. Das südafrikanische Konkursverfahren sei völlig absurd, denn ich hätte in Südafrika keine Verbindlichkeiten und sei der Raffgier der Konkursverwalter ausgeliefert, die nur Provision von Vermögenswerten kassieren dürften, die sie in Südafrika fänden. Um die Konkursmasse anzureichern, seien Zugriffe auf Vermögenswerte von ausländischen Investoren erfolgt, die mit meiner Person nichts zu tun hätten. So schlimm das Konkursverfahren war – mir lieferte es neue Entschuldigungen für die Verzögerung der »Ausschüttung«.

1995 wollte der Staatsanwalt meine Kaution einziehen und mich verhaften lassen, da die Fluchtgefahr in meinem Fall zu groß sei. Mit Hilfe meiner Anwälte konnte ich jedoch beweisen, dass der Fluchtgrund an den Haaren herbeigezogen war – schließlich lebte ich mitsamt Frau und Kindern in Südafrika und scheute keine Ausgaben, um im Land bleiben zu können.

Tatsächlich aber stand es um meine Ehe nicht zum Besten. In diesem Jahr eröffnete mir meine Frau zum ersten Mal, dass sie sich von mir scheiden lassen wolle, doch es gelang mir im Angesicht der Bedrohung, sie wieder auf meine Seite zu ziehen.

Wie ich die Anwaltszunft bereicherte

Finanziell saß ich oft gewaltig in der Klemme, denn meine Anwälte kosteten mich ein Vermögen: sechshundert bis tausend Rand pro Stunde für einen normalen Anwalt, für einen Advokaten bis zu tausendfünfhundert Rand die Stunde, zehn- bis fünfzehntausend Rand am Tag.

Das englische Recht, das die Vorlage für das südafrikanische Recht bildet, unterscheidet zwischen Advokat und Anwalt: Ein bei Gericht zugelassener Advokat darf nicht mit dem Mandanten direkt zu tun haben, sondern immer nur über einen Anwalt. Das schafft für den Berufsstand doppelte Kassiergeegenheiten. So musste ich pro Woche durchschnittlich mehr als 100 000 Rand auftreiben – für fünf bis sechs Anwälte und Advokaten, die ich gleichzeitig im Rahmen meines Rechtsmartyriums beschäftigte. Das Geld bekamen sie allerdings nicht von mir – ich befand mich ja im Konkurs –, sondern von meinen Wohltätern bzw. Anlegern.

Im April 1995 hätte ich meinen Anwalt Christopher Lyle bezahlen müssen. Da bat ich ihn zu mir und wollte mit ihm als Freund sprechen, um seine menschliche Hilfe zu erhalten. Schließlich sollte ich ja meine Frau verlieren. Er kam in mein Büro, setzte sich an meinen langen Konferenztisch und sagte nur: »Well, what can I do, Mister Jürgen, I only see a human being, but I need papers, money. I'm not able to help you if I don't get any money from you.«

Von Anwälten, Advokaten und Wirtschaftsprüfern wurde

ich genauso gedemütigt und erpresst wie viele andere, die in einer ähnlichen Position waren wie ich. Ich war die Melkkuh der südafrikanischen Rechtsbranche. Etwa vierzig Millionen Rand habe ich in zehn Jahren in Südafrika an Gerichtskosten und für Advokaten und Anwälte verbraten, teilweise aus den Beständen, die ich aus Deutschland mitgebracht hatte, teilweise aus Darlehen und Spenden von Dritten, die nach wie vor an die unendliche Geschichte glaubten und bis heute glauben. Als ab 2000 die Kassen leerer wurden, behandelten die Senior-Councils meine zahlreichen Verfahren nur noch halbherzig. Nun konnten sie mich sogar ganz legal nötigen und erpressen, indem sie einfach sagten: »Harksen, wir möchten diesen Monat hunderttausend extra haben, weil wir sehr viel gearbeitet haben. Wenn du das nicht zahlst, dann legen wir das Mandat nieder.« Oder sie konnten sagen: »Wir haben das Vertrauen zu unserem Mandanten verloren.«

Die Advokaten, die über die Jahre hinweg durch mich zu Millionären wurden, ließen mich einfach zappeln. Wie hatten sie früher getönt: »Jürgen, we are your friends.« Nun wusste ich, was diese Freundschaft wert war.

Wie meine Gläubiger zu mir hielten

Ständig bekam ich Besuch von Kunden aus Deutschland. Sie hatten mir bereits Hunderttausende oder gar Millionen von Mark anvertraut und wollten sich vor Ort nach dem Stand der Ausschüttung erkundigen. Alle wussten, dass gegen mich ein Konkursverfahren lief und ein internationaler Haftbefehl ausgestellt war, alle kannten die Schlagzeilen über den Betrüger Harksen. So erlebte der Dokumententourismus seine späte Blüte in den Jahren 1994 bis 2002 in Südafrika. Als touristische Attraktionen wurden besichtigt: Eidesstattliche Erklärungen von Bankern und Treuhändern, echte und weniger echte Kontoauszüge, Bilanzen von real existierenden Firmen mit Leihvermögen, richterliche Vernehmungsprotokolle mit überflüssigen Gebührenmarken und später meine Schauspieler für die Banker und Treuhänder, die diese Dokumente überreichten.

Es war immer die gleiche Szene: Der Kunde sitzt vor mir und lächelt mich an. Er ist bereit, an das Gute im Menschen zu glauben und will nichts wissen von den bösartigen Verleumdungen meiner Person. Er glaubt an mich und meine Großartigkeit mit der gleichen Hingabe, wie er an sich und seine Großartigkeit glaubt. Wenn ich ein Betrüger wäre, hätte er sich gründlich geirrt. Das hält er für ausgeschlossen. Von mir will er nur einen Satz hören: dass seine fünfzig, hundert oder zweihundert Millionen fließen, sobald die beiden notwendigen Voraussetzungen erfüllt sind: Konkursverfahren aufgehoben, Auslieferungsverfahren eingestellt. Das betone ich immer wieder.

Was macht nun der Kunde? Er arbeitet für mich, führt Verhandlungen mit meinen Konkursverwaltern und finanziert meine Anwaltskosten. Eigentlich tut er das nicht für mich, sondern nur für sich: damit ich endlich in den großen Topf greife und ihn für seine großen Mühen reichlich entschädige. Sein Glaube erfüllt ihn mit einer solchen Kraft, dass sogar ich zu zweifeln beginne, ob an der Geschichte mit den Milliardenansprüchen nicht wirklich etwas dran ist.

Besonders tat sich Erwin Lindemann hervor. Immer kam er angelaufen und zeterte: »Dein Scheck ist schon wieder geplatzt!« Dann lauschte er geduldig meinen neuen Begründungen, warum es mit dem Geld noch dauern würde – um dann anschließend erneut das Scheckbuch zu zücken. Mein Killerargument war immer das Gleiche: Wenn du mir jetzt nicht hilfst, dann macht der Konkursverwalter mich platt. Dann schnappt er sich die Milliarden – und du hast das Nachsehen! Alle Kunden glaubten nämlich, die Konkursverwalter trieben nur deshalb einen so großen Aufwand mit mir, weil sie selbst sich ein großes Stück von dem Milliardenkuchen abschneiden wollten.

Mitte 1997 war es mal wieder so weit – ich brauchte unbedingt eine Million Mark, um meine dringendsten Rechnungen zu bezahlen. Zuerst versuchte ich es mit einer wahrheitsnäheren Version. Ich fragte Erwin, ob er mir privat eine Million leihen könnte, zu den gleichen Bedingungen wie meine professionellen Anleger, die ein Investment gezeichnet hatten. Seine Antwort hieß: nein. Selbst wenn er wollte, könne er nicht, er habe gerade nichts flüssig.

Mir privat wollte er offenbar nichts geben, auch wenn es für ihn klar sein musste, dass ich und meine Firma verheiratet waren. Mit meiner persönlichen Glaubwürdigkeit, an der Erwin allerdings zu dieser Zeit schon Zweifel hatte, stand und fiel beides. Seine Absage wurmte mich gewaltig. Hatte ich die Sache etwa falsch angefasst? Eine Woche später sprach ich ihn erneut an. »Du, Erwin, hast du schon gehört: Der Peter, ein Kunde der ersten Stunde, will seine Anteile verkaufen! Stell dir vor: Da ist sogar Faktor neunzig drin! Du kannst noch eine Million bei mir anlegen!«

Plötzlich war er wieder flüssig. So kam ich dann doch noch zu seinem Geld. Seitdem denke ich oft: Sicher hätte ich schon früher die Wahrheit mehr in Ehren halten müssen. Nur, dafür wird man von Leuten wie meinen Kunden nicht bezahlt. Reiche Menschen wollen eben nichts geben (z. B. einen Privatkredit), sie wollen lieber etwas nehmen (z. B. einen Investmentanteil). Auch wenn das unter dem Strich auf dasselbe hinausläuft. Es ist wie in der Geschichte, wo ein reicher Mann in einen Fluss fällt und den Vorbeikommenden zuschreit: »Gib mir deine Hand.« Aber keiner gibt sie ihm, weil seine Worte falsch gewählt waren. Er hätte rufen müssen: »Nimm meine Hand.«

Um mein ramponiertes Image aufzumöbeln, war mir jeder Trick recht. Wenn ein Kunde vor mir saß und mich rein zufällig der Premierminister oder der Finanzminister anrief, stellte ich den Apparat auf Mithören. Oft sprachen wir über Belanglosigkeiten, Partyeinladungen und dergleichen. Der Kunde dachte nun: Wer so hochkarätige Verbindungen hat, kann kein Betrüger sein.

Wenn der Kunde drei Monate später wieder vor mir saß, weil er sich Sorgen um sein Geld machte, griff ich mitten im Gespräch zum Hörer und rief einen Banker an, den dieser vom Hörensagen kannte. Über die Mithörfunktion bekam der Kunde mit, wie dieser wichtige Mann sich mit seinem Namen meldete. Dann stellte ich dem Banker genau die Frage, die ich gerade aus dem Munde des Kunden gehört hatte: »Was machen die vielen Millionen?« Nun kappte ich die Mithörfunktion – sonst hätte der Kunde womöglich mitbekommen, dass wir über die Millionen der Bank sprachen und nicht über meine eigenen.

Erwin Lindemann war immer wieder meine Rettung. Seine Laune war wie das Wetter: Mal goss es in Strömen, dann war er pleite, am nächsten Tag war wieder eitel Sonnenschein, und die Millionen sprudelten. Während ich ihn ausnahm wie eine gefüllte Weihnachtsgans, schwor er mir immer wieder die Treue. »Wenn du mal Probleme hast, ich lass dich bestimmt nicht hängen.«

Offenbar ahnte ein kleinerer Teil von ihm, dass das Spiel nicht ewig weitergehen konnte. Eines Tages waren wir verabredet, ein paar gute Anzüge für ihn zu kaufen, denn er hatte wieder mal eine Hochphase. Da klingelte das Telefon: Ronald Doppler am Apparat. Er wollte sofort Geld.

»Beruhig' dich, wir sind bald durch!«

»Aber ich kann nicht mehr.«

»Es geht nur noch um Tage.«

»Nein, ich kann nicht mehr.«

»Okay, du kriegst fünfhunderttausend zurück und rückst eine entsprechende Beitrittserklärung raus. Dafür finden sich schon Interessenten.«

Ronald Doppler verabschiedete sich erleichtert. Ich wählte Erwins Nummer: »Erwin, du hast jetzt eine Riesenchance, nochmal richtig abzukassieren. Doppler gibt 1,2 Millionen frei.«

»Mensch Jürgen, dass du gleich an mich gedacht hast! Das lass ich mir doch nicht entgehen.«

So hatte ich gleich zwei Fliegen mit einer Klappe geschlagen:

Ronald Doppler kriegte fünfhundert zurück, und siebenhundert gab's für mich extra. Manchmal kam ich auch anderweitig in die Bredouille. Roman Spießberg, einer meiner ersten Kunden, war als Spion auf mich angesetzt. Bezahlt wurde er von den Zweiflern in der Gemeinde, monatlich ungefähr 8000 Mark erhielt er als »Aufwandsentschädigung«, um die Hamburger über meine Geschäfte auf dem Laufenden zu halten und aufzupassen, dass ich mich nicht in Luft auflöse.

Seine Exfreundin sollte mich 2001 verführen. Wir saßen im Hotel Villa Via in Kapstadt. Roman war gerade mit einer farbigen Schönheit an ihr vorbeigezogen. Nun sollte ich sie nach Hause fahren. Sie bat mich auf einen Drink herein. In ihrem Zimmer zog sie sich gleich aus und kuschelte sich an mich. Sie weinte, weil sie ihren Laden verloren hatte, ich tröstete sie. Mein Schniedel war obenauf, während ich sie daran erinnerte, dass ich glücklich verheiratet sei.

»Jürgen, du fasziniert mich. Du bist so anders, du kannst zuhören.« Das war Musik in meinen Ohren. Dann kam die entscheidende Frage: »Jürgen, wann sind wir durch?«

Wenn ich eine Frage nicht mehr hören konnte, dann die. Mein Schniedel sank wie Blei im Wasser. Jetzt hieß es ab nach Hause. Ein paar Tage später traf ich Roman wieder. Er sagte mir direkt ins Gesicht: »Bald werden dich die Häscher holen!«

»Pah, ich bin unantastbar.« Das versuchte ich immer noch zu glauben.

Betäubungsbriefe oder: Der Popanz der eidesstattlichen Versicherung

Mit der Ausschmückung meiner Legenden, der damit verbundenen Spielfiguren wie Lars-Peter Arnemann Paulsen (auch mal Poulsen genannt) und immer neuen, spontan erfundenen Varianten von Verhinderungsgeschichten verbrachte ich einen Großteil meiner Tage und stellte immer wieder fest, dass sich in rhetorischer Hinsicht niemand fand, der sich mit mir messen konnte. Einmal stürzte Erwin Lindemann fassungslos aus dem Raum mit den Worten: »Dem bin ich einfach nicht gewachsen.«

Später in Südafrika war ich zunehmend auf gefälschte Unterlagen angewiesen, unter denen die eidesstattlichen Versicherungen einen besonderen Rang einnahmen. Die meisten Menschen glauben, damit ein beweiskräftiges Dokument in Händen zu halten. Das ist ein großer Irrtum. Eidesstattliche Versicherungen behaupten bestenfalls etwas, was zu dem Zeitpunkt, an dem sie abgegeben werden, der Wahrheit entspricht. Im nächsten Moment kann es schon wieder unwahr sein.

Stellen Sie sich vor: Ich stehe zwei Meter entfernt vor Ihnen, sagen wir um 17 Uhr 38. Das können Sie in Form einer eidesstattlichen Erklärung versichern. Stellen Sie sich nun vor, eine bestimmte Person (etwa der Präsident einer arabischen Geschäftsbank) bestätigt in einer eidesstattlichen Versicherung, eine bestimmte Geldsumme (etwa 800 Millionen) befände sich am Tag dieser Versicherung auf einem bestimmten Konto. Er würde damit die Wahrheit sagen. Dass dieses Geld am nächsten Tag wieder von diesem Konto abgehoben wird, muss er nicht sagen. Ebenso wenig muss er erklären, dass dieses Konto mit mir nicht in Verbindung steht.

Meine eidesstattlichen Versicherungen waren aufgemotzt durch großartige echte Stempel, mit denen nichts anderes bewiesen wurde, als dass die Person, die unterschrieb, auch diese Person war. Ich gab sie gerne bei der Polizei ab, wo ich mich ohnehin melden musste. Da stand dann: Station Commander Peterson im Weinberg Court, wo die Polizeistation untergebracht war. Dann klebte ich noch Revenue-Stamps drauf, wie sie bei Mietverträgen üblich sind. Das führte bei meinen Kunden zum Stille-Post-Effekt: »Hast du gehört, er hat bei der Polizei unterschrieben!«

»Er hat bei Gericht unterschrieben!«

»Wo war denn das?«

»Im Weinberg-Court.«

»Er hat unter Eid bezeugt!«

»Also war es eine richterliche Vernehmung!«

Das diente allein meiner Gewissensentlastung, nach dem Motto: Wenn ihr euch nicht mal die Mühe macht, die Formalien zu prüfen, seid ihr selbst schuld.

Während des ganzen Jahres versuchte ich meine Anleger mit Rundschreiben bei Laune zu halten.

»Ich hatte im Jahre 1988 durch ein Reinvestment einen Inselkauf in den Vereinigten Staaten vornehmen wollen. Aufgrund der Devisenexporterlaubnis in diesem Land wäre es theoretisch möglich gewesen, dieses Geschäft durchzusetzen. Mir hatten auch namhafte Kaufleute aus Hamburg bereitwillig zugesagt, sich an diesem Inselgeschäft zu beteiligen. Im Endergebnis sah es so aus, dass ich keine Devisenexporterlaubnis des dazu nötigen Betrags bekam. Die oben erwähnten Hamburger

Kaufleute hatten auch irgendwann vergessen, dass sie mir eine Partnerschaft zugesagt haben. Ich hatte sogar mit einigen dieser Personen Verträge abgeschlossen, und hätte ich sie juristisch ausgefochten, wäre es sicherlich erfolgreich für mich ausgegangen. Das Dumme daran war nur, dass einige dieser Kaufleute auch Kunden an dem Investment der Nordanalyse Hamburg waren und dann sicher Druck auf mich ausgeübt hätten. Somit musste ich die Suppe allein auslöffeln.«

Geschichten dieser Art hatte ich zu Hunderten auf Lager. Meiner Kundschaft musste das alles plausibel erscheinen, weil sie aus eigener Erfahrung – als Täter und Opfer – wussten, dass der sprichwörtliche hanseatische Kaufmann in der Realität längst zu einer Maske geworden war, unter der sich gerissene Gierhälse gegenseitig übers Ohr hauten.

Schuldzuweisungen an andere standen ebenfalls hoch im Kurs: »Viele meiner Kunden und Gläubiger haben meine Not in den letzten fünf Jahren bis zum Höhepunkt schamlos ausgenutzt. Sie haben mir auch mit Strafanzeige gedroht und gesagt, sie würden ihre Version der Geschichte vom Investment der Presse verkaufen. Des weiteren drohten mir die Kunden und Gläubiger sogar mit der Stellung eines Konkursantrags, und sogar vor persönlicher Lebensbedrohung wurde nicht Halt gemacht. Ich habe bedauerlicherweise diesem Druck nicht standgehalten. Ich bin immer wieder auf die Forderung weiterer Gelder eingegangen. Heute frage ich mich wirklich, warum ich es getan habe.«

Rechtlich gesehen hatte ich keinen Grund dazu, denn die Beitrittserklärungen sahen keinen bestimmten Termin für die Auszahlung der Spekulationsgewinne vor.

Auch Klagen über die Behörden stießen bei meinen Kunden immer auf offene Ohren: »Ich habe über meinen Rechtsanwalt den Versuch gestartet, mich bei den Behörden zu erkundigen, wie viele meiner Kunden strafrechtlich gegen mich vorgegangen sind bzw. sich betrogen fühlen. Einer meiner Rechtsanwälte hat jetzt Strafanzeige gegen die Behörden gestellt, weil man uns Akteneinsicht verwehrt hat. Wir sind an einer Akteneinsicht interessiert, weil der Presse und den Medien zu entnehmen ist, dass einige meiner Kunden sich betrogen fühlen. Allerdings lagen bis zu meiner Abreise bzw. bis zu dem Schreiben von Christopher Lyle an die Kunden nur zwei Kündigungen vor, und auch jetzt sind erst zwölf Kündigungen eingegangen. Deshalb ist es für mich natürlich interessant zu erfahren, wo das Problem eigentlich liegt. [. . .] Die Behörden sind jedoch nicht bereit, die Namen der Kunden zu nennen, weil dies eventuell mein Verfahren in Deutschland zu meinen Gunsten beeinflussen könnte. Es sei nur am Rand erwähnt, dass dabei die Kunden wieder auf der Strecke bleiben.«

Die Botschaft dahinter war immer die Gleiche: Leute hört, ich, der arme, reiche und rechtschaffene Herr Harksen werde von allen Seiten verleumdet!

Unter Räubern, Erpressern und Killern

Ein afrikanischer Sommertraumtag 1994. Mit Rechtsanwalt Lyle sitze ich auf der Terrasse meines Hauses in Constantia, vor mir ein spiegelglatter Pool, hinter mir der Tafelberg. Plötzlich klingelt das Telefon, ein Mann sagt auf Deutsch: »Guten Tag, Herr Harksen, wer ich bin, spielt keine Rolle. Ich wurde beauftragt, Sie umzubringen. Erst mal soll ich ein Exempel statuieren: Sie oder eines Ihrer drei Kinder entführen und gegen Lösegeld wieder freilassen. Das Lösegeld beträgt zehn Millionen Mark. Wenn ich vorab die Hälfte bekomme, könnte ich auf alle Maßnahmen verzichten. Meine Auftraggeber wären auch damit einverstanden.«

Bei dem halbstündigen Gespräch gewann ich den Eindruck, es mit einem Trittbrettfahrer zu tun zu haben, der eine schnelle Mark machen wollte. Ich schlug ihm vor, mich am nächsten Tag erneut anzurufen. Dann informierte ich die südafrikanische Polizei, die den Vorfall bei der deutschen Polizei meldete. Mein Telefon wurde inzwischen für Aufnahmezwecke umgerüstet, ich sprach mit Anwälten und der Polizei über das weitere Vorgehen. Dem Erpresser gegenüber machte ich am nächsten Tag alle gewünschten Zugeständnisse. Ein gewisser Herr Elstner, erkennbar an Koffer und Jackett, sollte das Geld an einer Telefonzelle am Hamburger Flughafen übergeben. Bei seiner Landung am Hamburger Flughafen wurde Herr Elstner dann unauffällig von einem Sonderkommando der Polizei abgeholt und mit einer schusssicheren Weste ausgestattet. Auf die

Frage, ob er diesen Termin wirklich wahrnehmen wolle, sagte er nur: ja. Sein Mut erfüllt mich bis heute mit Dankbarkeit. Überall am Flughafen waren Zivile postiert, auf den Dächern lagen Uniformierte mit Schusswaffen und Fernrohren. Sobald Herr Elstner seine Brille von der Nase herunternähme, sollte der Einsatz starten. Alles lief wie geplant: Der Mann wurde ohne Komplikationen gefasst und im Anschluss zu einer mehrjährigen Gefängnisstrafe verurteilt. Während des Prozesses bestätigte sich meine Vermutung, dass er nicht im Auftrag irgendeines Gläubigers gehandelt hatte. Sein Lebenslauf hatte sogar Ähnlichkeit mit meinem: Er hatte Anfang der neunziger Jahre in Bremen eine Diskothek gekauft und große Schickimicki-Partys gefeiert, bis er eines Tages Pleite ging und auf einem Haufen Schulden saß, die ich ihm nun refinanzieren sollte. Dumm gelaufen!

1997 hatte ich erneut einen Erpresser an der Strippe. Seine Story hatte das gleiche Strickmuster. Nur bestand dieser darauf, dass ich das Geld persönlich übergebe. Der Übergabetermin war im Hotel Lord Charles in Somerset West, eine halbe Stunde von Kapstadt entfernt. Die Polizei sollte vor Ort unauffällig versteckt sein. Ich wurde von der Polizei mit einer schusssicheren Weste ausgestattet. Nach einer Stunde vergeblichen Wartens ging ich zu meinem Wagen zurück. Als ich losfahren wollte, klingelte mein Handy. Ein Polizist sagte: »Herr Harksen, Sie haben doch die Telefonnummer des Erpressers. Wir glauben, dass er hier irgendwo auf dem Parkplatz ist. Wir haben überall unsere Leute in den Autos versteckt. Rufen Sie ihn jetzt an, damit wir es klingeln hören.«

Das tat ich, während mein Auto langsam vom Parkplatz rollte. Tatsächlich, es klingelte in einem der Parkplatzautos. Ein deutsches Ehepaar ging in die Falle. Gegen die beiden wurde sofort Haftbefehl erlassen. In der U-Haft besuchte ich sie und ließ mich breitschlagen, die Anzeige zurückzuziehen – die Frau brachte ihre Kinder ins Spiel. Der Mann war zwar nichts weiter als ein Trittbrettfahrer, aber er unterschrieb eine eidesstattliche Versicherung, wonach meine Konkursverwalter, deren Namen er aus der Presse kannte, ihn zu der Aktion getrieben hätten, um meine Liquidität auszutesten. Später wurde mir daraus ein Strick gedreht – ich sollte seine Lage ausgenutzt haben, um ihn zu dieser Erklärung zu erpressen und auf diese Weise meine Konkursverwalter in Erklärungsnot zu bringen.

Meine intimste Begegnung mit dem Tod hatte ich jedoch im Jahr 2000. Einer meiner Kunden, Herr Knüser, hatte mir gerade per Bote wieder 150 000 Mark angekündigt, um meinen *Dallas*- und Anwaltszirkus weiter zu unterhalten. Offizieller Empfänger des Geldes war Andy, ein südafrikanischer Fliesenleger, der sich als Pilot ausgab. Er sollte das Geld in Rand wechseln und mir dann bar geben. In der Bank bekam er im Kassenraum drei Plastiktüten mit 200-Rand-Scheinen ausgehändigt, der größten Rand-Note. Womöglich, so sah es hinterher die Polizei, habe jemand, der von den Bankangestellten routinemäßig einen Tipp über die bevorstehende Auszahlung bekommen habe, meinen Mittelsmann verfolgt, um zwecks Raubzugs seinen Zielort zu ermitteln.

Andy fuhr mit seinem weißen Golf zu einem Restaurant namens The Famous Butcher, wo ich mit den Herren Lindemann und Knüser auf ihn wartete. Vor der Tür stand mein Mercedes CL 600, der einzige seiner Art in Südafrika. Andy rief mich vom Handy aus vor die Tür. Nachdem er seinen Golf hinter meinem Mercedes geparkt hatte, überreichte er mir die Plastiktüten. Plötzlich kamen zwei Opel angefahren. Drei Männer mit Pistolen und Masken sprangen heraus, einer stürzte auf mich zu, hielt mir die Waffe an die Schläfe und sagte: »Her mit den Beuteln.«

»Hier ist mein Koffer.« Mein geliebter Krokokoffer, mit dem ich das Geld abtransportieren wollte! Doch mein Leben mochte ich nicht für ihn hergeben.

»Wir wollen die Beutel.« Offenbar wussten die Räuber genau Bescheid.

Andy neben mir schrie: »Jürgen, gib ihm das Geld, er bringt dich um.«

Dann schoss der Räuber in die Luft. Also rückte ich die Beutel raus. Der Mann lief zum Auto, ich rief Andy zu: »Verfolg sie!«

Nun kamen viele Leute aus ihren Häusern, und zehn Minuten später war die Polizei da. Unter Schock ging ich ins Restaurant zurück. Das Geld war weg! Knüser und Lindemann waren zuerst blass vor Schreck. Ich sagte: »Der Notar wartet auf sein Geld. Was sollen wir machen?«

Nun fasste sich Knüser ein Herz und sagte: »Mach dir keine Sorgen, Jürgen, ich lasse den gleichen Betrag nochmal anweisen.«

Am nächsten Tag war das Geld da. Eine Woche später tauchte Andy mit einem nagelneuen Jeep auf. Alle wunderten sich, woher er das Geld hatte. Ich wusste es, konnte es aber nicht beweisen. In den folgenden Tage war die Presse voll mit Schlagzeilen: »Harksen robbed«, »Harksen nearly killed« etc. Erst später im Knast verstand ich die Lektion: Unredlich verdientes Geld kann man einfach nicht behalten.

Mein schärfster Widersacher

Ronald Doppler erstattete in Deutschland als Erster eine Betrugsanzeige gegen mich und setzte später in Südafrika das Konkursverfahren gegen mich in Gang. Er war der Mann, der letztlich dafür sorgte, dass ich hinter Gittern landete. Ich bin ihm dafür dankbar, denn nur so konnte ich meine Legende anständig begraben. In charakterlicher Hinsicht war er mir sehr ähnlich, denn auch er hatte weniger Skrupel als die meisten anderen Menschen, wenn es darum ging, seine Interessen durchzusetzen. Ich würde ihm bei einer Wiederbegegnung gerne meine Beweggründe schildern und ihn um Verzeihung bitten und um eine Chance zur Wiedergutmachung.

Ich lernte ihn über seinen Anwalt kennen, der frühzeitig bei mir eingestiegen und mit satten, schnellen Gewinnen von hundert oder zweihundert Prozent wieder ausgestiegen war. Ronald Doppler war als Unternehmer in der Abfallwirtschaft groß geworden und bekam später ein Ermittlungsverfahren wegen finanzieller Unregelmäßigkeiten an den Hals. Seine Firma ging, nachdem über ein paar Jahre hinweg Gewinne in zwei- und dreistelliger Millionenhöhe angefallen waren, 1993 plötzlich Pleite – er hatte sie eigenhändig ausgeplündert und das Geld bei mir angelegt.

Im Gegensatz zu vielen meiner Kunden, die mit einem goldenen Löffel im Mund zur Welt gekommen waren, hatte Ronald Doppler sich als kluger Kaufmann sein Geld selbst erarbeitet. Wir entwickelten eine kleine Freundschaft. Auf Ibiza lernte ich ihn als fähigen Kapitän und kreativen Tüftler kennen – sogar sein Boot hatte er selbst entworfen und beim Bau eigenhändig mitgeholfen.

1992 hatte Ronald einen Zahlungsrausch, er reichte mir ca. zwanzig Millionen in vielen Einzelüberweisungen rüber – davon als Privatperson 2,3 Millionen und den Rest in seiner Eigenschaft als Geschäftsführer seines Abfallwirtschaftsunternehmens. Dann begann für ihn die Zeit des Glaubens und Hoffens, denn nun hatte er die Eintrittskarte bezahlt und wollte den Film sehen. Keiner bedrängte mich mehr als er. Er akzeptierte kein Nein von mir, außer, wenn ich ihm ein zusätzliches Bonbon gab – etwa ein Auto oder einen vordatierten Scheck. Irgendwann präsentierte er mir ein handschriftliches Dokument einer Schuldanerkennung über eine Milliarde Mark – das sollte ich unterzeichnen. Um ihn ruhig zu stellen, tat ich ihm den Gefallen.

Zwischendrin bekam er Amphetamine schwarz auf weiß von mir: »Du hast Geld angelegt! Spekulativ! Du hast mir oder dem Investment viel Geld zur Verfügung gestellt! Vielleicht zu viel! Du hast mit diesem Geld viel Geld verdienen wollen! Vielleicht zu viel! Komm endlich zu dem Ergebnis, dass letztlich du alle Entscheidungen getroffen hast. [. . .] Du sollst viel Geld verdienen, und du wirst es bekommen. [. . .] Du hast allen Anlass, zuversichtlich in die Zukunft zu schauen.«

Viele meiner Kunden ertrugen meine ewig falschen Terminzusagen mit Gleichmut, ihn aber brachten sie immer wieder aus der Fassung. Was ich ihm zu bieten hatte, brachte ihn zur Raserei. Während die anderen Anleger in ihrem Glauben an mich schwankten oder resignierten, wurde ich für Ronald Doppler zu einem persönlichen Feind. Anfang 1994 stellte er den Konkursantrag in Südafrika über sage und schreibe eine Milliarde Mark. Die Behörde rief bei meinem Anwalt an, weil sie glaubten, es handele sich um einen Schreibfehler in der Anklage. Mein Anwalt Christopher Lyle rief mich an: »Jürgen, wir haben eine Klage zugestellt bekommen, von einem Herrn Doppler.«

»Wie viel ist es denn diesmal?«

»Mach dir keine Gedanken, nicht so viel. Nur eine Milliarde.«

Doppler gegenüber war ich besonders frech und unverschämt. Als er Anfang 1994 zu mir nach Kapstadt kam, um seine Forderungsaußenstände einzutreiben, speiste ich ihn mit 3000 Mark ab. »Mehr ist nicht drin, ich hab auch kein Geld.«

Sein Konkursantrag kam mir wie gerufen. Wie soll einer, der im Konkurs ist, Milliarden auszahlen können? Also muss man jemanden aus dem Konkurs retten, damit man selbst was abbekommt von den Milliarden. Dass ich auch ohne Konkurs nicht hätte auszahlen können, wusste ja nur ich. So hatte ich eine neue Entschuldigung, warum ich mal wieder nicht auszahlen konnte. In der Dauert-noch-Kirche kam Leben auf. Ich, der arme Jürgen Harksen, war nun durch einen bösen Ronald Doppler in den Konkurs geraten. Die gläubige Gemeinde beschimpfte und drängte ihn, das Konkursverfahren zurückzuziehen, denn nur dadurch werde die Auszahlung aus meinem Milliardenvermögen blockiert. Obwohl sie glaubten, damit in meinem und letztlich ihrem eigenen Interesse gehandelt zu haben, war für mich das Konkursverfahren ein Geschenk des Himmels. Nun konnte ich meine leeren Taschen endlich öffentlich vorzeigen. Und so hätte ich meine Investments beenden wollen.

Aber da passierte wieder einmal etwas Unerwartetes. Ronald

Doppler als Konkursantragsteller hatten sich die Familie Schnabelberg und die Nordsternbank angeschlossen. Die Gemeinde verhandelte im Juli 1995 mit den Konkursbetreibern, dass sie mir über einen Zeitraum von vierzehn Tagen ein so genanntes Fenster offen halten, währenddessen ich den Konkurs durch Auszahlung abwenden könne. Fünf Millionen sollte ich zum Ausgleich für das Entgegenkommen an die Gruppe zahlen. Die hatte ich durch den Verkauf meiner Ibiza-Immobilie sowie durch neue Freundschaftskredite aufgetrieben und war so zum Sklaven meiner eigenen Peitsche geworden – denn ich brauchte legendentechnisch nichts mehr als einen Konkurs.

Die vierzehn Tage verstrichen wie gewohnt. Erst dachte ich, das Konkursverfahren wäre eine Befreiung von all den Leuten, die etwas von mir forderten. Ich hatte mir viel Mühe gegeben, Vollstreckungsschutzmauern zu errichten, um mein Vermögen vor dem Zugriff der Konkursverwalter zu retten, hatte Firmen und Stiftungen gegründet und mir Strohmänner en masse zugelegt – alles für die Katz. Nach und nach musste ich alles rausrücken, was mir das Leben bis dahin angenehm gemacht hatte.

Obendrein blieb Ronald Doppler unversöhnlich, obwohl er durch das Konkursverfahren viel mehr bekam als andere Anleger – die Klaasenboschfarm und einen Haufen Autos; Schmuck, Möbel. In einem WDR-Interview 2003 verkündete er seine Mission: Er wolle mich jagen bis an mein Lebensende. Dabei wollte ich doch nur sein Freund sein.

Wirtschaftsprüfer Krummsiek

In Südafrika bekam ich über Wotan Kontakt zu einem mittlerweile rechtskräftig verurteilten, einst hoch angesehenen Wirtschaftsprüfer, der zugleich Prüfer von Wirtschaftsprüferanwärtern war: Dieter Krummsiek. Er kam mit seinem Partner auf meine Kosten erste Klasse angeflogen und begegnete mir zunächst mit berufsüblicher Zurückhaltung, zumal er meinen Namen bereits aus wenig schmeichelhaften Zusammenhängen in der Presse kannte. Gleichzeitig war er von mir als schillernder Person außerordentlich fasziniert. Ich ließ ihn standesgemäß mit einer schwarzen 600er Mercedes Limousine plus Chauffeur und Bodyguards vom Rollfeld abholen – denn nach Dienstschluss arbeiteten die Polizisten der Kautionsstation mit Genehmigung privat als Bodyguards für mich. Das beeindruckte ihn schwer.

In der pompösen Mietvilla Acorns fand der Empfang statt. Im Wohnzimmer befand sich ein Pool, dessen Panzerglasabdeckung sich auf Knopfdruck öffnete, so dass man ins Freie schwimmen konnte. Die Butler und Bodyguards umschwirrten uns, es gab Lammbraten mit Butternut-Kürbis, dazu einen Cabernet-Wein namens »Meerlust«. Meine Kinder und meine Anwälte waren auch da, die ganze Szenerie strahlte Seriosität und Idylle aus, so wie ich mir das Leben der Ewings auf der Ranch vorstellte. Ich kokettierte mit allerlei Nebenbemerkungen wie »Morgen gehen wir zu Mandela« etc. Nach einer halben Stunde machte Krummsiek einen kapitalen Fehler, indem er bekannte, dass er auch gerne bei mir angelegt hätte. Damit saß er bereits in der Falle und hatte ausreichende Symptome der Gierkrankheit vor seinem Doc präsentiert.

Nach dem Essen gingen wir nach oben ins Büro, denn ich wusste: Man muss die Beute erlegen, ehe sie sich über Nacht erholen kann. Beim Essen hatten wir noch über ein berufsübliches Honorar von 150 000 Mark gesprochen. Was sollte ich ihm nun zeigen? Etwa die schlecht gefälschten Barclays-Unterlagen? Oder die Dänischen mit all den Tippfehlern? Oder die Französischen? Am Ende entschied ich mich für die Unterlagen, die in London schon bei einer Reihe meiner Kunden als echt durchgegangen waren und von denen ich annahm, dass Wotan sie tatsächlich, wie er behauptete, für seine eigenen Kunden als Treuhänder verwaltete. Nachdem er dort alle Unterlagen ebenso flüchtig wie süchtig durchgeblättert hatte, sagte er: »Stellen Sie sich vor, Herr Harksen, Sie besitzen wirklich ungefähr eine Milliarde. Ich habe es selbst gesehen. Tolle Leistung, wie gut Sie sich selbst eingeschätzt haben.«

Nun erhöhte sich sein Honorarwunsch um Faktor 30. Da ich noch nie Probleme hatte, Geld auf dem Papier auszugeben, erschreckte mich seine Forderung wenig, auch wenn ich nach außen zunächst protestierte: »Herr Krummsiek, Sie nehmen es aber vom Lebendigen.«

»Herr Harksen, Sie müssen sich mal vorstellen, was für Kosten ich allein für die Haftpflichtversicherung habe. Außerdem kann ich Ihnen garantieren, dass Sie mit meinem Gutachten von allen Vorwürfen freigesprochen werden.«

Krummsiek gehörte ab nun zu meinen Jüngern. Aus unserem Gespräch wurde ein offizielles Dokument, das mir – abzüglich seiner fünf Millionen Honorarforderung – ein Vermögen von 1,1 Milliarden Mark bescheinigte. Zwei Wochen später kam ich zu ihm und beklagte mich über die geringe Wertschätzung, die er meinen Träumen entgegenbrachte. Mittlerweile duzten wir uns: »Sag mal, Dieter, ich glaube, ich habe mich verrechnet. Weißt du, ich habe Einlagen von 100 Millionen Mark, die ich mit Faktor 13 verzinsen muss, da bleibt ja am Ende für mich nichts mehr übrig, wenn ich alles zurückzahle. Für mich selbst müssen auch noch vierhundert bis fünfhundert Millionen übrig bleiben. Und auf die muss ich ja auch noch Steuern zahlen. Ich dachte, du wolltest mir bescheinigen, dass ich ein wirklich reicher Mann bin. Kannst du nicht nochmal eine halbe Milliarde obendrauflegen?«

»Kein Problem, Jürgen.« Erstens war ich sein Freund, zweitens wollte er Geld von mir, und drittens wusste er als Wirtschaftsprüfer ganz genau, dass die so genannten Wertgutachten seiner Zunft meistens das Papier nicht wert sind, auf dem sie geschrieben werden. Zusätzlich beruhigte ihn Wotan mit der Feststellung, das gesamte zur Ausschüttung durch die Treuhändergruppe anstehende Vermögen betrage fünf oder sechs Milliarden Mark – da käme es auf die halbe mehr oder weniger für einen der Berechtigten doch nicht an, oder?

Das nahm Krummsiek zur Kenntnis und setzte es gleich um. In einem Memorandum, das von ihm mit einer Klebenotiz »verfasst von der KPMG Südafrika« versehen unters Anlegervolk gestreut wurde, erklärte er die Entstehung meines Vermögens von 5,5 Milliarden Mark, indem er eine Variante meines Öl-Märchens zum Besten gab.

Statt aus vielen voneinander unabhängigen Quellen meinen Werdegang zu recherchieren, ließ er sich von mir spontan in die Feder diktieren, wie es zu dem sagenhafen Ölreichtum kam. Ich kettelte eine Märchenidee an die andere, und da es schon märchenhaft begonnen hatte, wunderte sich keiner, dass es märchenhaft weiterging.

Krummsieks Gutachten von 1994 und 95 brachten mir weitere sieben Mondjahre, denn ab nun war er der Garant meiner Bonität. Verunsicherte Kunden beschwichtigte er mit großer Zuverlässigkeit, auch nachdem er 1997 das Mandat niedergelegt hatte. Ein Jahr zuvor war er aufgrund einer Strafanzeige von zwei meiner Kunden in Köln verhaftet worden. Im »Schweinetransporter« auf einer vierzehntätigen Reise von Haftanstalt zu Haftanstalt wurde vergeblich versucht, aus ihm ein Geständnis einer bewussten Fälschung des Wertgutachtens herauszupressen. Doch er blieb unbeirrt in seinem Glauben an das Phantom des Investments, obwohl er von seinen Honoraren bisher nur sechsstellige Brosamen von mir empfangen hatte. Wir kommunizierten nur noch per verbaler Briefbombe:

»Jürgen, ich habe Zweifel an der Glaubwürdigkeit der Unterlagen, die du mir bisher präsentiert hast. Ich brauche fortgeschriebene Unterlagen, sonst muss ich widerrufen.«

»Dieter, wie kannst du nur Zweifel haben! Die Unterlagen, die Wotan dir gab, sollen falsch sein? Du hast mir doch versichert, dass du auf deinen zahlreichen Prüfreisen dich von der Existenz meines Vermögensanspruchs überzeugt hast. Ich habe mich auf dein Urteil verlassen!«

»Du weißt genau, dass ich bei den Reisen geschummelt habe!«

»Was, du schummelst? Und dafür willst du Geld von mir haben! Das ist ja ungeheuerlich!«

Dieter war mir sympathisch, weil er aus dem gleichem Holz geschnitzt war wie ich – dem Holz des Märchenwalds. Wotan hingegen schleuderte ihm ab 1995 die Blitze seines Zorns entgegen. Er fand ihn unverschämt, zickig und geldgierig. Offenbar duldete Wotan keine anderen Götter neben sich. Der Einzige, auf den er hörte, war ich, denn wir beide waren durch das Schicksal aneinander gekettet, weil wir uns gegenseitig zur Stützung unserer Legenden brauchten. Ab Ende 1997 brach der Kontakt zwischen Krummsiek und mir ab, ich sah ihn erst 2002 beim Prozess wieder.

Das Satelliteninterview

Im Sommer 1995 saß ich am Pool und aß eine Kleinigkeit, als das Telefon klingelte. Eine Bekannte aus dem Kreis meiner Kundschaft rief an wegen eines Interviewtermins für einen bekannten Fernsehmoderator, der sich um mein ramponiertes Image Sorgen mache. Offenbar hatte sich die Story von meinem blockierten Milliardenvermögen bis zu ihm herumgesprochen.

Eingefädelt wurde der Kontakt von meiner Anwältin Gottschalk-Solger und meinem Kunden Gutfried, dem Herrenkonfektionär von der Alster. Als ich von dem Plan eines Satelliteninterviews hörte, war ich gar nicht begeistert, aber Gutfried beschwichtigte mich: »Die Kosten übernehmen ich und meine Geschäftsfreunde, wir holen uns das Geld durch die Übertragungsrechte wieder zurück.«

»Muss denn dieser Aufwand sein?«

»Jürgen, ich bin wirtschaftlich am Ende. Die Banken haben mir den Hahn zugedreht und wollen zehn Millionen Kredit zurück. Ihr beide, du und Krummsiek, müsst es rausreißen. Euer Auftritt wird die Banker ruhig stellen.«

»Na gut, weil du es bist.«

Einige Tage später kam der Moderator eingeflogen, wir hatten einen netten Brunch zusammen, nach ein paar Stunden intensiver Gespräche duzten wir uns bereits. Er wollte mit mir einen PR-Vertrag machen und meine gesamten Filmrechte in Deutschland vermarkten. Für den Tag darauf verabredeten wir, dass ich symbolisch am Kap der Guten Hoffnung ein Interview gebe zum Thema: »Warum die Milliarden noch nicht da sind, aber bestimmt bald kommen.« Braun gebrannt und sportlich gekleidet stand ich auf einem Feld mit Blick auf das Kap der Guten Hoffnung. Der Moderator stellte mir lauter peinliche Fragen, die ich unmöglich wahrheitgemäß beantworten konnte, ohne meine ganze Existenz zu gefährden. Also sagte ich wie immer routiniert und gewinnend, dass alles gut wird.

Damit war er zufrieden und teilte mir nun mit, dass er die Finanzierung für ein Exklusiv-Live-Satelliten-Interview Kapstadt – Hamburg auf die Beine gestellt hätte. Falls ich Interesse hätte, würden alle meine Kunden und Interessenten zu einer virtuellen Pressekonferenz per Satellit eingeladen. Dort könne ich eine Ehrenerklärung verlesen, nach der in absehbarer Zeit mein Vermögen von 1,8 Milliarden DM liquide sei und dann der Auszahlung an meine Kunden nichts mehr im Wege stehe.

Nun saß ich wieder in der Falle: Mein Märchen sollte öffentlich über Satellit und danach womöglich noch im Fernsehen ausgestrahlt werden. Wie sollte ich mich vor der öffentlichen Blöße schützen? Andererseits glaubte ich es meinen Kunden schuldig zu sein, ihre Einbildung frei von schmerzhaften Erkenntnissen zu halten. So absurd es klingt: Vor mir selbst versuchte ich etwas für sie zu tun, indem ich sie weiter verarschte.

Die Finanzierung für diese Liveschaltung war gesichert, und die Vorbereitungen standen schon: Im Atlantik-Hotel in Hamburg war der große Saal gemietet und entsprechend technisch umgerüstet worden. Meine Rechtsanwältin Gottschalk-Solger und der Moderator wollten für mich in Deutschland das Wort führen.

Am 2. März 1995 saß ich gemeinsam mit meinem Wirtschaftsprüfer Krummsiek live zugeschaltet in einem Kapstadter Studio. Als wir auf Sendung waren, konnte ich im Hamburger Saal viele meiner Kunden erkennen, sogar die zivilen Beamten der Polizei und die Kollegen von der Steuerfahndung. Nun hatte ich einen großen Auftritt als Schauspieler. Wir verlasen brav unsere Erklärungen mit dem hochheiligen Versprechen, in sechs Wochen auszuzahlen. »Mein Kopf liegt auf der Guillotine. Wenn ich nicht zahle, bin ich tot.«

Das wirkte. Am Ende gab es großen Applaus. Dann dachte ich, die Schaltung wäre beendet. Unser Bildschirm war matt. Und so klatschten wir ab, wie es die Baseballspieler nach einem gelungenen Schlag tun, nach dem Motto: Denen haben wir es gezeigt. Tatsächlich war dieses Bild noch live im Atlantik-Hotel zu sehen. Das machte böses Blut: »Harksen und Krummsiek haben die Hamburger verarscht«, hieß es nun. Doch Krummsiek und ich meinten es in dieser Sekunde nur gut und waren erleichtert, dass wir wieder einmal eine stressige Veranstaltung hinter uns gebracht hatten.

An den folgenden Tagen wurde die Ehrenerklärung in den Zeitungen hämisch kommentiert: Harksen, das war mal. Die Ehrenerklärung platzte natürlich. Dennoch: Was hätte ich anderes tun sollen, als sie zu geben? Hätte ich heulen sollen: Ich habe euch alle belogen – per Satellit? Damit wäre niemand zufrieden gewesen. Wahrscheinlich hätte man mir nicht einmal geglaubt.

Nun wurde der Moderator zum Gespött der feinen Hamburger: Wie konnte er sich für einen Betrüger einsetzen? Er wollte einen Drei-Jahres-Vertrag als PR-Vermarkter von mir, den bekam er aber nicht, stattdessen wurde er wegen seiner Verbindung zu mir bei seinem Sender gekündigt. Uns beiden war die Sache peinlich, aber das war nicht so schlimm, denn zwischen uns entwickelte sich eine Art Freundschaft. Wir werden uns nie wiedersehen, denn er hat diese Erde bereits verlassen. Mich schmerzte es, als ich davon hörte, vor allem kann ich ihn jetzt nicht mehr um Verzeihung bitten.

Wie die *Dallas*-Serie mein Leben beeinflusste

Als Jugendlicher verpasste ich keine Folge von *Dallas* – jeden Dienstag viertel vor zehn hatte ich eine Verabredung mit meinem Idol J. R. Ewing. Er schaffte immer, was er sich vornahm, und es machte nichts aus, dass er unbeliebt war – Anerkennung konnte er sich kaufen, die schönsten Frauen, die besten Autos, die größten Häuser. Das war ein Mann nach meinem Geschmack. Wie er zog auch ich immer wieder meinen Kopf aus der Schlinge, wenn die Lage besonders ausweglos schien. Als ich Jeanette kennen lernte, schwärmte ich ihr ständig etwas von meinem Idol vor. Einmal, nachdem ich zum ersten Mal in Dänemark wegen meines Zollvergehens im Gefängnis saß, schrieb sie mir sinngemäß: Vergiss den Mann. Wach auf aus deinen Träumen. Mach etwas Reales, und führe ein ganz normales Leben. Das wollte ich aber zu dieser Zeit nicht hören, dafür war ich noch nicht reif genug.

Ab 1997 ließ ich die Figuren der *Dallas*-Serie in meinem Leben auftreten. Wie vieles andere geschah auch das aus der Not heraus, meine Glaubwürdigkeit zu verteidigen. Wegen meines guten Rufs als seriöser Geschäftsmann hatte ich die meisten Gelder nur aufgrund meiner Überzeugungskraft bekommen. Dann kam die Phase, in der bloße Behauptungen nicht mehr reichten – Unterlagen und schriftliche Beweise mussten her. Die bekamen die Kunden dann auch.

Als ich in Südafrika war, wuchsen die Zweifel an meiner Person, zumal ich öffentlich als Betrüger gebrandmarkt wurde.

Das änderte aber grundsätzlich nichts an der Bereitschaft vieler meiner Kunden, meinen Geschichten weiterhin Glauben zu schenken. Was sollten sie auch tun – schließlich waren sie meine Gläubiger und hatten das Geld schon gegeben. Nun musste ich zu härteren Mitteln greifen, um die Zweifler auf meine Seite zu bringen. Es mussten die Personen her, die hinter dieser Legende standen.

Oft unterhielt ich mich mit meinen Kunden über die *Dallas*-Serie, schließlich war ich als Ölförderer so etwas wie ein Kollege von J. R. Ewing – zumindest in der Legende. Mein südafrikanischer Spitzname J. H., der auch auf allen Nummernschildern meiner Autos zu lesen war, klang sogar ähnlich wie J. R. Was also lag näher, als die Protagonisten der Serie auch in meinem Ölfilm auftreten zu lassen? So machte ich mit meinen Kunden Termine in einem vornehmen Restaurant in Kapstadt, um dort etwa Ken Kercheval zu treffen, einen Schauspieler aus der *Dallas*-Serie.

Mein Schauspieler, den ich wie alle anderen in den Slums von Kapstadt angeheuert hatte, sprach zwar ein afrikanisches Englisch, gab sich aber dennoch als Präsident der Chase Manhattan Private Bank aus. Sinngemäß sagte er zum Kunden: Wir haben ein gigantisches Milliardenvermögen, an dem Herr Harksen in erheblichem Umfang beteiligt ist. Ich musste meine Schauspieler briefen, damit die Geschichten, die sie erzählten, mit meinen Geschichten übereinstimmten. Es war nicht immer einfach für sie, all meine Angaben zu behalten, schließlich hatten sie mit der Materie nicht das Geringste zu tun. Oft musste ich bei den Treffen mit den Kunden den Wortlaut vorgeben und dann meine Gewährsleute fragen: »Ist das so richtig? Hat sich daran irgendetwas geändert?«

Sie mussten dann nur noch nicken.

Neben Ken Kercheval trat auch Sue Ellen auf, die in der Serie die Frau von J. R. Ewing ist. Jeder kennt sie, aber niemand nahm Anstoß daran, dass ich eine Person dieses Namens als Bankerin der Chase Manhattan Private Bank auftreten ließ. Kaum trat sie mit ihrem Aktenkoffer in den Raum, waren alle Zweifel der Kunden vom Tisch gefegt – wie es früher bei mir in den Beiratssitzungen war –, denn ihre Schönheit und ihre machtvolle Aura waren einfach zu stark. Kritische Fragen wurden entweder gar nicht erst gestellt oder prallten an ihr ab.

»How is the business of the bank?«

»Marvellous.« Da ich mit am Tisch saß, konnte daraus geschlossen werden, dass auch meine Geschäfte damit gemeint waren. Dann kam eine Frage von mir: »Are you still working on the Bahamas?«

»Yes.«

Genau das hatte ich den Kunden erzählt. »The tax situation on the Bahamas is still improving?«

»Yes.«

Dann wedelte ich mit der Broschüre von einer Barclays Bank, die ich irgendwo in Kapstadt aufgetrieben hatte. Es war fast egal, was gesagt wurde, diskutiert wurde ohnehin nichts. Wir ließen einfach nur die Worte aus unseren Mündern sprudeln und tranken edlen Wein. Meine Opfer waren betäubt. Auch wenn die Performance meiner Schauspieler mehr als unvollkommen war, saugten sie jeden Tropfen der Hoffnung aus ihnen, um ihre reale Ohnmacht nicht spüren zu müssen.

Thomas Maxwell, der als Präsident von Fates Finance auftrat, war von Beruf Tischler. Ich hatte ihn beim Innenausbau meines Hauses für dreihundert Rand überredet, für mich aufzutreten. Vor allem hatte es mir seine sonore Stimme angetan, die auch am Telefon gut zur Geltung kam. Sein erster Auftritt war eine Katastrophe: Am Anzug fehlte ein Knopf, seine Fingernägel waren nicht sauber und die Schuhsohlen durchgescheuert. Dennoch hörte ich keinen Protest – der Wunsch zu glauben war in meiner Kundschaft offenbar größer als die Fähigkeit, den eigenen Augen zu trauen. Da ich ihn häufiger einsetzen wollte, schickte ich ihn zum Zahnarzt, kaufte ihm einen neuen Anzug und Maßschuhe.

Simon Fellows war ebenfalls ein Banker. Gespielt wurde er von einem englischen Penner, den ich auf einem Campingplatz aufgegabelt hatte. Mit fettigen Haaren, schwarz umrandeten Fingernägeln und whiskyumnebelt tauchte dieser Mann im Restaurant auf und bestätigte meinen Kunden, dass ich ein Milliardenvermögen hätte.

Zu allem Überfluss ließ ich noch einen bekannten amerikanischen Bankchef in meinem Kabinett auftreten. Meinen Kunden war sein Gesicht aus den Medien bekannt, weil er jedes Jahr ein berühmtes Tennisturnier eröffnete: Walter Ripley. Dieser Bigboss wurde gespielt von einem glatzköpfigen Musiker, der die Filmmusik zum Nelson-Mandela-Film geschrieben hatte. Er bekam von mir eine Perücke mit der gleichen Frisur wie Walter Ripley verpasst. Im feinen portugiesischen Fischrestaurant Villamora in Kapstadt warteten meine Kunden und ich schon auf die angekündigte Bankerelite, als der Ripley-Darsteller eintraf und von den Angestellten mit seinem Spitznamen begrüßt wurde – denn sie erkannten ihn trotz der Perücke. Für meine Kunden hingegen war diese Geste ein Zeichen der Berühmtheit von Ripley – denn ich hatte sie informiert, dass Ripley auch in Südafrika schon eine Menge Firmenübernahmen als Drahtzieher organisiert hatte. In diesem Moment fühlte ich mich wie ein Puppenspieler.

Später während unserer Konversation musste ich allerdings

selbst unverhoffterweise eine Rolle spielen. Der Tischler, der die Rolle von Ken Kercheval übernommen hatte, ließ einen unüberhörbaren Furz fahren. Alle horchten auf der Suche nach dem Schuldigen verwundert in die Runde. Schließlich bekannte ich mich als Urheber, um den Banker nicht in Misskredit zu bringen.

Einmal fielen einem Manager meiner Phantasiebank die Zähne aus dem Mund, weil er eingeschlafen war, als er gefragt wurde, wie lange der Achthundert-Millionen-Deal brauchen würde, bis er reif zur Auszahlung wäre. Spontan fiel mir dazu ein. »Er ist sicher noch müde vom Jetlag.«

Damit war die Situation mal wieder gerettet. Vorerst.

»Haste mal 'ne Mark?« Geld stinkt auch in Südafrika nicht

Anfang 2000, soeben hatte ich meinen vorläufigen Freispruch im Auslieferungsverfahren erhalten, klingelte bei meiner Sekretärin das Telefon: Mr Jackson, seines Zeichens Premierminister der Western Province, bitte dringend um Rückruf. Ich war überrascht. Zum einen kannte ich Mr Jackson gar nicht und zum anderen war ich ja aufgrund der Haft und der vielen Prozesse so etwas wie eine Unperson. Oder war es eine Falle?

Um Klarheit in die Sache zu bringen, wählte ich die angegebene Nummer. Die Chefsekretärin teilte mir mit, dass der Premier mich gerne zu einem persönlichen Gespräch auf eine Tasse Kaffee einladen möchte. Ob ich das heute noch einrichten könne? Um auszuschließen, dass ich wieder nur als Schlagzeile herhalten musste, bat ich sie freundlich, mir doch diese Einladung sowie eine Wegbeschreibung und einen Parkschein per Fax auf offiziellem Briefpapier zukommen zu lassen. Eine Stunde später spuckte das Fax die gewünschten Papiere aus. Da ich nicht gerade vor Arbeit umkam, machte ich mich kurze Zeit später auf den Weg.

Am angewiesenen Parkplatz wartete bereits eine Sekretärin auf mich und führte mich direkt an den ganzen Wachen und unzähligen Büros vorbei in das Herz der Distriktregierung, in das Büro des Premierministers. Dort kam ein Mr Ramsay, Finanzminister der Western Province, mit ausgebreiteten Armen auf mich zu. Als ob wir uns schon Jahre kennen würden, schenkte er mir sein strahlendstes Lächeln, während er meine Hand schüttelte.

»Herr Harksen, wie schön, dass Sie es einrichten konnten. Mr Jackson ist leider zurzeit noch beschäftigt, wird aber so schnell wie möglich zu uns stoßen. Haben Sie etwas dagegen, wenn wir schon einmal anfangen?«, lächelte er mich freundlich an.

Ich nickte. Plötzlich fiel es mir wie Schuppen von den Augen: Mr Billionaire! Die wollen Geld!

»Können Sie sich vielleicht vorstellen, warum wir Sie hergebeten haben?«, fragte nun Mr Ramsay mit einem jovialen Lächeln und sah mich gespannt an.

»Ich habe da so eine vage Ahnung. Gehe ich recht in der Annahme, dass mein Besuch etwas mit den kommenden Wahlen zu tun hat? Kann es sein, dass Sie gerade im Begriff sind, mir zu erklären, was für eine nette Geste es für einen Idealisten wie mich wäre, Sie mit der guten alten D-Mark in Ihrem Wahlkampf zu unterstützen?«

»Wie hellsichtig Sie doch sind!«

»Haben Sie denn keine Bedenken, von einem vermeintlichen Betrüger Geld zu nehmen?«

»Nein, jetzt nicht mehr. Wir hatten schon lange vor, Sie in unser Boot zu holen, Herr Harksen. Oder darf ich Jürgen sagen? Ich bin Mike.« Ohne meine Antwort abzuwarten, redete er weiter: »Jetzt, wo du endlich von einem südafrikanischen Gericht freigesprochen bist, sprechen keinerlei Gründe mehr dagegen, dich als neuen Freund und eventuelles Mitglied der Partei zu begrüßen. Also, willkommen in der Zukunft Südafrikas, der Democratic Alliance Partei!«

Er zog mich enthusiastisch an seine Brust. Ich wand mich aus seinen Armen.

»Es gibt da noch ein Problem, Mike«, begann ich vorsichtig, während ich mich im Gedanken fragte, ob sich so eine Spende auszahlen würde. »Der Staat ist in Berufung gegangen! Die wollen mich ausweisen auf Teufel komm raus. Und dann läuft ja auch noch mein Konkursverfahren. Mein ganzer Besitz gilt als beschlagnahmt. Wie kommt ihr darauf, dass ich euch noch Geld geben könnte?«

Ich sah ihm direkt in die Augen. Als hätte er mit dieser Frage gerechnet, blinzelte er mir routiniert zu: »Mach dir mal keine Kopfschmerzen. Wir finden schon einen Weg, wie du uns das Geld geben kannst, ohne dass es mit dem Konkursverfahren kollidiert.«

Solche Töne hätte ich eher von einem Schutzgelderpresser erwartet als von einem Finanzminister. Leicht schmunzelnd stellte ich endlich die alles entscheidende Frage: »Na . . .«, nun zog ich meine linke Augenbraue leicht nach oben, »um wie viel geht's?«

Da lachte er laut los. »Keine Sorge, wir sind doch keine Räuber. Es ist nicht so viel. Was wir im Moment bräuchten, wären circa zweieinhalb Millionen. Rand!«

Er muss meinem Gesicht angesehen haben, dass ich das nicht gerade für eine Kleinigkeit hielt, denn schnell redete er weiter: »Zur Zeit belastet uns ein Überziehungskredit in dieser Höhe. Das schränkt unseren Handlungsspielraum merklich ein. Natürlich erwarten wir nicht die ganze Summe von dir.«

»Okay, schon verstanden. Ich bin bereit, euch mit 200 000 Rand unter die Arme zu greifen«, sagte ich die Spende zu.

In diesem Moment öffnete sich die Tür, und der Premierminister betrat den Raum. Ohne sich mit irgendwelchen Formalitäten aufzuhalten, kam er schnurstracks auf mich zu, während er den Blazer ablegte.

»Mensch, Jürgen«, duzte er mich gleich, »ich bin Stephen. Willkommen in meiner bescheidenen Höhle.« Er lächelte mich herzlich an. »Schön, dich mal ›in echt‹ zu sehen. Bisher kenne ich dich ja nur aus den Zeitungsberichten. Jetzt kenne ich auch das Gesicht dazu.«

Er schüttelte mir die Hand, bevor er die Schrankbar öffnete. »Kann ich dir vielleicht etwas anbieten? Einen Whisky?«

»Nein danke, aber zu einem Glas Wein würde ich nicht nein sagen.«

Er goss sich einen Whisky ein und trank ihn auf Ex. »Sorry, aber ich hatte einen langen Tag mit schwierigen Verhandlungen. Du hast es gut. Du bist Herr deiner Zeit, während ich ein Sklave der Umstände bin. Was hältst du von dem hier?« Er hielt mir eine Flasche Cabernet Sauvignon »Alles verloren« hin.

»Eine ausgezeichnete Wahl!« Mit diesem Wein verband ich eine witzige Erinnerung. Kurz nach Beginn des Konkursverfahrens hatte ich jedem meiner Konkursverwalter eine Kiste von diesem Wein geschickt. Die meisten fanden das amüsant, nur die einzige weibliche Konkursverwalterin war »not amused« und schickte mir den Wein kommentarlos zurück.

Wir machten es uns in einer Sitzecke gemütlich. Ramsay sagte: »Wer hätte das je gedacht? Jürgen ist dabei! Er hat uns eben zweihunderttausend Rand zugesagt.«

»Das ist ja wunderbar«, rief Jackson und umarmte mich, wobei er seine Enttäuschung über die geringe Summe nur schwer verbergen konnte. Mit milder Stimme hob er an: »Jürgen, jeder von uns weiß doch genau, in welchen Schwierigkeiten du im Moment steckst, aber der Freispruch ist schon mal der Anfang. Wir können in Zukunft eine Menge für dich tun. Wir regeln deine Probleme per Dekret. Wenn du nicht vorbestraft bist, kannst du sogar Parlamentssprecher werden.«

Nun schlug er mir freundschaftlich auf die Schulter. »Dann hättest du sogar automatisch Immunität! Dann können die Deutschen Anträge schreiben, bis ihnen die Finger abfallen.«

»Das würde mich schon reizen. Dann könnte ich auch mehr für die Partei tun.« Ich stellte mir vor, wie der Staatsanwalt Dr. Meine, mit dem ich bisher nur telefoniert hatte, vor Wut in die Tischkante biss. »Leider liegt das alles noch in ferner Zukunft«, holte ich mich in die Realität zurück.

»In naher Zukunft«, korrigierte Jackson. »Du kennst doch so viele vermögende Leute. Wenn du uns zu denen Zugang verschaffen könntest, wäre das schon eine tolle Sache. Was denkst du?«

»Mal sehen, ich überleg mir was und sag euch dann Bescheid, okay?«

Zum Glück klopfte die Sekretärin an: »Entschuldigen Sie bitte die Störung. In fünfzehn Minuten beginnt die Sitzung des Sozialausschusses, meine Herren.«

Das war meine Rettung. Wir vereinbarten, am nächsten Tag miteinander zu telefonieren, um die Übergabemodalitäten zu regeln. Zurück im Auto blieb ich erst einmal sitzen und ließ die Begegnung Revue passieren. Über zwei Stunden hatten wir zusammen gesessen. Ein Gefühl der Freude durchströmte mich, als ich nach Hause fuhr. Jetzt wird alles gut!

Wie angekündigt, rief Ramsay am nächsten Tag an. »Jürgen, das war ja eine herrliche Begegnung. Vielen Dank nochmal für das nette Gespräch«, begann er, um dann sofort zum Kern vorzustoßen. »Sag mal, meinst du, du könntest den Betrag etwas aufstocken? Stephen fragte, ob du ihn nicht eventuell auf 450 000 Rand erhöhen könntest. Das würde unsere aktuellen Probleme erst einmal lösen.«

Ich dachte kurz nach. Was sollte das denn jetzt? »Das kann

ich noch nicht zusagen. Ich versuche gerade Geld für euch aufzutreiben. Dieses lästige Konkursverfahren steht mir überall im Wege. In einigen Wochen habe ich Geld in den Händen. Ruf mich doch bitte Ende nächster Woche noch einmal an. Vielleicht weiß ich dann schon mehr.«

»In Ordnung. Wenn du dann wenigstens verbindlich zusagen könntest, können wir das eventuell zwischenfinanzieren. Du weißt ja, uns läuft die Zeit davon.«

Nach einigen Wochen war es endlich so weit. Wir trafen uns erneut im Büro des Premiers.

»Ich hab's geschafft!«, sagte ich lässig und überreichte Ramsay einen Umschlag. »Das sind 450 000 Rand. Jetzt seid ihr am Zug.«

»God bless you!«, rief Mike, während er mich herzlich umarmte. Völlig unerwartet stiegen mir die Tränen in die Augen, so gerührt und ergriffen war ich von dieser Geste. Klar, das Geschäft war nicht umsonst. Aber ich hatte den tiefen Glauben und die Hoffung, dass ich alles getan hatte, was möglich war, und ich ab diesem Moment in völliger Sicherheit in Südafrika leben konnte. Insbesondere, weil ich ja zu diesem Zeitpunkt aufgrund meines Freispruchs eine fast reine Weste hatte.

»Hast du dir mal über deine vermögenden Freunde Gedanken gemacht?«, rief mir Jackson sein anderes Liquiditätsbeschaffungsprogramm ins Gedächtnis.

»Klar«, log ich, denn das war mir völlig entfallen. »Ich plane in Kürze eine Grillparty«, improvisierte ich. »Ihr bekommt dann rechtzeitig Bescheid.«

Dann verabschiedeten wir uns. Auf dieses Gespräch hin folgten viele Grillpartys in unserem Bungalow in Clifton, Einladungen in das Privathaus von Ramsay, eine Einladung zur Eröffnung des Parlaments und unzählige Abende mit dem Premierminister in diversen Restaurants. Natürlich stand hierbei immer das Ziel im Vordergrund: Er war ja auf Spendentournee. Und so lernte Jackson viele meiner Freunde kennen, und ich war verdammt stolz darauf, der Freund des Premierministers zu sein.

In meinem wiedererwachten Übermut machte ich eines Tages sogar den Vorschlag, Offshore-Paradiese in Südafrika einzurichten, um ausländisches Geld ins Land zu scheffeln. Panama, Monaco, Liechtenstein – das war gestern. Südafrika könnte dabei nur gewinnen. Wüstenland war genug vorhanden, für die Kosten der Offshore-Infrastruktur kämen die Briefkastenfirmen auf, wenn die Zugriffsrechte anderer Staaten erst per Gesetz einigermaßen beschnitten wären. Das wäre dann die Sache meiner Parteigenossen. Jackson war von der Idee sehr angetan und brachte sie unter seinen Kollegen in Umlauf. Eine Regierungsdelegation unternahm eine Besichtigungstour in die Karoo-Wüste; ich legte ein schriftliches Konzept vor und versprach, mich im Fall meiner Nichtauslieferung um das Projekt zu kümmern.

In dieser Zeit kam ich auch in den Besitz der Formel-1-Rechte für Kapstadt. Für einen Betrag von 500 000 Mark kaufte ich eine entsprechende Option, die bis 2006 gültig ist und zu den Teilen meines Vermögens gehört, die nicht unter die Konkursmasse fallen, da sie erst nach Aufnahme des Konkursverfahrens erworben wurden.

Odyssee des Grauens

Als im März 1999 in Kapstadt erneut ernsthaft über das Auslieferungsverfahren verhandelt wurde, warnte mich mein Anwalt: »Jürgen, du musst davon ausgehen, dass der Richter befangen ist und dass sie dich ins Gefängnis schicken. Noch bist du ein freier Mann.«

»Lieber Freund, seit vielen Jahren bin ich auf Kaution draußen, immer mit einem Fuß im Gefängnis. Die Auslieferung war bisher immer schlampig begründet, warum sollte sich das geändert haben?«

Dass mein Anwalt Recht behielt, erwies sich beim nächsten Verhandlungstermin am 2. April. Nachdem ich kurz zuvor meine Liebsten im Gerichtssaal umarmt hatte, traf mich das Urteil wie ein Schlag ins Gesicht: Die Auslieferung war beschlossene Sache: Doppler, Wackler und Fiedler sollten als Zeugen aussagen zu dem Vorwurf, ich hätte in Hamburg circa 150 Leute betrogen. Amtsrichter Wagner war mein natürlicher Feind. Er sprach mich zwar in 147 Fällen frei – da die Geschädigten keine Anzeige erstattet hatten und dementsprechend kein Beweismaterial vorlag –, aber in drei Fällen schuldig: Doppler, Wackler und Fiedler.

Auch mein sofort gestellter Kautionsantrag, verbunden mit der Berufung, wurde abgewiesen. Das empörte mich ungemein: Weder war ich wegen einer verurteilten Straftat in Haft, noch schrieb internationales wie auch südafrikanisches Recht bei einem schwebenden Auslieferungsverfahren zwingend eine

Haft vor. Der Haftgrund der Fluchtgefahr war an den Haaren herbeigezogen. Der Amtsrichter Wagner wollte mich offenbar aus reiner Zermürbungstaktik im Gefängnis schmoren lassen. Und es kam eine besondere Schikane hinzu: Ich sollte nach Pollsmoor kommen, dem berüchtigtsten aller südafrikanischen Gefängnisse. Das hatte mir den Rest gegeben.

Um Zeit zu gewinnen, musste ein Ohnmachtsanfall her. Ich brach vor aller Augen wie tot zusammen, typisch Herzattacke. Die Spucke lief mir in die Ohren, und dazu hörte ich meine Frau den niederträchtigsten aller Sätze aussprechen: »Muckel, stell dich nicht so an!«

Danach hätte ich fast wirklich einen Herzanfall bekommen. Aus der Ohnmacht wachte ich erst im Krankenhaus wieder auf, an den Füßen gefesselt und mit einem Polizisten an der Bettkante, eingeliefert mit der Verdachtsdiagnose Herzinfarkt. Tatsächlich hatte ich eine Angina pectoris und war depressiv verstimmt. Die Ablehnung des Kautionsantrags enttäuschte mich maßlos, denn seit 1994 hatte ich stets gewissenhaft alle Kautionsauflagen erfüllt. Zu jedem Zeitpunkt hätte ich fliehen können, aber nun wurde mir ein Recht verweigert, das sogar Schwerverbrecher in Anspruch nehmen konnten, offenbar nur, weil die Wogen der öffentlichen Erregung hochschlugen.

Nach ein paar Tagen wurde ich nach Pollsmoor eingeliefert, ins berüchtigtste Gefängnis Südafrikas. Nun hieß es die Zähne zusammenbeißen, zumal ich nicht wusste, ob es meiner Familie auch an den Kragen gegen sollte. Über einen Freund ließ ich mir Schlaf- und Beruhigungstabletten besorgen, um einfach nur schlafen und in meinen Träumen nachdenken zu können. An meine Frau schrieb ich einen Brief, meine Kinder kamen noch einmal zum Abschiedsbesuch – ich hatte innerlich mit dem Leben abgeschlossen und wollte einfach nur noch Ruhe haben.

Nach zwei Tagen wachte ich in meiner Zelle auf. Ich drehte mich einmal im Kreis, um mich zu orientieren. Wie lange war ich wohl schon hier? Wie kam ich hierher? Und vor allem: Wie kam ich hier wieder raus? Immer dieselben Fragen spielten Haschmich im Hirn. Ich ging zwei Schritte bis zur Tür. Wie besessen hämmerten meine Fäuste gegen das Metall. Minuten, die sich wie Stunden anfühlten, kämpfte ich um die Aufmerksamkeit irgendeines menschlichen Wesens. Ich musste reden, einfach nur reden!

Meine Hände schmerzten, ich schwitzte am ganzen Körper. Heftig atmend ging ich in der Zelle umher. Mein Blick glitt die Wände entlang –, alles voller Bilder und Schriften. Ich entzifferte einige englische Worte: »Liebe ist wie eine Baustelle, sie wird nie fertig. Vertrauen ist wie eine Baustelle, es wird nie fertig. Verantwortung ist wie eine Baustelle, sie wird nie fertig.«

Fasziniert von dem Schatz, den ich entdeckt hatte, sprach ich am nächsten Tag meine Wärter darauf an. Einer klärte mich auf: »Sie sitzen in der früheren Zelle von Nelson Mandela. Von den siebenundzwanzig Jahren, die er insgesamt im Gefängnis war, hat er die meiste Zeit auf Robben Island verbracht, aber auch einige Jahre in Pollsmoor.«

Diese Ehre machte mir ab nun den Alltag leichter. Jetzt hatte ich den Ehrgeiz, jedes der Zeichen an der Wand zu entziffern, und lieh mir ein Wörterbuch für Xhosa, die Muttersprache Mandelas, in der Gefängnisbibliothek aus. Mandelas Handschrift war klar, die Buchstaben fast so schön wie die kleinen Bilder, mit denen er seinen Text illustriert hatte. Ich erfuhr von seinen persönlichen Sorgen und Ängsten, aber auch von den Hoffnungen für seinen Kampf, der dem ganzen Volk galt. Am meisten beeindruckte mich eine Textpassage auf Xhosa. In dem

Text entdeckte ich den Namen seines Freundes George Bizos, ein griechischstämmiger Rechtsanwalt, der sich vor vielen Jahren in Südafrika niedergelassen hatte. Den kannte und schätzte ich auch – er war mein Anwalt in den ersten beiden Jahren 1994 und 1995.

An der Wand standen Ratschläge, die George seinem Freund gegeben hatte: »Gib nie den Glauben auf. Wenn du an dich glaubst, dann wird der Glaube so stark, dass er dich den Tag überstehen lässt, mit jedem Tag naht deine Befreiung. Verschwende deine Energie nicht mit Gedanken an Rache und flüchte nicht in Selbstmitleid. Wem der Himmel eine große Aufgabe zugeteilt hat, dem gibt er zur rechten Zeit die Mittel in die Hand, diese zu erfüllen. Darauf solltest du dich vorbereiten. Denke an deine Familie und halte dir ihre Liebe in deinem Herzen.«

Nelson beschrieb auch, wie er am Tag seiner Verhaftung seinen empörten und kampfbereiten Freunden und Familienmitgliedern sagte: »Lasst sie, sie sind verängstigt und geblendet. Sie haben mehr Angst als ihr und wissen gar nicht, was sie tun. Sie sind nur Erfüllungsgehilfen eines korrupten, menschenverachtenden Systems, das in den letzten Zuckungen liegt. Ich gehe mit ihnen. So wie jede gute Tat einmal belohnt wird, muss man sich für jede schlechte Tat verantworten. Menschliche Erklärungen zu Schuldfragen zählen da nicht. In der Abrechnung wird man nur für den Teil der Tat bestraft, den man auch wirklich zu verantworten hat. Gegen die große Gerechtigkeit gibt es keinen dauerhaften Schutz. Ihr werdet sehen, ich bin bald wieder bei euch.«

Diese Worte meines Vorbewohners gaben mir Kraft und Zuversicht. Nach meiner Entlassung wurde die Wand mit einer Glasscheibe zum Schutz und Erhalt dieser Zeichen versehen. Heute dient die Zelle als Gedenkstätte. Ich bin dankbar für die Ehre, ihr letzter Insasse gewesen zu sein.

Als ich zum ersten Mal zur Dusche gebracht wurde, einen langen dunklen und schmutzigen Gang entlang, schlug mir ein übler Geruch entgegen. Dokumentationen über Konzentrationslager fielen mir ein. Nun stand ich zwischen fünfzig schwarzen und einigen wenigen weißen Männern – bekannt wie ein bunter Hund. Aus jedem Auge, das mich anschaute, blinkten Dollarzeichen. Ich zitterte in dem Wissen, dass in dieser Lage nichts tödlicher ist als Angst. Mein Nachbar in unserer Straße, der ein Wochenende lang wegen Trunkenheit am Steuer in Pollsmoor war, kam mehrfach misshandelt und vergewaltigt zurück. Anschließend lautete die Diagnose: Aids.

Zwei riesige Südafrikaner kamen auf mich zu und sagten: »Harksen, raus hier, das ist nicht der richtige Zeitpunkt.«

Dann brachten sie mich zurück in die Zelle und boten mir Begleitung für zukünftige Duschbesuche an. Sie würden dafür sorgen, dass ich allein duschen könnte – gegen eine Schutzgebühr von hundert Rand. Die bekamen sie auch, denn meine Frau und meine Anwälte versorgten mich weiterhin mit dem nötigen Kleingeld. Wenn ich während der einen Stunde meines Freigangs telefonieren wollte, musste ich gegen Zigaretten oder Geld eine Position in der Schlange kaufen, die sich zu keinem anderen Zweck gebildet hatte. Bei Besuchsterminen musste ich für hundert Rand den Tisch vorher buchen, sonst wäre nichts frei gewesen. Andere Gefangene schnorrten mich um fünfhundert Rand an, um damit ihre Kaution zu bezahlen. Falls ich zu diesem Gefallen nicht bereit sei, drohten sie: »Kennst du schon eine Spezialität unseres Hauses – die Entjungferung in der Kuschelecke?«

Damit meinten sie einen Vorgang, der in deutschen Haftanstalten als »Schokostich« umschrieben wird. Irgendwann betrug mein tägliches Überlebensbudget fast fünfhundert Rand. Für einen einigermaßen grünen Apfel, der normalerweise einen halben Rand kostet, musste ich zwanzig Rand bezahlen, sogar Dinge, die es für gewöhnlich umsonst gab – Wasser, Papier, Schlaftabletten, Handtücher –, kosteten mich ein Heidengeld. Es war ein tägliches Spießrutenlaufen, denn gegen die über Jahre eingespielten Gangs der Gefängnisinsassen konnte ich nichts ausrichten. Um mich vor Übergriffen zu schützen, verließ ich nach ein paar Tagen meine Zelle auch während des Freigangs nicht mehr. Mich trösteten nur noch Mandelas Worte an der Wand.

Eines Tages hatte ich mit Hilfe des Wörterbuchs die Passage übersetzt: »Unsere tiefste Angst ist nicht, dass wir unzulänglich sind. Unsere tiefste Angst ist, dass wir unermesslich machtvoll sind. Es ist unser Licht, das wir fürchten, nicht unsere Dunkelheit.«

Das waren Worte, die unmittelbar in mein Herz drangen. Hatte ich mich vorher in der Anstalt eher abgekapselt, wollte ich nun meinen Mitgefangenen zeigen, dass ich auch nur ein Mensch war, ebenso einzigartig wie ein jeder von ihnen. Langsam und unsicher ging ich den Gang hinunter, als ich am Ende dieses Ganges einen alten weißen Mann in einem Rollstuhl sah. Er saß darin würdevoll wie auf einem Thron. Schon vorher hatte ich ihn von weitem gesehen und bemerkt, dass die Mitgefangenen ihn mit besonderem Respekt behandelten, obwohl ihn eine Wolke aus Urin, Schweiß und abgestandenem Rauch umhüllte.

Als ich näher trat, fixierte er mich mit lebhaften blauen Augen und entblößte seinen zahnlosen Mund zu einem breiten Lächeln. Dann entfuhr ihm ein Wortstakkato auf Afrikaans, auf das ich mit einem verlegenen Schulterzucken antwortete. Glücklicherweise sprach er auch ein wenig Englisch: Siebzig Jahre alt sei er nun, viele Häftlinge hier habe er schon ein paar Mal kommen und gehen sehen. Er sei zum Tode verurteilt worden, weil er als Weißer für eine Farbige Partei ergriff, die als Sklavin von ihrem Chef, einem Buren, fortwährend vergewaltigt wurde. Der Wüstling habe sich auch an ihrer sechsjährigen Tochter vergriffen. Mit einem Stein habe er ihn erschlagen. Da zu dieser Zeit eine Sklavin oder auch zwei den Wert einer Kiste Wein hatten, das Leben eines weißen Herrenmenschen jedoch unbezahlbar war, kam als Urteil nur die Todesstrafe in Frage.

Dreimal war er auf dem Weg zum Henker, dreimal wurde die Hinrichtung aufgeschoben und schließlich sogar aufgehoben. Beim dritten Mal hatte er bereits die Schlinge und ein Schild mit der Nummer 20 um den Hals. Er sah den weißen Zuschauern ins Gesicht, voller Scham darüber, wie sehr sie das Schauspiel des Todes erwarteten, und voller Mitgefühl für die neunzehn anderen Hinrichtungskandidaten, deren Nummer um den Hals anzeigte, wie oft sie schon einer Hinrichtung beiwohnen mussten. In diesem Moment sei ein Anwalt in den Raum gekommen und hätte bekanntgeben, dass die Vollstreckung in seinem Fall erneut aufgehoben sei.

Dadurch verschoben sich auch alle nachfolgenden Hinrichtungen. In der Folgezeit wurden fast viertausend Todesurteile nicht vollstreckt, bis durch die neue Verfassung 1994 die Todesstrafe endgültig abgeschafft wurde. Viele farbige Gefangene kamen auf Wunsch Mandelas frei. Die Todesstrafen der Weißen wurden in lebenslange Haftstrafen umgewandelt – was nach angelsächsischer Rechtsprechung, die in Südafrika herrscht, tatsächlich lebenslang bedeutet. So schmorte dieser ehrenwerte Mann, der das Leid von zwei schwarzen Frauen gerächt hatte, bereits fünfundvierzig Jahre an diesem düsteren Ort.

In den folgenden Wochen freundeten wir uns immer mehr an. Meine Achtung vor dem alten Mann wuchs beständig, denn nie zeigte er eine Spur von Hass, Verzweiflung oder Angst. Wenn ich verzweifelt war, kreuzte er oft mit seinem Rollstuhl in meiner Zelle auf und tröstete mich. »Weine nicht, denn durch deine Tränen zeigst du Schwäche, und für diese Schwäche wirst du büßen. Du wirst dann immer weinen, denn alle hier haben nur eines im Sinn: dass du zerbrichst.«

Das gab mir wieder etwas Kraft für den Tag. Er selbst wirkte jeden Tag ein wenig entrückter. Unter welcher Krankheit er litt, erfuhr ich nie. Zuletzt sah ich ihn in seiner Zelle, da lag er tot und stank noch bestialischer. Aber wann immer ich an ihn zurückdenke, durchflutet mich ein Gefühl der Dankbarkeit.

Dann hörte ich auf zu essen. Es war kein Hungerstreik: In mich ging einfach nichts mehr herein. Mitte März 1999 wurde ich ins Krankenhaus eingeliefert, aber dort waren die Bedingungen kaum besser. In den ersten Tagen war ich ans Bett gefesselt und trug Handschellen an Händen und Füßen. Vier Aufpasser waren um mich herum, voller Sorge, das Fabelwesen Harksen könne sich in Luft auflösen.

Nachdem wir etwas vertrauter miteinander waren, durfte ich das Funktelefon eines Wärters benutzen, um meine Familie und meine Anwälte anzurufen. Irgendwann war der Akku mitten im Gespräch leer, ein Beamter gab mir das Ladegerät, und ich konnte es direkt hinter meinem Bett in die Steckdose einstöpseln, um weiter zu telefonieren. In diesem Moment klopfte es an der Tür, und gleich danach drehte sich ein Schlüssel im Schloss. Genug Zeit für mich, das Telefon auszuschalten und unter die Decke zu legen. Schon stand der schwarze Oberaufseher Mr Adams vor meinem Bett und fragte, wie es mir ginge. »Besitzen Sie ein Telefon? Ich sehe da ein Kabel unter der Decke.«

Bleich vor Angst, seinen Job zu verlieren, lauschte sein schwarzer Untergebener meiner Erklärung: »Das ist kein Telefonkabel. Auf meinem Bauch habe ich eine Art Heizgerät, das ich später unter mein Gesäß legen soll, weil ich am nächsten Tag eine Spiegelung wegen meiner Leber habe. Das ist ein medizinisches Gerät aus Deutschland zur Beruhigung des Magens.«

Er schaute mich mit großen, ungläubigen Augen an. »Herr Harksen, sind Sie sicher, dass es kein Funktelefon ist?«

»Ja.« Er hätte jetzt verlangen können, dass ich zeige, was unter der Decke liegt, aber dann hätte ich mich geweigert und gesagt: »Das ist verfassungswidrig. Sie dürfen nicht in meinen Intimbereich hineinschauen.«

Er wusste nämlich, dass ich unter der Decke nackt war. Der Bluff ging auf. Er gab sich geschlagen und sagte, von diesen Geräten habe er schon gehört. Seine Frau habe Hämorrhoiden und er wolle sich dann auch ein solches Gerät für seine Frau bestellen. Nach zehn Minuten Smalltalk ging er aus dem Zimmer. Die Wärter waren ab diesem Zeitpunkt meine Freunde – denn den Schaden, falls die Geschichte aufgeflogen wäre, hätten vor allem sie gehabt. Ich war ja offiziell gefesselt. Am nächsten Tag brachten sie mir Kuchen und geräucherten Fisch als Dankeschön. Welch ein Festschmaus!

In den zwei Monaten der Haft war mir von drei Gefängnisärzten in unabhängig voneinander erstellten Gutachten bestätigt worden, dass bei mir keine Fluchtgefahr bestand und die Haft für mich eine ernsthafte gesundheitliche Gefahr darstelle. Das passte der Staatsanwaltschaft offenbar nicht, und so wurden zwei weitere Gutachter bestellt, die zu dem gleichen Ergebnis kamen. Nur der Chefpsychiater des Staatsgefängnisses in Kapstadt fand sich zu einem entgegengesetzten Gutachten bereit – ohne mich oder meine Krankenakte allerdings eines Blickes gewürdigt zu haben.

Mit allen Gutachten und dem Bündel an eidesstattlichen Versicherungen traten meine Advokaten im High Court vor Richter Foxcroft an. Eiskalt und doch immer sachlich brachte er den Staatsanwalt in erhebliche Erklärungsnot. Auf welcher Grundlage in meinem Fall von einer Fluchtgefahr auszugehen sei? Jedes Kind in Südafrika wusste doch, dass ich seit Jahren um mein Bleiberecht kämpfte und durch meine etwa 150 Verfahren ein fester Bestandteil der Gerichts- und Rechtsgeschichte des Landes sei. Ein klarer Fall von Rechtsbeugung sei das!

Als die Sprache auf die ominöse Praxis der Gutachten zu sprechen kam, donnerte der Richter ihn mit erzürntem Blick an: »Was ist das hier für eine Mauschelei? Was fällt Ihnen ein, mir ein Gutachten vorzulegen, bei dem Ihr so genannter Supergutachter noch nicht einmal einen Blick in die Krankenakte geworfen hat, geschweige denn mit dem Delinquenten auch nur ein Wort gewechselt hat? Was glauben Sie, Herr Staatsanwalt, wo wir hier sind – in einer Bananenrepublik? Wir pflegen eine demokratische Rechtsordnung und haben unseren internationalen Verpflichtungen bei Herrn Harksen genauso nachzukommen, wie Sie es für sich beanspruchen würden. Wir haben kein Recht, ihn wie einen verurteilten Kindermörder zu behandeln, nur weil Ihnen das in den Kram passt. Für den Fall, dass seine Auslieferung entschieden wird, ist es unsere verdammte Pflicht, ihn so zurückzuschicken, wie wir ihn empfangen haben. Gesund und nicht in einem Zinksarg oder einem Leichensack. Habe ich mich klar ausgedrückt, Herr Staatsanwalt?«

Dann wandte er sich meinem Anwalt zu und sagte: »Bitte teilen Sie Ihrem Mandanten mit, ich möchte ihm mein Bedauern über das ihm zugefügte Leid aussprechen. Stehen Sie bitte auf! Hiermit verfüge ich die Aufhebung des Haftbefehls gegen die Zahlung einer Kaution in Höhe von einer Million Rand.«

Mit einem langen, durchdringenden Blick bedeutete der Richter dem Staatsanwalt, dass seine weitere Anwesenheit nicht mehr nötig sei.

Gleich nach der Verhandlung rief mich Christopher Lyle im Krankenhaus an und teilte mir die frohe Botschaft mit. Schnell organisierte ich noch vom Krankenbett aus ein Meer von Kerzen, Rosen und Rotwein, um das Ereignis mit Muckel zu feiern. Doch so oft ich auch die Nummer wählte – nie erreichte ich sie. »Wo steckt sie nur?«, fragte ich mich verzweifelt, während die Kerzen langsam herunterbrannten. Die ganze Nacht versuchte ich, sie auf ihrem Handy zu erreichen. Ausgeschaltet! Der Morgen graute, und ich lag gelähmt vor Trauer im Bett. Irgendwann zur Frühstückszeit kam Muckel mit zerknirschtem Gesicht und einem riesigen Strauß Blumen. Sie hatte mich tief verletzt, das war ihr klar. Vor lauter Freude über die gute Nachricht hatte sie mit meinen Anwälten gemeinsam gefeiert und dabei völlig den Anlass der Freude, nämlich mich, vergessen. Bis tief in die Nacht hatte sie ausgelassen getanzt, während ich eingesperrt im Hospital vegetierte. Daran hatte ich noch Monate später zu kauen.

Ich fühlte mich wie ein von allen Menschen Verlassener,

festgekettet auf einem sinkenden Boot. Alle, meine Frau, meine Anwälte und meine Freunde, waren mit dem Bordproviant zum Strand geschwommen und winkten mir zu, während ich unterging: »Mach's gut, Jürgen. Thanks for the millions. See you later in heaven!«

Dieses Gefühl des Im-Stich-gelassen-Werdens setzte eine so ungeheure Wut in mir frei, dass ich im letzten Moment die Ketten sprengen konnte und zu ihnen ans Land schwamm. Dort taten sie, als sei nichts gewesen: »Schön, dass du wieder da bist, Jürgen.«

Das war bereits das zweite Mal, dass meine Frau mich aufgegeben hatte.

Nach knapp einer Woche war die Kaution komplett – zwei meiner Kunden hatten noch einmal nachgelegt. Nun verließ ich das Krankenhaus als freier Mann, nicht ahnend, dass der nächste Justizskandal schon auf mich wartete.

Zusätzlich zu der Kautionsgewährung wurde der Auslieferungsbefehl von Richter Wagner ebenfalls aufgehoben. Im Januar 2000 bekam ich Freisprüche in allen 150 angeklagten Fällen – mein größter juristischer Erfolg. Zum ersten Mal durfte ich mich frei in Südafrika bewegen und nutzte die Gelegenheit, um mit meiner Frau den Krüger-Nationalpark zu besuchen. Zum Hochzeitstag am 20. März 2000 landeten wir mit einem privaten Hubschrauber in der schönsten Safari-Lodge. Die südafrikanischen Zeitungen titelten: »Harksen schlägt das südafrikanische System«.

Die Freisprüche wurden in drei der Fälle im Februar 2001 wieder aufgehoben. Da die Beweise nach wie vor zu dürftig für eine Verurteilung waren, gerieten die südafrikanischen Behörden immer mehr unter Druck. Meine Anwälte brachten in Erfahrung, dass die deutschen Behörden allmählich sauer wurden auf die rechtsstaatliche Pingeligkeit der jungen südafrikanischen Republik. Sie benahmen sich arrogant nach der Devise: Ihr kriegt schließlich Kredite und Entwicklungshilfe von uns, also rückt endlich den Harksen raus. Wie ich später aus den Akten erfuhr, kommunizierte der deutsche Konsul per »Drahtmitteilung« mit dem deutschen Staatsanwalt: »Harksen muss in Auslieferungshaft genommen und zermürbt werden. Nur so stimmt er freiwillig seiner Auslieferung zu.«

Mit juristischen Gesetzen war mir offenbar nicht beizukommen. Meine Anwälte waren dennoch nicht optimistisch und rieten mir, das Land zu verlassen, solange ich es noch konnte. Doch ich blieb stur; schließlich hatte ich schon zweimal Recht bekommen und wollte nicht wieder in irgendeinem Land von vorne anfangen.

Nelson Mandela

Eines Tages im Frühjahr 1995 klingelte ein Bote und brachte eine handgeschriebene Einladung des Präsidenten zu einer Charity-Party seiner Kinderstiftung, denn seit meiner Ankunft in Südafrika hatte ich es nicht versäumt, einen Teil der Kundengelder wohltätigen Zwecken zu spenden (etwa für ein Kinderkrankenhaus in Kapstadt). Eine Spende von 50 000 Rand für die Reinigung von hunderten ölverschmutzten Pinguinen, bei der ich auch selbst mit Hand anlegte, fand besonderes Interesse bei der Presse. Unter der Überschrift: »Harksen cleans the penguins« wurde schmunzelnd gefragt: »Is it his own oil from Norway?« So war ich als potenzieller Wohltäter und als Pressesensation auf der Veranstaltung ein gerne gesehener Gast.

Muckel sauste sofort in die Stadt, um ein passendes Outfit für die Party zu finden. Spät am Abend war dann bei uns Modenschau. Sie hatte sich ein sündhaft teures Kostüm in hellem Grauton gekauft. So wie das kurze Jäckchen tailliert war und der enge Rock sich den Hüften anschmiegte, hätte sie für das Kostüm eigentlich einen Waffenschein gebraucht.

»Meinst du nicht, es ist zu kurz?«, fragte sie, etwas unsicher in den Spiegel schauend.

»Mach dir keine Sorgen, Schatz. Bestimmt werden die Models dort nicht wie Nonnen rumlaufen.«

Ich sollte Recht behalten. Aus aller Welt waren Megastars angereist, um sich Küsschen zu geben und ihre Wohltätigkeit unter Beweis zu stellen. Als Hauptattraktion hatte sich Giovanni Versace zur Unterstützung der Nelson-Stiftung bereit erklärt, seine neue Kollektion noch vor der ersten offiziellen Präsentation vorzustellen. Internationale Fernseh- und Radiosender übertrugen das Ereignis, zu dem neben bekannten Schauspielern, Sängern und sonstigem Jetset auch etliche andere Top-Models erschienen waren. Vor denen muss sich Muckel nicht verstecken, dachte ich, während ich sie beobachtete und mich ansonsten dezent zurückhielt, um ihr den Tag nicht zu verderben.

Laut Protokoll saß ich neben dem Sohn von Nelson Mandela. Für die Presse war das ein gefundenes Fressen: Wie konnte der Hochstapler »Mr Billionaire«, wie ich hämisch von der Presse tituliert wurde, hier in aller Seelenruhe neben dem Sohn des Präsidenten sitzen? Um mich herum galt das Faustrecht um den besten Shot-Platz. Aus allen Richtungen wurde ich mit diffamierenden Fragen bombardiert.

»Was wollen Sie von mir?«, fuhr ich die geierhafte Meute an. »Ich bin die Schlagzeile von gestern. Heute geht es um andere Dinge.«

Noch eindringlicher an ihr soziales Gewissen zu appellieren erschien mir sinnlos. Da löste sich aus der Menge ein Mann und nickte mir kurz zu, bevor er mit seinen Worten alle Aufmerksamkeit auf sich zog.

»Unser verehrter Präsident hat selbst unter schrecklichen Vorverurteilungen gelitten. Woher Herr Harksen seine Millionen hat, kann uns in Südafrika egal sein, solange er damit Leiden in unserem Land mildert. Wo unser Staat versagte, sprang die Familie Harksen jedenfalls schnell und unbürokratisch ein. Wenn Ihnen Ihre Karriere lieb ist, nehmen Sie bitte Abstand von weiteren Belästigungen«, schloss er in scharfem Tonfall.

Eifrig schreibend und telefonierend zogen die Reporter ab. Bevor ich mich bedanken konnte, war der mir unbekannte Mann plötzlich wie vom Erdboden verschwunden. Später erfuhr ich, dass mein Retter ein Parlamentsabgeordneter war, der zum Organisationskomitee gehörte.

Ich atmete tief durch und begab mich auf die Suche nach Muckel. Im abgesperrten Bereich, zu dem die Presse keinen Zutritt hatte, hörte ich sie im Zentrum des Geschehens mit heller Stimme lachen. Sie war in ihrem Element und spielte Alleinunterhalter für eine große Menschentraube. Den Rest des Abends genossen wir unbeschwert in bester Gesellschaft. Kurz nach Sonnenaufgang löste sich die Veranstaltung auf. Nelson Mandelas Sohn ließ es sich nicht nehmen, alle Gäste persönlich zu verabschieden.

1997 flatterte erneut eine persönliche Einladung des Präsidenten ins Haus, wieder zu einer Wohltätigkeitsveranstaltung der Mandela-Stiftung. Diesmal fand sie auf dem Weingut Neetlingshof statt, das selbst für südafrikanische Verhältnisse riesig war. Als Höhepunkt hatte Nelson Mandela einen Tennisschaukampf organisiert, bei dem er persönlich anwesend sein wollte. Dementsprechend erlesen war die Gästeliste. Auf dem Weg dorthin fragte ich mich einmal mehr, womit wir das verdient hatten.

Wir saßen neben der Popband des Abends. Plötzlich erstrahlten in den Ecken die Spotlights und richteten sich auf den Eingang des Zeltes. Im Saal wurde es still. Da bewegte sich der Vorhang am Eingang. Ein Offizier in der Galauniform der Luftwaffe betrat das Zelt. Wir hielten die Luft an.

»Verehrte Damen, verehrte Herren, bitte erheben Sie sich für den Präsidenten der Republik Südafrika, Nelson Mandela.«

Ein kalter Schauer lief mir bei diesen Worten über den Rücken. Wir erhoben uns alle und blickten gespannt zum Eingangsbereich.

Dann schritt dieser große Mann an der Seite seiner Frau herein. Tiefe Furchen in seinem Gesicht zeugten von der 27-jährigen Haft. Seine von kleinen Lachfalten umspielten Augen strahlten große Wärme und Güte aus, gepaart mit unbändigem Stolz. Der bloße Anblick dieses starken Mannes, dessen Ideale höher standen als irdische Widrigkeiten, rührte mich fast zu Tränen. Bei der anschließenden Rede des Präsidenten fühlte ich mich persönlich angesprochen.

Sinngemäß sagte er: Jede unserer Handlungen hat einen Verlierer und einen Gewinner. Viele Menschen verbringen ihr Leben damit, andere Menschen zu beherrschen, zu manipulieren oder auszunutzen. Damit schwächen sie sich aber nur selbst, denn diese »Erfolge« hinterlassen keine wirkliche Freude. Wer aber seinen Mitmenschen ohne Ansehen der Rasse oder Herkunft wohlwollend und ehrlich gegenübertritt, dessen Leben gewinnt an Fröhlichkeit, Gelassenheit und Offenheit. Die Basis eines lebenswerten Lebens ist nicht Geld, sondern Selbstvertrauen, um durch eigene Kraft sein Leben zu meistern, zu seinen Fehlern zu stehen und Verantwortung dafür zu übernehmen, Dankbarkeit für die eigene Gesundheit und die eigenen Ressourcen sowie die Bereitschaft, den Benachteiligten und Schlechtergestellten ein würdevolles Leben zu ermöglichen.

Nachdenklich strich ich über die spärlichen Reste meiner ehemals fülligen Haarpracht und dachte über einen großen Entschluss nach, als jemand meinen Namen rief. Nelson Mandela stand vor mir und sah mich freundlich an. Er reichte mir die Hand. Mir blieb fast das Herz stehen.

»Was Ihnen auch immer vorgeworfen wird – in dieser Sache haben Sie gezeigt, dass Sie ein wertvoller Mensch sind. Im Namen der Kinder Südafrikas bedanke ich mich bei Ihnen«, sagte er und schüttelte mir die Hand.

»Das ist für mich doch eine Herzensangelegenheit. Aber vielen Dank für die erneute Einladung, Mr President!«, brachte ich gerade noch heraus, da drehte er sich auch schon um und verschwand in der Menge.

Ein wertvoller Mensch, hatte er gesagt. Der war ich noch nicht, der musste ich erst werden! Aber das hieß meinem Schicksal ins Auge zu blicken, einen Schlussstrich unter die Vergangenheit zu ziehen und mich dem Prozess zu stellen.

Genau das wollte ich nun dem Staatsanwalt Dr. Meine anbieten. In unserer Familienkonferenz zu Beginn des Jahres hatte ich schon vorgeschlagen, gemeinsam mit den Kindern nach Deutschland aufzubrechen, um mich dort dem Prozess zu stellen. Die Kinder waren sofort einverstanden, ihrem Papa zu folgen, aber Muckel hatte darauf bestanden, in Südafrika auszuharren, bis der Presserummel abgeklungen war.

In Südafrika unterlag ich zwar seit Jahren strengen Kautionsauflagen, genoss aber wenigstens Bewegungsfreiheit. Wenn Hamburg mir dieselben Bedingungen garantieren würde, wäre ein faires Verfahren möglich, dachte ich voller Naivität. Ich rief also wenige Tage nach der Begegnung mit Nelson Mandela Staatsanwalt Dr. Meine an, um ihm ein persönliches Erfolgserlebnis zu verschaffen. Der bremste mich jedoch gleich aus, indem er einen utopischen Kautionsbetrag von dreißig Millionen DM für die Haftverschonung forderte. Dass meine freiwillige Rückkehr nach Deutschland lediglich beim Strafmaß ins Gewicht fallen sollte, fand ich ein lächerliches Angebot. Vergeblich versuchte mein Rechtsanwalt ihn in den nächsten Wochen umzustimmen. Die Idee, mich freiwillig zu stellen, war damit vorerst auf Eis gelegt.

Das nächste Mal traf ich Mandela einige Monate später. Er war zur Eröffnung einer Hugo-Boss-Filiale in einem neugebauten Einkaufszentrum eingeladen, deren Besitzer in der Bekleidungsindustrie ein Vermögen gemacht und ihn schon zu Zeiten der Gefangenschaft unterstützt hatte. Diese Ehrenschuld bei einem alten Gönner abzutragen, bereitete ihm augenscheinlich größtes Vergnügen, obwohl er dafür sicherlich einige wichtige Termine hatte absagen müssen. Bei dieser Gelegenheit schenkte er mir erneut einige Momente seiner Zeit. Wir begrüßten uns mit Handschlag, machten im Beisein von wild knipsenden Pressevertretern ein bisschen Smalltalk und amüsierten uns nebenbei über die Schlagzeile des nächsten Morgens.

Seit die südafrikanische Presse mir den Spitznamen »Mr Billionaire« gegeben hatte, landeten jede Menge Wohltätigkeitsanfragen auf meinem Schreibtisch, so auch von einer Organisation namens »I have a dream«. Sie erfüllte todkranken Kindern ihren letzten Wunsch – etwa einen Astronauten oder bekannten Schauspieler kennen zu lernen – und bekam eine sechsstellige Summe von mir.

Weihnachten 1999 ging ich nach Kajalici, einem Armenviertel bei Kapstadt, wo über zwei Millionen Menschen in Hütten und Pappkartons leben. In einem Kinderheim, wo vierzig Kinder in einer 20-Quadratmeter-Blechhütte lebten, ohne Toilette, ohne Waschräume, wollte ich den Weihnachtsmann auftreten lassen. Es stank nach Fäkalien, Krankheit und Dreck. Ich war darüber so schockiert, dass ich bis zum nächsten Weihnachten ein anständiges Haus für diese Kinder bauen wollte. Die Presse posaunte das groß raus. Tatsächlich fand ich in der Nähe ein geeignetes Haus und nannte es *Serenity Harksen Children's Home.* Dort wurden fast fünfzig Kinder auf meine Kosten untergebracht und medizinisch versorgt.

Die erstaunlichste Begegnung mit Nelson Mandela fand jedoch im Sommer 1999 statt, als ich bereits in Auslieferungshaft gesessen hatte und mich gegen Kaution kurzfristig auf freiem Fuß befand. Als »Ehrengast« von Nelson Mandela und Thabo Mbeki, dem neuen Präsidenten, sollte ich zusammen mit südafrikanischen Kabinettsmitgliedern, internationalen Politikern, Prominenten und Wirtschaftsbossen an der Millenium-Silvesterparty auf Robben Island teilnehmen. Wer hätte das gedacht? Für normale Menschen wäre ich längst ein Aussätziger gewesen. Völlig unbeirrt vom äußeren Druck setzte der Mensch Mandela wieder einmal ein Zeichen. Wäre ich vor dem Gesetz zu diesem Zeitpunkt schuldig, hätte ich der Einladung wohl kaum nachkommen können. Also sei ich für ihn ebenso unschuldig wie alle anderen Anwesenden, gab er lapidar der Presse zu verstehen.

Unsere Ehreneinladung enthielt sogar eine Genehmigung, direkt ans Schiff fahren zu können. Selbstverständlich wurde der Mercedes, mit dem Muckel und ich zum Hafen fuhren, von Sicherheitsbeauftragten gründlich inspiziert, denn wegen der hochrangigen Politikerriege galt Sicherheitsstufe I. Beeindruckt von den Gesichtern vieler bekannter Politiker und erfolgreicher Wirtschaftspersönlichkeiten suchten wir ein stilles Eckchen, bevor wir zum Abend nach Robben Island übersetzten. Schon von weitem erstrahlte im Meer das gigantische weiße Festzelt. Lässig zeigten wir unsere Karten vor und suchten uns einen guten Platz unter den fünfhundert Gästen im Festzelt. Gegen 20 Uhr reckten sich alle Hälse zum Eingang, wo, angeführt von Präsident Thabo Mbeki und gefolgt von Nelson Mandela, die fast komplette südafrikanische Regierung aufmarschierte.

Gegen 23 Uhr gipfelte das Fest in der Bekanntgabe, dass Nelson Mandela von jedem Tisch einen Gast als Begleitung in die Zelle einlade, in der er 27 Jahre verbracht hatte. Als mein Name aufgerufen wurde, war ich wie erstarrt. Peinlich berührt flüsterte ich meiner Frau ins Ohr, ob sie nicht lieber an meiner Stelle gehen wolle, aber sie ging auf den Vorschlag nicht ein – schließlich sei es meine Einladung. So schloss ich mich einer zwanzigköpfigen Delegation an.

Nelson Mandela stellte eine Kerze in das Fenster seiner Zelle und entzündete sie. Als er im Flur seine weißen Gefängniswärter zum Zeichen der Vergebung einzeln umarmte, glänzten Tränen in den Augen aller Beteiligten. Nie zuvor oder danach empfand ich solche Ehrfurcht.

Bei unserer Rückkehr ins Festzelt tobten die Journalisten, was ich als Krimineller hier zu suchen hätte, wessen Gast ich sei und ob ich extra dafür zahlte, um meine deutschen Kunden zu verhöhnen. Nach einem tiefen Seufzer ging ich hinaus und erklärte vor versammelten Mikros, dass ich mir meine Anwesenheit als Ehrengast an diesem Ort selber nicht erklären könne, Geld sei jedenfalls nicht im Spiel.

»Ich bin doch insolvent!«, grinste ich sie an, bevor ich wieder ins Zelt zu Muckel ging.

Wie ich Erwin Lindemann von seiner Verhaftungsangst kurierte

Erwin Lindemann, einer meiner treuesten Kunden, lebte inzwischen halbjährig am Kap der Guten Hoffnung. Als geschätzter fünfzigfacher Millionär mangelte es ihm nicht an Zeit. Im Rahmen des Konkursverfahrens gegen mich sollte auch er als Zeuge vernommen werden. Da er aus Angst vor der Polizei gar nicht erst zur Vernehmung erschienen war, war er einen Tag in Erzwingungshaft genommen worden. Das hatte ihm gehörig Angst eingejagt.

Das alte Vertrauen zwischen uns war längst dahin. Im Frühjahr 2001 war ich mit meiner Frau fünfhundert Kilometer entfernt von Kapstadt auf Urlaub. Erwin rief an und sagte, er hätte gerade einen billigen Flug bekommen und sei deshalb drei Tage früher als verabredet da. Ob ich bald kommen könnte? Mir schwante Böses.

Bei der Begrüßung sah er mir nicht in die Augen, meine Umarmung ließ ihn erstarren. Am darauf folgenden Sonntag war er zum Kohlrouladenessen eingeladen, da brachte er entgegen seiner Gewohnheit keine Geschenke für die Kinder mit. Die Stimmung war mies. Später erfuhr ich, warum: Am 17. März wollte Erwin bei den Scorpions, einer auf mich angesetzten Ermittlungsgruppe der Polizei, Anzeige wegen Betrugs erstatten. Das redeten die Beamten ihm aber in Hinblick auf das Auslieferungsverfahren aus. Sie wollten keine neuen Ermittlungen wegen Taten innerhalb von Südafrika aufnehmen, denn laut Prozessordnung gehen Delikte innerhalb des Landes vor. Das hätte meine Auslieferung weiter verzögert und wäre damit nur in meinem Sinne gewesen.

Um Erwin aufzuheitern, hatte ich nämlich einen großen Fehler gemacht. Ich hatte wieder einmal eines meiner berühmter Bankertreffen arrangiert, diesmal mit Simon Fellows. Dessen Auftritt ging ohne Pannen über die Bühne. Erwin stellte keine Zwischenfragen, wollte aber bald mit dem Taxi nach Hause. Sonst hatte er mich immer gefragt, ob ich ihn mitnehmen könne. Dann stieg er in ein Auto, an dessen Steuer vermutlich Roman Spießberg saß, der von der abtrünnigen Kundengemeinde als Spion auf mich angesetzt war. Verabredet war, dass Simon Fellows ihn wenig später anrufen sollte. Das tat er auch, benutzte dabei aber nicht seine Handynummer, sondern die Nummer von einem Hotel. So wusste Erwin, wohin er seinen Privatdetektiv schicken konnte. Der machte ein Foto von ihm und Thomas Maxwell cocktailschlürfend auf der Terrasse. Das Gesicht von Thomas Maxwell kannte Erwin unglücklicherweise – nur aus einem anderen Zusammenhang. Der echte Thomas Maxwell hatte nämlich als Tischler beim Ausbau des Gästehauses mitgearbeitet, in dem Erwin öfters nächtigte. Während der Ausbauphase waren sie sich mehrmals begegnet. Den Rest konnte Erwin sich zusammenreimen.

Trotz seiner missglückten Anzeige gegen mich blieben wir in Kontakt. Die Stimmung zwischen uns besserte sich. Vielleicht hatte sich Erwin insgeheim damit arrangiert, von mir hereingelegt worden zu sein. Er nannte mich ganz offen »Märchentante«.

Als Weihnachten 2001 der Tag seiner Abreise nach Deutschland nahte, geriet »Napoleon«, wie er bei mir hieß, vor Paranoia schier aus dem Häuschen. Sicher läge wieder irgendwas gegen ihn vor, redete er sich ein. »Es ist vorbei. Ich werde vermodern!«

Seine Ängste weckten mein Mitgefühl, denn ich wusste über meine Anwälte, dass sie völlig unbegründet waren. »Erwin, es ist alles okay.«

»Jürgen, tust du mir einen Gefallen?«

»Klar.«

»Kannst du nicht mal deine Polizisten fragen?«

Da ich mich jeden Tag ins Kautionsbuch eintragen musste, hatte ich einen guten Draht zu den Beamten. Es war Usus geworden, dass ich zur Weihnachtszeit immer einen üppigen Präsentkorb mitbrachte. Dafür durfte ich an manchen Tagen den Luxus genießen, das Kautionsbuch an den Swimmingpool getragen zu bekommen.

»Ja, dann müssen wir denen aber auch was mitbringen«, meinte ich.

»Kein Problem, das übernehm' ich.«

Am nächsten Tag ging ich in den Supermarkt und ließ es beim Einkaufen richtig krachen. Diesmal kostete der Korb dreimal so viel wie üblich – 1500 Rand. Ängste sind nun mal ein teurer Spaß.

Natürlich bestätigten mir die Polizisten gerne, dass nichts gegen Erwin vorlag. Beim nächsten Treffen beruhigte ich ihn: »Alles okay, komm, reg dich ab.«

»Aber ich hatte in der Nacht einen Alptraum. Vielleicht wissen sie es nur nicht, und am Flughafen kommt das dicke Ende.« Erwin schlotterte am ganzen Leib, es war zum Herzerweichen. »Kann dein Anwalt sich bitte einmal direkt an die Flughafenbehörden wenden?«

»Ich kann den Anton ja mal fragen, was er dafür haben will.«

Wegen des Auslieferungsverfahrens hatte ich ohnehin gerade eine saftige Rechnung vom Anwalt bekommen. Also rief ich Erwin ein paar Stunden später an und nannte ihm einen Preis von 25 000 Rand. Diese Summe stand nämlich auf meiner Rechnung. Am gleichen Abend übergab mir Erwin mit sichtlicher Erleichterung den Betrag als kleinen Scheinchenstapel. Den trug ich zum Anwalt und meldete mich gleich danach bei Erwin: »Gegen dich liegt wirklich nichts vor.«

Auch diese Nachricht konnte ihn am letzten Tag vor der Abreise kaum beruhigen. Nun sagte ich aus einer spontanen Laune heraus: »Am Flughafen wird extra ein Agent der Polizei für dich stehen und den ordnungsgemäßen Ablauf überwachen.«

»Wirklich, Jürgen?«

»Ja.«

»Aaach, das rettet meinen Schlaf.«

Es war vereinbart, dass Muckel ihn zum Flughafen fahren sollte. Während der Fahrt beruhigte sie den schwitzenden Erwin. »Keine Bange, im Flughafen wartet ein Mann von der Abschiebepolizei auf dich. Er gibt dir sicheres Geleit!«

Vor dem Flughafengebäude ließ sie ihn mit den Koffern warten. »Ich muss nochmal eine Kleinigkeit regeln.«

In der Halle erblickte sie einen Geschäftsmann, der ihr für diese Aufgabe geeignet schien. Komplexe gegenüber Frauen sollte er haben, ängstlich bemüht, der Norm zu entsprechen, und nicht völlig verstört wirken. Der Auserkorene blickte ernst aus der Wäsche. Sie schenkte ihm einen flirtenden Blick und das Nicken eines heimlichen Einverständnisses. Der Mann erwiderte ihr Lächeln. Dann kehrte sie zu Erwin zurück und verkündete bestimmt: »Unser Mann ist da.«

Die beiden gingen in die Halle. Dort hielt der fremde Mann

Ausschau nach der schönen Unbekannten, die zu ihm so unerwartet freundlich gewesen war. Jeanette hob freudestrahlend den Daumen, als er sie erblickte. Und er erwiderte den Gruß mit gleicher Geste und einem breiten Lächeln.

Wie ich am Ende weich gekocht wurde

Andy, der Fliesenleger und Möchtegernpilot, auf dessen Dienste beim Geldumtausch ich nicht verzichten wollte, fragte mich im Dezember 2001: »Jürgen, kannst du mir fünf Millionen Rand leihen?«

»Wie soll das gehen? Zum einen habe ich das Geld nicht flüssig, zum anderen: Wie willst du es zurückzahlen?«

Er erzählte mir etwas von einem Minengeschäft in Pretoria – ich solle mir keine Gedanken machen, das wäre ein gutes Geschäft. »Sorry, Andy, das geht nicht.«

Er zog ungehalten von dannen. Im Januar wiederholte er seine Bitte. Ich schlug sie ihm wieder ab, diesmal mit der Begründung: Man leiht Freunden kein Geld. Schenken könne ich es ihm auch nicht – mangels Masse. Wieder war er sehr ungehalten. Im März wurde Andy vorgeladen, um als Zeuge in meinem Konkursverfahren auszusagen. In meinem Auto war ein Koffer mit wichtigen Geschäfts- und Prozessunterlagen deponiert. Da das Auto auf Andys Namen angemeldet war – ich durfte wegen des Konkurses ja offiziell kein Auto mehr besitzen –, besaß er einen Zweitschlüssel. Mitten auf der Autobahn beschlich mich eine düstere Ahnung. Ich fuhr auf den Seitenstreifen und öffnete den Kofferraum: Wotans Koffer, der sichtbarste Beweis meiner unendlichen Investmentgeschichte, war bereits in Geiselhaft.

»Ruf Andy an und bitte um ein Gespräch«, riet mir mein Anwalt Jonny. Wir verabredeten uns dann in dessen Beisein im

Cape Grace Hotel. Andy kam mit seiner Frau und seinem muskelbepackten Bruder Deon und schlug mir schmunzelnd vor: »Koffer gegen Geld. Sonst kriegt ihn die Presse.«

»Weißt du, Andy, ich lass mich nicht erpressen. Wer weiß, ob du Kopien gemacht hast.«

Unverrichteter Dinge gingen wir auseinander. Sofort erstattete ich Strafanzeige gegen ihn wegen Erpressung und Diebstahl. Am gleichen Tag bekamen meine Anwälte eine einstweilige Verfügung zur Beschlagnahmung des Koffers, den Andy zu diesem Zeitpunkt in vorauseilendem Gehorsam bereits an meine Konkursverwalter ausgehändigt hatte. Mein Anwalt versuchte ihn vergeblich dort loszueisen und erfuhr quasi nebenbei, dass meine Verhaftung erneut bevorstand.

Muckel und ich wollten unseren fünfzehnten Hochzeitstag im Hemingway-Haus feiern. Aus Angst, schlimmstenfalls mitten aus der Feier heraus verhaftet zu werden, bat ich meine Anwälte, der Staatsanwaltschaft klarzumachen, dass ich freiwillig am geplanten Tag der Verhaftung auf der Polizeiwache erscheinen wolle.

Dennoch wurde ich am 28. März 2002 um acht Uhr abends auf dem Weg nach Camps Bay ohne Vorwarnung verhaftet. Das war Taktik, denn die Behörden wussten genau, dass über Ostern kein Berufungsgericht tagte. Es gab gleich zwei Haftbefehle gegen mich. In dem einen wurde behauptet, ich hätte Vermögen aus der Konkursmasse hinterzogen, in dem anderen hieß es, ich hätte meine Kautionsbedingungen nicht erfüllt. Beide Vorwürfe erwiesen sich später vor Gericht als frei erfunden. Eine Intervention beim High Court blieb vergeblich, denn er war in diesem Fall nicht zuständig. Am Ostersamstag war dann klar, dass ich die Feiertage in der Polizeizelle verbringen musste. Sie sah aus wie ein schmutziger Kuhstall, ohne Toilette und Waschmöglichkeit.

Am Dienstag wurde ich dem Haftrichter vorgeführt. Überall Presse und Fernsehen, das übliche Spießrutenlaufen. Wegen mangelnder Vorbereitung der Staatsanwaltschaft sollte der Fall auf Donnerstag vertagt werden. Ich musste wieder in Haft und wurde in eine Gemeinschaftszelle gesteckt, zusammen mit zwei Dutzend anderen Mitgefangenen, zum größten Teil Afrikaner, ohne Betten, ohne Decken. Durch Initiative meines Arztes bekam ich am gleichen Tag eine Einzelzelle, ohne Fenster, ohne Dusche, ohne Klo, aber mit einem riesigen Loch im Boden. Dort blieb ich bis Donnerstag früh. In der Nacht gab ich meinen Kampf um Gerechtigkeit auf und schrieb einen Abschiedsbrief an meine Frau. Nun fühlte ich mich bereit zu sterben und schluckte dreißig Schlaftabletten. In einem lebensbedrohlichen Zustand entdeckte mich um fünf Uhr früh ein Polizist – glücklicherweise, denn dadurch habe ich gelernt, dass es sehr gemein, feige und unfair von mir gewesen wäre, meine Frau und Kinder mit all den Problemen allein zu lassen. Ich kam dann auf die Intensivstation.

Am 7. April kamen mein Anwalt Christopher Lyle und meine Frau ins Krankenhaus und sagten zur mir: »Hör zu, du wirst niemals Kaution bekommen, die werden alles versuchen, dich dazu zu bewegen, nach Deutschland zu gehen.«

Noch immer geschwächt durch den Selbstmordversuch, sagte ich zu meiner Frau: »Vielleicht ist es das Beste, wenn wir nach Deutschland zurückgehen und uns den Dingen stellen. Vielleicht habe ich ja ein faires Gericht und jemanden, der auch meine Seite versteht.«

Ich erzählte ihr von dem Gutachten von Professor Paeffgen, der meine Kunden als Spieler beschreibt, die neben einer Gewinnerwartung von 1300 Prozent auch ein Risiko von 1300 Prozent trügen, und die Unterschrift auf meiner Beitrittserklärung mit einem Casinobesuch vergleicht. Dann fragte ich meine Frau: »Kommst du mit nach Deutschland? Gibst du uns eine zweite Chance?«

Sie nickte, schaute mir dabei aber nicht in die Augen. Ich wusste, dass sie log, aber ich wollte es nicht wahrhaben. Auch ich wollte an die Lüge glauben – wie meine Kunden.

Alles war organisiert – der Konsul hatte schon deutsche Papiere für meine Familie in Aussicht gestellt, die Anwälte Strate und Gottschalk-Solger hatten sich um eine internationale Schule für meine Kinder bemüht, die kaum Deutsch sprachen.

Mittwochmorgen am 10. April 2002 betrat ich in gelöster Stimmung den Gerichtssaal, innerlich bereit, der Auslieferung zuzustimmen. In der Verhandlung wurde mir zugestanden, dass in Deutschland nur drei Fälle verhandelt würden. Im Beisein der drängelnden Pressemeute umarmte ich meine Frau und versprach, dass wir uns noch einmal sehen würden, bevor ich losflöge. Ich wurde dann in das Goodwood Prison gebracht, ein modernes Gefängnis mit circa dreitausend Häftlingen. Dort erwartete mich der übliche Spießrutenlauf. Die merkwürdigsten Dinge wurden mir angeboten, fertig aufgezogene Heroinspritzen für tausend Rand, frisches Brot mit einer Feile für fünfhundert Rand, Wein, Prostituierte etc. Als ich all die Angebote ausschlug, waren die Anbieter natürlich sauer, nach dem Motto: Jetzt wollen wir dir was Gutes tun, und du willst es nicht haben!

Leider war auch meine Parteienfinanzierung umsonst. Die Democratic Alliance (DA) verlor die Wahl. Jackson verlor sein Amt als Premierminister, konnte aber den Posten als Bürgermeister retten. Mitte April bekam ich Besuch von einem ziemlich bekannten Anwalt, der mir unumwunden mitteilte, dass die Büros der DA durchsucht worden waren und jetzt alle Spenden durchleuchtet würden. Mit plastischen Beschreibungen malte er mir aus, was mir alles passieren könnte, wenn ich Ramsay oder Jackson irgendwie bloßstellen würde. Ich sollte nie vergessen, dass sie nach wie vor meine mächtigsten Freunde wären und immer noch eine Menge für mich tun könnten. Wenn ich aber gegen sie aussagen würde, gäbe es in Südafrika für mich oder meine Frau keinen wirksamen Schutz gegen ihre Macht. Insbesondere in diesem Gefängnis schwebe man ohne entsprechenden Schutz in ständiger Lebensgefahr, was mir noch am selben Tag bestätigt würde.

Ich war geschockt und wütend zugleich. Wie konnten die es wagen, meine Familie zu bedrohen? Tatsächlich lag einige Stunden später, nach meiner Freistunde, eine deutliche Nachricht in gebrochenem Englisch gut sichtbar auf meinem Bett. »Vergiss bloß nicht die DA! Es sind deine einzigen Freunde.«

Schockwellen durchzuckten mich. Nicht auch noch das, dachte ich, immer wieder meine Dummheit verfluchend. Warum hatte ich mich nur auf die beiden eingelassen? Meine Familie ist in Gefahr, schoss es mir durch den Kopf. Schnell verließ ich meine Zelle und eilte zum Telefon. Nur zwei Leute vor mir, dachte ich erleichtert, denn ich hatte kein Geld mehr, um mir einen Platz zu erkaufen, und die Freistunde war gleich zu Ende. Immerhin konnte ich noch meinen Rechtsanwalt erreichen. Die Zeit reichte gerade noch, ihn zu bitten, meinem deutschsprachigen Rechtsanwalt auszurichten, mich unbedingt zu besuchen, da scheuchten uns die Wächter auch schon zurück in die Zellen. Später am Nachmittag kamen dann beide gemeinsam vorbei. Völlig aufgelöst vor Angst um meine Familie schilderte ich den beiden den Hintergrund und übergab ihnen den Brief.

Bei Herrn Luck war inzwischen auch eine Vorladung von einem Richter Desay eingegangen, mit der er bisher nichts anzufangen wusste. Desay war der Vorsitzende des Parteispendenuntersuchungsausschusses. Gemeinsam entschieden wir uns, Jackson erst einmal nichts zu sagen. Daneben wollten meine Anwälte noch am selben Tag mit dem Richter Kontakt aufnehmen und Schutz für mich beantragen. Am Abend kam tatsächlich eine Polizeispezialeinheit ins Gefängnis und bezog Posten vor meiner Zelle.

Am nächsten Morgen wurde ich dann unter Polizeischutz in einer schwer bewaffneten Polizeikolonne ins Gericht gefahren. Jetzt wird's ernst! Aussagen oder nicht?, fragte ich mich in Vorahnung des Schlimmsten. Mein bester Schutz sei es, wenn die beiden selber aus dem Verkehr gezogen würden, meinten meine Anwälte immer wieder. Ich sagte also aus, bestätigte meine Zahlungen und schilderte den gesamten Ablauf vom ersten bis zum letzten Tag. Sofort im Anschluss wurde ich in das Zeugenschutzprogramm aufgenommen. Von allen Seiten umgeben von einem Dutzend Polizisten, liefen wir zu einem kugelsicheren Polizeiwagen und rasten davon. Vor und hinter uns jeweils zwei Motorräder, mit Blaulicht, aber ohne Sirene fuhren wir fast vier Stunden kreuz und quer, raus aus der Stadt und wieder hinein, um eventuelle Verfolger abzuschütteln, bis zu einem »Polizeihaus« außerhalb der Stadt. Die Fenster waren vergittert und alle Jalousien heruntergelassen. Im Haus durfte ich mich nur im Schlafzimmer aufhalten, und selbst da, auch während ich schlief, waren dauernd Polizisten um mich herum. Erst nachdem ich androhte, am Folgetag nicht mehr auszusagen, wurde mir zumindest erlaubt, mit meinen Anwälten zu telefonieren, damit sie Muckel informieren konnten.

Eigentlich war dieses Zeugenschutzprogramm noch schlimmer als ein normales Gefängnis. Tag und Nacht unter Beobachtung, selbst auf der Toilette, eingeschlossen in einem zwanzig Quadratmeter kleinen Raum. Ich war darauf angewiesen, dass die Beamten mich auf dem Laufenden hielten. Auf diese Weise sollte ich vor negativen Informationen (etwa über die eventuelle Entführung meine Familie) geschützt werden. Meine Zeugenaussagen verteilten sich auf vier Monate, in denen ich jede Woche von einem »Polizeihaus« in ein anderes innerhalb der Western Province verlegt wurde. Ab dem zweiten Monat musste ich sogar eine schusssichere Weste tragen, wann immer ich das Haus verließ. Fast täglich gingen inzwischen bei meinen Anwälten und der Polizei ernst zu nehmende Morddrohungen ein. Am letzten Tag meiner Aussage traf das Gericht eine unglaubliche Entscheidung. Mit Abschluss der Untersuchung sollte mein Zeugenschutz aufgehoben werden und ich zurück ins Gefängnis gehen.

Während des Zeugenschutzprogramms konnte ich meine Frau und meine Kinder öfter sehen. Im August 2002, an Muckels Geburtstag, war die Stimmung mies. Sie gestand mir stockend: »Ich habe es mir anders überlegt und will nun doch nicht gleich nach Deutschland mitkommen.«

»Muckel, das kannst du nicht tun. Wir hatten doch vereinbart, dass wir zusammen gehen. Ich muss doch wenigstens meine Familie um mich haben, wenn ich in den Kampf gehe. Sonst hätte ich doch nicht unterschrieben.«

»Ja, Jürgen, ich stand unter Schock und habe dir voreilig Versprechungen gemacht. Ich glaube aber, es ist besser, wenn ich erst einmal hier bleibe und alles zur Ruhe kommen lasse.

Ich komme dann später nach. Die Kinder können dich auch besuchen.«

Mich traf der Schlag. Dann musste ich zurück ins Gefängnis, zurück zu den Menschen, die ich belastet hatte und deretwegen ich ins Zeugenschutzprogramm aufgenommen worden war. Nur war das Programm jetzt abgelaufen, und ich stand zur Verfütterung bereit. Dann dachte ich: Jetzt bleibt mir nichts übrig als mich schnell ausliefern zu lassen, um mein Leben zu retten. Die Strategie des Weichkochens war aufgegangen.

Am 27. Oktober sollte der Tag der Auslieferung sein. Per einstweiliger Verfügung musste ich durchsetzen, dass ich mich wenigstens von meiner Frau und meinen drei Kindern verabschieden durfte. Am Abend gegen 18 Uhr kamen sie mit gebratenen Hähnchen und gemalten Bildern und Briefen. Der Appetit war mir vergangen, denn ich wusste, dass ich sie für eine sehr lange Zeit nicht wiedersehen würde. Mein Herz war tonnenschwer vor Trauer.

Eine halbe Stunde später wurde ich abgeholt, aber die Auslieferung verzögerte sich erneut, weil wir uns verspätet hatten und der Linienflug schon weg war. Am nächsten Morgen durfte ich meine Frau und meine Kinder noch einmal in die Arme nehmen – dabei fühlte ich mich, als müsste ich mich für alle Zeiten von ihnen verabschieden. Meine Frau und mein Anwalt durften im Polizeiwagen zum Flughafen mitfahren. Überall am Straßenrand und an den Parkplätzen waren Kameras postiert, um die Abreise eines Häuflein Elends zu dokumentieren.

Die *Cape Times* titelte am 1. November 2002: »Jürgen Baby has left us on a plane, but who can say when a soap opera's really over?«

Rückkehr nach Deutschland

Den salzigen Geschmack von Muckels Tränen auf den Lippen, bewegte ich mich in Begleitung eines BKA-Beamten langsam die Gangway hinauf. War es die richtige Entscheidung – heimzukehren, obwohl das Berufungsverfahren noch lief? Vorm Eingang ins Flugzeuginnere blickte ich mich noch einmal um. Eine Milliarde Lichtjahre entfernt stand Muckel neben dem Polizeiwagen und winkte. Entschlossen drehte ich mich um und murmelte: »Ja, der Schlussstrich ist überfällig. Es muss ein Ende haben mit den Prozesslawinen, die uns in den letzten Jahren Tag für Tag zermürbten. Nun ist Zeit für ein neues Leben.«

Gedankenverloren folgte ich der Stewardess zu unseren Plätzen. Nach all dem Presserummel empfand ich unsere Unauffälligkeit als Wohltat. Auf Handschellen hatte der BKA-Beamte verzichtet, da ich der Auslieferung freiwillig zugestimmt hatte. Bei unserer entspannten Unterhaltung erfuhr ich, dass die Polizeieskorte nur zu meinem Schutz vor Attentaten diente, denn bekanntlich hatte ich mir mächtige Feinde in Politik und Wirtschaft gemacht. Da sollte ich nicht auf der Zielgeraden verloren gehen.

Wir landeten in Johannesburg, von wo es mit einer Lufthansa-Maschine nonstop nach Frankfurt am Main weitergehen sollte. Plötzlich kam die Durchsage, dass alle Fluggäste bitte angeschnallt auf ihren Sitzen bleiben sollten. Selbst der BKA-Mann war überrascht, als eine schwer bewaffnete Polizeikohorte in den Passagierraum eindrang und ihn wie bei einem Überfall nach allen Seiten sicherte. Als mir mit martialischem Gehabe die Handschellen angelegt wurden, konnte ich mir ein Lächeln kaum verkneifen. Die Männer gaben ihr Bestes, indem sie ununterbrochen ihre Funkgeräte mit abgehackten Codewörtern traktierten. Ruckartig zerrten mich zwei der Kämpfer aus dem Sitz, vorbei an fassungslosen Normalpassagieren Richtung Ausgang. Der Rest der Truppe schritt todesmutig voran, um mich im Eilschritt in den Sicherheitsbereich des Flughafens zu bringen, wo der Truppführer endlich erschöpft, aber glücklich ins Mikro brüllte: »Mr Money in Sicherheit!«

Die Handschellen wurden wieder gelöst. Nun hatte ich noch endlose sechs Stunden Zeit, bis der Frankfurt-Flieger abhob. Da klopfte mir jemand auf die Schulter – es war der Kapitän meines Zubringerfluges. Er habe meine Story seit über acht Jahren verfolgt und als Vorstand einer Township-Selbsthilfegruppe sogar einmal Geld von mir bekommen, mit dem er eine Lehrerin fest angestellt habe. Nun hatte er sich extra freistellen lassen, um die letzten Stunden auf südafrikanischem Boden mit mir zu teilen. Nie solle ich vergessen, dass einige Menschen in diesem Land für Jeanette und mich beteten. Gerührt von dieser Geste, verbrachte ich eine angenehme Zeit mit ihm, bis die Kampftruppe erneut anrückte und mich unter Einsatz der erprobten Showeffekte in die Lufthansa-Maschine brachte.

»Willkommen auf deutschem Boden, Herr Harksen«, begrüßte mich die Stewardess mit einem freundlichen Lächeln.

Tausend Fragen schossen mir durch den Kopf: Wann sehe ich Muckel und die Kinder wieder? Sind meine Anwälte in Frankfurt oder in Hamburg? Wie komme ich nach Hamburg, im Flieger oder im Auto? Sperren die mich vielleicht sogar in

Frankfurt ein und transportieren mich wie ein Stück Vieh in einem ihrer Gefangenentransporter? Ich drehte mich um und wurde von Blitzlichern geblendet. Auf das Nicken eines meiner Begleiter hin ergriff die Stewardess das Mikro.

»Sehr verehrte Fluggäste, auf diesem Flug begleiten uns Regierungsbeamte mit besonderen Rechten. Aus diesen Gründen ist es während des gesamten Fluges untersagt, Bildaufnahmen zu machen. Wir bitten um Ihr Verständnis und wünschen Ihnen einen guten Flug.«

Nach Ende der Durchsage gingen wir zu unseren Plätzen, verfolgt von neugierigen Blicken. Auf dem Platz nahmen mir die BKA-Beamten die Handschellen ab, beantworteten freundlich meine Fragen und gestatteten mir sogar ein Glas Wein. Während meine Begleiter schliefen, warf ich immer häufiger einen Blick auf den Monitor über mir, wo sich der Cursor auf der elektronischen Landkarte Deutschland unerbittlich näherte. Innerlich bebte ich vor Anspannung.

Planmäßig landeten wir in Frankfurt. Wieder kam eine Durchsage: »Wir bitten alle Passagiere, das Flugzeug ausschließlich durch den hinteren Ausgang zu verlassen. Wenn Sie beim Erreichen unserer Parkposition einige Polizeiwagen warten sehen, besteht kein Grund zur Besorgnis. Hierbei handelt es sich um einen Routineeinsatz.«

Alle stiegen aus, nur meine Begleiter und ich blieben sitzen. Einige Herren aus der ersten Klasse, die als Letzte ausstiegen und mein Gesicht offenbar erkannten, riefen mir mehr höhnisch als mitfühlend zu: »Willkommen im deutschen Rechtssystem!«

Nun betraten zwei Polizeibeamte im Kampfanzug den Gang. Dutzende Polizeiwagen hatten die Maschine eingekreist. In unmittelbarer Nähe stand ein BGS-Hubschrauber mit laufendem Rotor, um jeden Fluchtgedanken gleich im Keim zu ersticken, und irgendwo dazwischen die Busse mit den Passagieren. Während diese sich die Nasen an den Scheiben platt drückten, folgte ich den Beamten ohne Handschellen in einen Polizeiwagen, der uns zum Terminal fuhr. Dort warteten bereits ungeduldig die Herren vom LKA aus Hamburg. Aus Sicherheitsgründen sei angeordnet worden, mich mit einem kleinen Konvoi per Auto nach Hamburg zu fahren. Das wurde auch im Radio gemeldet. Dolle Leistung, dachte ich: Die Reporter werden auf der Fahrt nach Hamburg absichtlich Staus produzieren und den Verkehr gefährden, nur um ein paar Fotos zu machen. Als BKA-Beamte mich während der Fahrt in Gespräche ohne meinen Anwalt verwickeln wollten, verfiel ich in andächtiges Schweigen.

Bedrohlich ragten die Umrisse des Untersuchungsgefängnisses in den Himmel. Wie oft war ich mit Muckel in »Planten und Blomen« spazieren gegangen und hatte hochgeschaut zu den düsteren Mauern, umringt von Stacheldrahtrollen und Wachtürmen. Wie oft haben wir Menschen an den Mauern gesehen, die schreiend versuchten, Kontakt mit ihren gefangenen Freunden oder Familienmitgliedern aufzunehmen. Sieh nur zu, dass du da nie landest, hatte ich damals oft gedacht. Nun war es geschehen. Doch so schlimm wie in Südafrika konnte es nicht mehr werden, versuchte ich mich zu beruhigen.

»Willkommen im Hotel Holstenglacis, Herr Harksen. Damit Sie sich in Ihren südafrikanischen Gewohnheiten nicht umstellen müssen, hier sind Handschellen und Fußketten«, begrüßte mich einer der Beamten scherzend.

»Folgen Sie uns bitte«, sagte sein Kollege, der ihn um zwei Kopflängen überragte, und ging voraus in den Fotoraum, wo ein Verbrecherportrait von mir geschossen wurde. Dann lautete die Marschrichtung Beobachtungsstation BII, alles nur zu meiner eigenen Sicherheit. Später erfuhr ich, dass allein das Kürzel BII aus dem Munde eines Beamten einen renitenten Häftling erzittern läßt. Auf dem Weg dorthin dachte ich beim Anblick der schmierigen Wände und des bröckelnden Putzes: Gegen das hier ist Pollsmoor ja ein Neubau.

Der Beamte schloss eine Zelle auf. An der Wand ein Bett, gegenüber ein Tisch mit einem Stuhl und ein kleiner Schrank, neben der Tür ein in die Wand eingebautes Radio. Ich stellte mein Bündel ab und drehte mich um.

»Richten Sie sich schon mal ein, ich bin gleich wieder da«, sagte der Beamte und schloss die Tür, durch deren Sichtfenster man von außen in jeden Winkel schauen konnte. Zum Glück durfte ich meine private Kleidung und meinen Rasierapparat behalten.

Nach einer halben Stunde pochte jemand an die Tür. »Einmal zum Abteilungsleiter, bitte.«

Der stellte sich höflich vor und bot mir einen Kaffee an, bevor er mir die Regeln des Hauses erklärte. Dann wurde ich zurück in meine Zelle geführt. Wieder klopfte es: »Herr Harksen, Besuch für Sie. Ihre Anwälte.«

Hatte mein Wille, keine Schwäche zu zeigen, bis zu diesem Moment standgehalten, brachen beim Anblick meiner Rechtsanwälte alle Dämme. Herrn Strate gab ich noch gefasst die Hand, aber in Frau Gottschalk-Solgers Armen ließ ich mich für einen Moment lang fallen und weinte dann hemmungslos, bis die Gesichter meiner Frau und meiner drei Söhne auf der Wasserleinwand vor meiner Netzhaut lebendig wurden. So weit weg! Wann würde ich sie wiedersehen? Würde ich sie überhaupt je wiedersehen? Nun übernahm das Selbstmitleid die Regie, und ich fragte Herrn Strate allen Ernstes, ob es überhaupt noch Sinn hätte zu kämpfen. Er sprach mir gut zu. Als wir uns in ein düsteres und beschmiertes Besprechungszimmer zurückgezogen hatten, sagte er mit liebevoller Strenge: »Wir haben ein so langes Stück der Strecke geschafft, dann schaffen wir den Rest auch noch, Herr Harksen.«

Um 17 Uhr war Haftprüfungstermin. Von der Außenstelle am Kapstadtring waren Richter Schudt und Staatsanwalt Dr. Meine extra angereist. Voller Freude, menschliche Wesen, die mich als Personen auf dem Papierweg und durchs Telefon schon so lange im Leben begleitet hatten, leibhaftig vor mir zu sehen, machte ich spontan einen Schritt auf sie zu, um ihnen die Hände zu schütteln. Ein belustigter Blick von Richter Schudt bremste mich gerade noch rechtzeitig: falscher Anlass, falscher Zeitpunkt.

Herr Schudt eröffnete mir einen Haftbefehl, der über die drei abgemachten Fälle weit hinausging. Als ich darauf hinwies, wandte er sich an Dr. Meine. »Was meinen Sie dazu, Herr Staatsanwalt?«

»Von der Anwendung des Spezialitätenabkommens habe ich keine diesbezügliche Information vom Justizministerium vorliegen. Für mich bleibt der neue Haftbefehl in vollem Umfang bestehen, Herr Richter. Ich betone erneut: Es besteht Fluchtgefahr«, antwortete er im geschäftigen Tonfall, eifrig seine Papiere sortierend. Der Richter schloss sich an. Dabei blieb es dann.

»Augen zu und durch. Das sieht schlimmer aus, als es ist«, sagte Herr Strate noch, bevor mich eine Beamtin in den so genannten Warteraum einschloss – eine schlauchförmige Zelle, wo mehr als ein Dutzend Ausländer hockten und um die Wette qualmten. Ich drängelte mich zum einzigen Fenster, um nicht zu ersticken. Als die ersten Fragen kamen, ob ich denn noch Geld übrig hätte, öffnete sich zum Glück die Tür.

Einige Tage später kam Frau Gottschalk-Solger zu Besuch. Inzwischen waren Akten aus Südafrika eingetroffen. Herr Schudt hatte zur Klärung sogar mit Pretoria telefoniert – offenbar hatte ich es mit einem fairen Richter zu tun. Sie zeigte mir auch eine Mitteilung der Kammer, wonach sämtliche nicht vom Spezialitätenabkommen erfassten Fälle einzustellen seien. Wir legten dennoch Widerspruch gegen den Bescheid ein, denn die Summen bei den verbliebenen drei Fällen waren erheblich höher als die im Auslieferungsbeschluss genannten.

Das Weihnachtsfest 2002 verbrachte ich in wechselnden Zuständen von Wut und Trauer – niemand aus der Familie war gekommen, trotz aller Versprechen! Am 14. Januar des folgenden Jahres kam es noch härter. Muckel und ich telefonierten über dieses und jenes. Am Ende stellte ich die suggestive Frage, die alle liierten Häftlinge am Ende eines Telefonats stellen, um ein Gefühlsbonbon für die kommenden Stunden zu haben: »Du wartest doch auf mich?«

Dann klang ihre Stimme plotzlich eiskalt: »Nein.«

»Was?«

»Ich gebe uns keine dritte Chance, ich will die Scheidung. Ich will endlich mein eigenes Leben führen und nicht immer nur eine Schauspielerin in deinem Film sein.«

Ich ging zurück auf die Zelle und dachte: Wieso bedeute ich ihnen so wenig? Ist ein Leben mit dem Ehemann und Vater weniger wert als Sonne, Garten und Freunde in Südafrika?

Der Prozess

Dr. Meine kämpfte wie eine Löwenmutter um mich als seinen Fall, den er seit zehn Jahren betreute, und tat alles, um meine Verurteilung nicht zu gefährden. Dafür kann ich ihm nachträglich nur gratulieren – denn noch immer dachte ich, Hakenschlagen vor dem Feind sei das Gebot der Stunde. Nun bin ich eines Besseren belehrt und habe die Wonnen der Reue gekostet.

Die Nacht vor dem Prozessbeginn am 9. Februar 2003 war unruhig für mich. Endlich öffnete sich die Tür: »Auf geht's, Herr Harksen!«

In Begleitung von vier Beamten wurde ich zum Kapstadtring gefahren. Dort warteten wie immer die Journalisten, um mit ihren Kameras wie Bluthunde über mich herzufallen. Der Gerichtssaal war bis auf den letzten Platz gefüllt. Während mir im Saal die Handschellen abgenommen wurden, sah ich Muckel, ebenfalls auf der Anklagebank. Sie wirkte sehr kühl, obwohl sie schön braun gebrannt war. Als Erstes sah ich, dass sie keinen Ehering trug.

»Wo ist denn dein Ring, Muckel?«

»Ich habe eine Goldallergie.«

Mich brachte diese Geste aus der Fassung. Ich hatte kaum Platz genommen, da ging die Tür zum Richterzimmer auf und Herr Schudt trat hervor. Seine natürliche und respektvolle Ausstrahlung gefiel mir.

Die Verhandlung begann mit der Verlesung von Briefen, die Wotan mir in die Untersuchungshaftanstalt geschickt hatte. Das Verfahren gegen ihn wegen Beihilfe zum Betrug war abgetrennt worden und wurde nie eröffnet – denn Wotan hatte Unpässlichkeit vorgeschützt. In den Briefen wurden alle alten Legenden weitergesponnen. Wotan wusste nicht, dass ich mich von ihnen verabschiedet und meine Bereitschaft zum Geständnis kundgetan hatte. Der Richter wies das Publikum darauf hin und sorgte so für die ersten Lacher.

Vor der Verlesung der Anklage durch den Staatsanwalt hielt ich ein Plädoyer in eigener Sache: Nach dem internationalen Spezialitätenabkommen sei es nur zulässig, über Fälle zu verhandeln, die im Auslieferungsbeschluss erwähnt waren, also die drei Fälle Doppler, Wackler und Fiedler. Mein Anwalt Strate hatte vor der Verhandlung schriftlich in die gleiche Richtung argumentiert und war auf taube Ohren gestoßen. Dem Richter leuchtete meine präzise juristische Argumentation ein. In der Presse hieß es später: »Harksen hält Rechtsvortrag«.

Am zweiten Tag begann ich, mein Geständnis abzulegen. Augenblicklich hatte ich mich im Labyrinth meiner Geschäfte verzettelt und nannte viele wohlklingende Namen, wie mir das von den Kundengesprächen geläufig war. Nur war das hier eine Schachpartie, in der ich endgültig schachmatt gesetzt werden sollte.

»Ich will ja nicht unterbrechen«, unterbrach mich der freundliche Richter irgendwann. »Aber wir sollten mal zum Punkt kommen.«

»Zu welchem Punkt?«

»Na, ob Sie betrogen haben oder nicht.«

»Ooch, zu dem Punkt.«

Ich war enttäuscht, dass die Magie meiner Worte diesmal

nicht verführte. Der Saal kicherte. Dann stand ich auf, um auf gleicher Augenhöhe wie mein Richter zu sein: »Herr Vorsitzender, hohes Gericht, ich habe in Skandinavien keine Ölspekulation vorgenommen, ich habe keine Firmenübernahmen vorgenommen, ich habe kein Harmstorff-Investment gemacht, ich habe auch sonst keine Investments gemacht, aus denen ich den Anspruch ableiten könnte, Milliardär zu sein. Demzufolge erkläre ich mich im Sinne der Anklage für schuldig. Ich bedauere zutiefst, diese Straftaten begangen zu haben, und ich wünschte mir, ich wäre früher zu dieser Einsicht zu kommen.«

Das war eine Keule – besonders für die Exkunden im Gerichtssaal, die noch immer an mich glaubten. Dann weinte ich, Muckel weinte auch. Dann nahm mein Anwalt meine Hand: »Das ist das beste Geständnis, das ich in all meinen Jahren als Anwalt gehört habe.«

Das Geständnis war wie eine Beerdigung meiner alten Seele und zugleich ein Befreiungsschlag. Dann sagte ich, ohne dass ich es gemusst hätte, noch etwas zur Entlastung meiner Frau: »Meine Frau habe ich in diese Sache mit hineingezogen, und ich möchte alle Verantwortung auf mich nehmen.«

Auch zu Krummsiek äußerte ich mich: »Ich habe sehenden Auges zugelassen, dass Herr Krummsiek ein Gutachten auf der Basis von Phantasie erstellt hat. Das tut mir Leid. Gleichzeitig hat er natürlich grob fahrlässig handelt.«

Der Tag des Geständnisses war für mich der Höhepunkt des Prozesses. Insgesamt wurde an vierzehn weiteren Tagen verhandelt. Dabei kam es zu manch erheiternder Szene. Zum Beispiel wurde der Vermögensberater Wolfgang Wackler vom Richter Schudt gehörig ins Gebet genommen: »Sie haben dreißigmal bei Herrn Harksen angelegt, nie hat es geklappt. Insgesamt gaben Sie ihm sieben Millionen Mark. Ist das richtig?«

»Ja.«

»Zugleich behaupten Sie auf Ihrer Internetseite, Deutschlands erfolgreichster Vermögensberater zu sein.«

»Ja.«

»Sie waren also überzeugt von den Geschichten von Herrn Harksen? Haben Sie schon mal Faktor 13 erlebt?«

»Ich hielt das für möglich.«

Herr Schudt schüttelte den Kopf und blickte mich an. Ich erwiderte sein Kopfschütteln. »Wie grauenvoll!«

Dabei konnte der Zeuge von Glück reden, nicht selbst auf der Anklagebank zu sitzen, denn er hatte sich das Geld, das er bei mir verloren hatte, selbst bei Unteranlegern geholt und anschließend deren Investment zum Totalverlust erklärt, ohne sie in Kenntnis zu setzen, dass er von mir die Hälfte der Einlage zurückerhalten hatte.

Immer wieder piesackte mein Verteidiger Gerhard Strate die Zeugen der Anklage mit der Frage: »Glaubten Sie tatsächlich, dass es eine skandinavische Börse und skandinavische Behörden gibt? Meines Wissens besteht Skandinavien aus vier Staaten.«

Den Zeugen fiel darauf immer wieder das Gleiche ein: Es hätte plausibel geklungen, deshalb hätten sie es geglaubt. Der Vorsitzende schüttelte öfters den Kopf und murmelte dazu: »Unfassbar.«

Den Kaufmann und Unternehmer Ronald Doppler fragte mein Rechtsanwalt Strate: »Leuchtete Ihnen ein, dass zur Auszahlung einer Summe eine Bank gegründet werden muss?«

»Ja.«

»Haben Sie nachgeprüft, ob es zur Gründung und Lizenzierung einer Bank einen Lordrichter braucht?«

»Ich habe mich da auf Harksen verlassen.«

»Der Verstand sollte nicht ganz aussetzen«, befand Strate.

Ein anderer Zeuge war Jochen Strunz, mein ehemaliger Kompagnon am Jungfernstieg. Bei mir hatte er 650 000 Mark angelegt und dafür drei Millionen zurückbekommen, wie er selbst schriftlich zugestanden hatte. Er begann seine Einlassung mit einer Klage über seine desolate wirtschaftliche Lage. Der Richter fragte verwundert zurück: »Wie ist das möglich bei der gigantischen Verzinsung, die Sie von Herrn Harksen bekommen haben?«

Er quengelte wie ein beleidigter Sechsjähriger: »Ja, aber Herr Harksen hat mir Faktor 13 versprochen, und ich hatte das Geld schon ausgegeben.«

»Also Faktor 4 oder 5 hat Ihnen nicht gereicht?«

»Nein.«

Der schüttelte erneut den Kopf: »Sie können gehen, Herr Strunz.«

Ob der Tatbestand der Täuschung, der ein unverzichtbares Element des Betrugs darstellt, bei meinem Geschäftsmodell gegeben war, galt während der Verhandlung als strittig. Mein Verteidiger argumentierte: Wenn Faktor 13 unrealistisch ist, kann keine Täuschung vorliegen, denn jeder muss wissen, dass 1300 Prozent genauso realistisch sind wie die 0 im Roulettespiel. So hatte bereits der ermittelnde Staatsanwalt Meine 1991 in einem Aktenvermerk festgehalten, dass ein Kunde mit einer Gewinnerwartung von 1300 Prozent auch ein Risiko von 1300 Prozent hat. Dem hatte sich auch der Gutachter Herr Prof. Paeffgen aus Mainz angeschlossen. Die allgemeinen Geschäftsbedingungen, so weit sie schriftlich fixiert waren, sprachen ebenfalls zu meinen Gunsten. Was das Gericht am Ende doch von dem Vorhandensein der Täuschung überzeugte, waren meine mündlichen Versprechen, die die Zeugen immer wieder zitierten: Das Geld sei bereits verdient, man könne die Milliarden schon riechen etc.

Rechtlich gesehen hätte ich auch einen Freispruch bekommen können, denn die Eigenbeteiligung der Opfer war unverkennbar. Wie es mein Anwalt Strate beim Plädoyer zu einem meiner Exkunden sagte: »Herr Harksen sagte Ihnen, ich will Sie betrügen, und Sie haben es nicht geglaubt und ihm trotzdem Geld gegeben. Kann man das noch Betrug nennen?«

Verurteilt wurde ich am Ende wegen einfachen Betrugs, wegen eines bloßen Vergehens, nicht wegen eines Verbrechens. Einfach heißt: Betrug mit der Zunge. Hilfsmittel in Form von gefälschten Unterlagen habe ich nur zur Seelenpflege eingesetzt, niemals zur Einwerbung von Geldern. Sonst wäre es schwerer Betrug gewesen.

Mein Richter verlas am 11. April 2003 das Urteil. Ich sollte sechs Jahre und neun Monate bekommen, neun Monate mehr als von der Staatsanwaltschaft gefordert, meine Mitangeklagten Jeanette und Dieter Krummsiek jeweils zwei Jahre auf Bewährung wegen Beihilfe zum Betrug. In der Urteilsbegründung hieß es: »Die Summe der Gelder, die Harksen zugetragen, in einigen Fällen sogar aufgedrängt wurden, nahm ständig zu. Der Angeklagte, der das Geld seiner Kunden mit vollen Händen ausgab und Geldbedarf für seine nicht rentabel arbeitenden VIP-Firmen hatte, bestärkte seine Kunden in ihren Erwartungen weiter. Er empfand es als Herausforderung, seriöse und konservativ denkende Geschäftsleute von den irreal hohen Gewinnerwartungen zu überzeugen und zur Hergabe von Geld zu veranlassen. [. . .] Die Bereitschaft der Kunden, dem Angeklagten Harksen ihr Geld zur erhofften Geldvermehrung anzuvertrauen, speiste sich aus mehreren Quellen: Ein wesentlicher

Grund war die von Harksen in Gang gesetzte Mund-zu-Mund-Propaganda. Er hatte es verstanden, innerhalb kürzester Zeit Kontakt zu vermögenden Anlegern aus den verschiedensten Berufsbereichen aufzubauen. [. . .] Er vermochte es, durch sein offenes Wesen, seine Beredsamkeit und einen freundschaftlichen Umgang persönliches Vertrauen zu vermitteln und die angeblich bestehenden Investments plausibel darzustellen. [. . .] Ein ganz erheblicher Anreiz zur Beteiligung an den angeblichen Investments waren die auf dem Finanzmarkt nicht, oder nur in ganz ungewöhnlichen Konstellationen zu erzielenden Gewinne. [. . .] Hinzu kam, dass durch die persönlichen Empfehlungen der Eindruck entstand, dass es sich um einen »Geheimtipp« handele, um die einmalige Möglichkeit, schnell reich zu werden, die nicht jedem, sondern eben nur Eingeweihten offen stand.«

Am Ende meinte der Richter mit gütigem Lächeln zu mir gewandt: »Herr Harksen, Sie sind als Habenichts geboren, dann waren sie mal wer, und nun sind Sie wieder ein Habenichts.«

Ab in die Hölle nach Santa Fu

Mein Urteil von sechs Jahren und neun Monaten lag um neun Monate höher als vom Staatsanwalt beantragt. Wozu waren Anwälte eigentlich da? Herr Strate erklärte mir die juristische Arithmetik: Die Auslieferungshaft in Südafrika sei höher angerechnet als ursprünglich angenommen, unterm Strich bleibe meine abzusitzende Freiheitsstrafe gleich. Ohnehin sei für mich von Anfang an der offene Vollzug vorgesehen, da ich geständiger Ersttäter sei, mich freiwillig in Deutschland dem Verfahren gestellt habe und daher keine Fluchtgefahr bestünde.

Die nächsten vier Wochen verbrachte ich im »Hotel Holstenglacis«, geplagt von Ängsten: Konnte ich mich auf die Zusage der Verlegung in den offenen Vollzug verlassen? Wann käme ich wieder frei? Wann könnte ich meine Familie wiedersehen? Eines Sonntagabends hieß es: »Harksen, morgen geht es nach Anstalt I ins Aufnahmehaus.«

Dabei wollte ich doch in die sozial-therapeutische Anstalt 14, der Antrag war schon gestellt. Mein Abteilungsleiter und die Psychologin beruhigten mich: »Machen Sie sich keine Sorgen, niemals werden Sie in die berüchtigte Anstalt II verlegt, da haben Sie nun wirklich nichts zu suchen.«

Mit dem kleinen grünen Bus, der »grünen Minna«, fuhren wir eine halbe Stunde bis vor die Pforten der Fuhlsbütteler Anstalt. Mein Herz raste. Ringsherum nur Häuser und Gitter, Stacheldraht und Beamte. Das Tor öffnete sich, man brachte mich in den Keller. Wir stoppten vor einer Zelle, auf der groß geschrieben stand »Warteraum – 1. Klasse«. Drinnen standen überall Betten, die Wände waren gnadenlos beschmiert, der Boden war verdreckt und der Gestank fast nicht auszuhalten. Nach einer Weile kam der Beamte herein und gab mir eine Blechschüssel, verbogenes Besteck, einmal Margarine, einen Beutel Tee und mein Bettzeug für die nächsten Tage.

Einige Stunden später wurde ich mit zwei weiteren Insassen ein Stockwerk höher gebracht, in einen kleinen Raum mit einer Holzbank und einem Telefon. Aufgeregt nahm ich den Hörer ab und tippte voller Sehnsucht nach meiner Familie in die Tasten, bis mich eine nette weibliche Stimme im Hörer stoppte: »Die von ihnen gewählte PIN-Nummer ist ungültig.«

Dann ging die Tür auf, und ich wurde in einen anderen Raum gebeten. Dort saßen fünf Personen an einem Tisch und würdigten mich keines Blickes. Mir wurde ein Blatt mit der Aufforderung zur Unterschrift vorgelegt. Ich fühlte mich wie vor einem weiteren Tribunal und unterschrieb wie in Trance. Wie und wo meine Haft weiter verlaufen werde, könne man erst bestimmen, wenn meine aktuelle Strafzeitberechnung aus Afrika da sei. Nach zwei Minuten brachte man mich wieder zurück auf die Zelle. Dann erschien einer der Männer, die eben ihre Show mit mir abgezogen hatten. Er stellte sich freundlich als Vollzugsleiter vor und erläuterte mir den Sinn der vorangegangenen Verhandlung. Für den Rest des Tages versuchte ich nur noch Ruhe zu finden. In den nächsten Tagen stellte ich zusammen mit meinem Anwalt bei dieser Kommission den Antrag auf Verlegung in den offenen Vollzug.

Eines Tages präsentierte mir ein netter Beamter die Einweisungsentscheidung nach Anstalt II »Santa Fu«. »Das bedeutet wohl nichts Gutes«, sagte ich und erhielt ein leichtes Nicken als Bestätigung. Noch halb in Schockstarre legte ich dagegen Widerspruch ein. Beim Leiter der Kommission erhielt ich wenige Tage später eine Audienz. Der ungekrönte König von Santa Fu lächelte mich mit einer Zigarre im Mundwinkel freundlich an. »Was kann ich für Sie tun?«

»Das frage ich mich auch. Sie schicken mich in diese Hölle ohne Rücksicht auf meinen Antrag. Nun bin ich den Kriminellen und Verrückten aller Länder ausgeliefert. Habe ich das als Ersttäter verdient?«

»Herr Harksen, wo bitte soll ich Sie denn sonst hinschicken? Wir haben ja keine Papiere. Ohnehin werden Sie nur zu Beobachtungszwecken und höchstens für ein paar Monate dort sein. Keine Sorge, Herr Harksen, so schlimm ist es da nicht!«

Wie nicht anders zu erwarten, blieb es bei der Entscheidung. An Santa Fu führte kein Weg vorbei. Mir kam es vor, als solle ein friedfertiger Schwan in ein Wasserbecken voller Piranhas und ausgehungerter Haie geworfen werden. Auch wenn Pollsmoor als eines der schlimmsten Gefängnisse der Welt galt – mir erschienen die Verhältnisse und auch die Architektur dort menschenwürdiger als in Santa Fu. Am Tag der Einlieferung wurde ich mit Rufen empfangen wie: »Geil, Frischfleisch.«

Baulich erinnert das Gefängnis an Gefängnisszenen aus 50er-Jahre-Filmen: Ein riesiger Innenflur mit Balustraden, durch kaltes Neonlicht ausgeleuchtet, wo jeder jeden unentwegt beobachten kann und jedes Türenschlagen und Geschrei bis in den hintersten Winkel dringt. Der Beamte auf der Zugangsstation B II führte mich in die Zelle, meine neue schreckliche Heimat für die nächsten Monate: ein kleiner

Raum mit einem Bett, Stuhl, Tisch, Schrank und unabgedecktem Toilettenbecken in der Ecke. Ich versuchte mich zu beruhigen und die nächsten Schritte zu planen.

Wie ein Lauffeuer sprach sich meine Ankunft herum. Der hat doch sicher noch was, den können wir melken, surrte es im Hornissenschwarm der Schnorrer. Sie musterten mich tagelang schweigend. Nach etwa vier Wochen kam der Afghane Masoud auf mich zu. Er sprach mich kühl und trocken von der Seite an: »Hey, Harksen, wir können alle Zeitung lesen. Stell dir vor: Viele Menschen hier haben was gegen dich und wollen dir sehr weh tun.«

Ich sagte nichts und versuchte locker zu bleiben.

»Du brauchst dir keine Sorgen zu machen. Ich, Masoud, werde auf dich aufpassen. Was ich sage, ist hier Gesetz. Doch dafür erwarte ich eine gewisse Gegenleistung. Besorge mir einen Topanwalt oder gib mir die Kohle dafür.«

Auf keinen Fall werde ich das tun, sagte eine Stimme in mir, während ich mit ruhiger Stimme versprach, mich unter meinen Anwälten umzuhören, und diplomatisch hinzusetzte: »Nur garantieren kann ich dir nichts.«

Diesen Spruch hatte ich bei meinen Anwälten zu Genüge gehört. Ich sprach tatsächlich mit Frau Gottschalk-Solger und anderen Anwälten, aber sie alle wollten mit Masouds Fall nichts zu tun haben. Eine Woche später drohte er massiver: Ein Freund habe bereits Anschrift und Telefonnummer meiner Familie in Südafrika, ob ich mir keine Sorgen mache? Die Beamten meinten nur: »Erst muss etwas passieren, dann können wir reagieren.« Ich war schockiert und verängstigt. Konnte mich denn niemand beschützen – mein Abteilungsleiter, meine Anwälte? Unglaublich – Straftaten mussten erst geschehen, um gegen sie vorgehen zu können. Wenige Tage später verlegte man mich von der Station B II auf die Station A III. Die Abteilungsleiterin, Frau Sprenger, galt als Hardlinerin, behandelte mich aber fair, indem sie mir alle zwei Wochen Gespräche gewährte, bei denen ich meinen familiären Werdegang schildern konnte. Die Hauspsychologin dagegen hatte über mich gehört, ich hätte in Edelboutiquen Dessous geklaut, und behandelte mich dementsprechend herablassend. Den Glauben konnte ich ihr nicht nehmen, und so verzichtete ich auf ihre Dienste, obwohl ich dringend eine Therapie gebraucht hätte – bei dieser Kindheit!

Die Drohungen hörten nicht auf. Immer wieder klopfte jemand nachts, wenn ich vergeblich Schlaf suchte, an meine Tür: »Ey, Harksen, du bist tot, wir machen dich kalt, dein Ende naht.«

Ich gewöhnte mich daran, mit meinen Ängsten zu leben, und fortan zeigte sich, dass das Leben weiterging, ohne dass sie wahr wurden.

Nach fast drei Monaten Bettelei beim Arbeitsinspektor war es endlich so weit: Ich bekam Arbeit! Bewaffnet mit einer Leimpistole durfte ich Pappkartons zusammenbauen. Da stand ich nun im Blaumann, den ich zuletzt als jugendlicher Fabrikarbeiter getragen hatte, vor einem riesigen Berg gefalteter Pappe. Für dreihundert Stück am Tag gab's einen Euro fünfzig. Das Betriebsklima war jedoch freundlich und heiter, also gab ich mein Bestes, das Soll zu erreichen.

Eines Tages stand dieser Masoud zusammen mit zwei Mafiabrüdern vor mir und versuchte, mich um 20 000 Euro zu erpressen, um damit die Rückkehr seiner angeblich todkranken Mutter aus Afghanistan nach Deutschland zu finanzieren. Sie hielten mir mit finsteren Mienen die Originaltelefonnummer meiner Frau und meiner Kinder vor die Augen. Wieder musste ich ihn diplomatisch vertrösten.

Zwischenzeitlich freundete ich mich mit meinen Betrügerkollegen Robert und Olli an, unvoreingenommene und hilfsbereite Männer, die durch ihr sicheres Auftreten Respekt genossen. Wir sahen uns Filme an und verbrachten die meiste Zeit des Tages zusammen. Das machte die Haft etwas erträglicher. Sogar wenn ich zum Duschen ging, waren sie zum Schutz in meiner Nähe. Dann hieß es aus heiterem Himmel: Heute werden Sie aus Sicherheitsgründen verlegt, Anweisung kommt von ganz oben.

Mir blieben ganze zehn Minuten, um meine nötigsten Sachen zu packen. Der Rest käme nach. So wurde ich in das ehemalige Zugangshaus I zurückgebracht, wo meine Reise nach Santa Fu begonnen hatte. Nun kam ich in eine Zelle, in der das Belüftungsfenster klemmte. Vor lauter Atemnot tat ich die Nacht kein Auge zu. Noch bevor am nächsten Morgen der Wärter sein »Guten Morgen« los war, hatte ich ihm schon einen Antrag auf Verlegung in eine andere Zelle in die Hand gedrückt – wegen ärztlich attestierter Klaustrophobie brauchte ich eine belüftbare Zelle. In der Folgewoche bekam ich keine Zelle, sondern einen Saal, ein unbelegtes Sechsbettzimmer, ganz für mich allein. Vier riesige Fenster zeigten nach draußen auf ein paar Büsche, ins Grüne – welch ein Luxus! Und nun durfte ich schreiben, Bänder besprechen und mich dem Aktenstudium hingeben. Zwischendurch teilte ich das Essen aus und machte auch mal die Aschenbecher sauber. Mein Führungszeugnis war so gut, dass einer der Beamten mir offen ins Gesicht sagte, so eine gute Führung sei ihm in zwanzig Jahren nicht untergekommen.

Die Justizverwaltung hatte eine höllische Angst, ihr könne

der Vorwurf gemacht werden, mich über Gebühr zu verwöhnen, während jeder kleine Eierdieb hart bestraft werde. Deshalb behandelten sie meine Anträge auf normale Vollzugslockerungen schlechter als die der Durchschnittsgefangenen, die sogar als Wiederholungstäter schneller Aus- und Freigang bekamen als ich.

Rache ist süß! Nehmen wir mal an, einer meiner Kunden namens Manfred, ein Steuerberater, hat einen Freund namens Erich in der Justizverwaltung. Die beiden sitzen eines Abends zusammen, und der Steuerberater beichtet dem Freund seine Schmach. »Du, Erich, das war heftig, wie der mich verarscht hat. Da bin ich fast verrückt geworden.«

Erich sagt dann vielleicht: »Du warst aber auch blöd genug, Manfred. Hättest du doch vorher nachgedacht.«

In diesem Fall ist Erich mein Freund. Wahrscheinlich aber sagt er: »Mensch, Manfred, das tut mir aber Leid. Das soll der Kerl dir büßen. Uns fällt schon was ein, wie wir ihm das Leben schwer machen können.«

Aus dem Vollzugsamt hatte ich jede Menge Sonderschikanen zu erleiden. Unter den Vollzugsbeamten wirkte ich wie ein Katalysator: Etliche mochten mich, etliche trauten mir nicht. Die Mitgefangenen respektierten mich, weil ich einer von ihnen war und keiner von denen. Manche versuchten auch, mich hereinzulegen mit Erpressungen oder machten mir unappetitliche Angebote wie nach der Dusche den Schokostich für fünfzig Euro.

Leider beschränkt sich der Strafvollzug in Deutschland trotz anders lautender gesetzlicher Absichtserklärungen in der Regel noch immer auf das Prinzip des Wegschließens und Wegschauens. Wer sich als Vollzugsbeamter menschlich und fair verhält, muss mit kollegialen Konsequenzen rechnen – jedenfalls bei der Mehrheit derer, die dort dumpf ihren Dienst absitzen. Spürten sie, dass ich eher einer von ihnen war als einer von denen? Jedenfalls hatte ich nie ein Problem damit, den Aschenbecher leer zu machen, obwohl ich Nikotin verabscheue.

Im November bekam ich einen Bescheid des Vollzugsamts wegen meiner schon lange anstehenden Verlegung in den offenen Vollzug. Obwohl die Anstalt der Verlegung zugestimmt hatte, hieß es im Amtsbescheid: njet. Das muss wohl der Faktor 13 im Strafvollzug sein. Schließlich bin ich Ersttäter, geständig und habe nichts als ein Wirtschaftsvergehen begangen – nicht einmal ein Verbrechen.

Das Vollzugsamt wollte offenbar durch seine selbstherrliche Entscheidung nicht nur mir eins auswischen, sondern auch die niedriger gestellten Kollegen von der Anstaltsleitung düpieren. Das Amt brachte so die Gefängnisleitung in die unangenehme Situation, mir gegenüber eine Entscheidung zu begründen, die sie selbst als falsch verworfen hatte. Wer aber, wenn nicht die Anstaltsleitung, sollte aufgrund des täglichen Kontakts kompetent sein, wenn es um Fragen der Führung oder der Missbrauchsgefahr geht?

Bei aller Gelegenheit zur Reue und Sühne – die deutschen Gefängnisse haben mich mehr enttäuscht als die südafrikanischen. In Südafrika fühlte ich mich besser aufgehoben. Die Gefangenen dort sind zwar körperlich unsauberer, aber weicher und menschlicher im Umgang miteinander. Es gibt dort ein Wechselspiel von nackter Überlebensgewalt und solidarischem Miteinander, während die hygienischen deutschen Gefängnisse Brutstätten gewerbsmäßiger Intrigen und Erpressungen sind, durch die die Gefangenen sich gegenseitig zu immer neuen Straftaten anstacheln und ein krimineller Charakter eher herangezüchtet als korrigiert wird – von Ausnahmen abgesehen. Wer noch kein Verbrecher war – hier wird er es. Prostitution und Drogenkriminalität gedeihen durch das Prinzip des Wegschließens. Arbeit steht den Gefangenen zwar zu, aber es gibt genau wie draußen viel zu wenig davon.

Das Hauptproblem in Santa Fu ist der Drogenhandel. Um ihn einzudämmen, dürfen die Angehörigen neuerdings kein Geld mehr für die Gefangenen einzahlen. Durch diese Regelung entsteht konträr zur guten Absicht vermehrte Beschaffungskriminalität – denn den Gefangenen wird jegliche legale Möglichkeit genommen, ihre Sucht durch Arbeit zu finanzieren. Das fördert die Prostitution und damit das weitere Abgleiten in die Kriminalität. Wer als Ersttäter in solch eine Umgebung gerät, braucht starke Nerven und einen eisernen Willen. Deshalb bitte ich, nachdem ich tausend Klos geputzt habe, auch im Namen meiner Mitgefangenen: Fördert uns. Lasst uns mehr tun, gebt uns Anregungen für ein normales Leben. Gebt uns die Vorbilder, die uns unsere Eltern nicht geben konnten.

Im Winter 2004 besuchte mich Erwin Lindemann. Er sah, dass ich noch Sommerklamotten trug. »Jürgen, schickt dir niemand was zum Anziehen?«

»Meine Familie kann sich das Porto nicht leisten.«

»Das muss doch nicht sein. Verhungern lassen müssen wir niemanden.«

Dann sprachen wir über alte Zeiten. Sein Groll war verraucht, wir lachten beide viel als gereifte Männer. Ein paar Tage später wurde ich in die Wäschekammer gerufen. Vor mir stand ein Riesenpaket Edelklamotten. Der Beamte sagte: »Das ist von Herrn Lindemann.«

Ich war zu Tränen gerührt. Warum hilft er mir?, fragte ich mich. Leidet er noch immer unter Investment-Hypnose, oder folgt er einfach nur einer Regung seines Herzens? Seitdem gehört er zu der kleinen Gruppe von Menschen, die ich mir, in der Zelle meinen Gedanken nachhängend, als Teil einer guten Wohngemeinschaft vorstellen kann.

Interview mit mir selbst

So, nun können Sie sich wieder abschnallen. Noch habe ich längt nicht alles erzählt, was mir während meines Mondflugs passiert ist, nur die Dinge, die mir unter diesen beengten Umständen einfielen. Der zweite Band ist schon in der Mache. Zum Abschied möchte ich Sie einladen, bei einem Gläschen Rotwein (Marke Opus 1) Zeuge oder Zeugin eines nächtlichen Interviews zu werden, das ich in Gestalt einer hübschen jungen Reporterin mit mir selbst führte.

Wie viel Geld haben Sie insgesamt eingesammelt?

Ich hatte mich an acht-, neun-, oder zehnstellige Beträge gewöhnt, aber in der Realität habe ich bei hundert Millionen aufgehört zu zählen. So viel Geld zu zählen erschien mir sinnlos, zumal es ohnehin nicht lange bei mir blieb.

Hatten Sie dabei moralische Bedenken? Sie haben ja teilweise Kunden, die auch Freunde waren, betrogen und getäuscht.

Natürlich war mir nicht wohl dabei. Aber ich hatte nie den Vorsatz, meine Kunden um ihre Einlage zu bringen. Ich war so sehr von mir selbst überzeugt, dass ich glaubte, alle würden zumindest ihre Einlagen wiederbekommen. Das funktionierte ja aufgrund des Schneeballeffekts bis 1991 tatsächlich. Aber irgendwann war ich bei Großanlegern nicht mehr in der Lage, die Forderungen zu bedienen. Der Schneeball hatte sich ausgerollt.

Sicher war dieser Glaube an das Immer-mehr und das Nicht-an-Morgen-Denken naiv und unverantwortlich. Aber ich habe mein Gewissen auch damit beruhigt, dass diese Kunden sehr viel Geld hatten und wissen mussten, dass der großen Gewinnchance auch ein hohes Risiko gegenübersteht. Manche Leute wollten offenbar ihr Geld an mich verlieren, sonst hätten sie mehr gesehen. Natürlich habe ich nach Gutsherrenart verteilt, wie der Jürgen von Hasselstein, mein Alter Ego aus den Anfangstagen der Nordanalyse.

Ich habe immer geglaubt, dass meine Kunden mir nicht alles glauben. Dafür waren meine Geschichten einfach zu phantastisch und meine Täuschungen zu dilettantisch. So nahm ich das Ganze mit einem Schmunzeln hin, als ginge es nur um ein Spiel, bei dem es darauf ankommt, wer besser tricksen kann.

Was haben Sie als Unterschichtkind von Ihren Kunden aus der Oberschicht gelernt?

All den Menschen dort oben begegnet zu sein, hat mich vor allem gelehrt: Es ist nicht meine Welt, ich war dort nur Ehrengast. Meine Eintrittskarte war gefälscht, ich habe mich in die ersten Reihen hineingemogelt. Dort konnte ich erfahren, dass man für mich und alle Menschen aus meinem Umfeld nur Verachtung übrig hat. Da zählt nur die Ebenbürtigkeit der Nullen. Und was eine Null ist, wusste ich nur allzu gut. Ich konnte mich nur halten in ihrer Welt, weil ich eines gründlich gelernt hatte: das Lügen. Als Schwindler fiel ich nicht weiter auf unter Menschen, die sich täglich selbst beschwindelten. Der Preis der Lüge war die höllische Angst, dass die Lügen, auf denen das ganze Leben aufgebaut war, von einem Moment zum anderen in sich zusammensacken könnten.

Aber mit Lügen haben Sie doch Ihr Geld verdient!

Ich hasse Lügerei und habe sie immer nur als Mittel zum Zweck eingesetzt. Lügen ist ein harter Job, der gut bezahlt werden muss. Dafür habe ich mich oft genug selbst verdammt. Aber was sollte ich machen, nachdem sich der Zug in Bewegung gesetzt hatte? Schließlich hätte ich vielen Menschen mit der Preisgabe der Wahrheit wehgetan, und das wollte ich nicht. Heute weiß ich: Die unausgesprochene Wahrheit geht durch alle Wände.

Wer aber öfter lügt weiß, dass die beste aller Lügen die ausgesprochene Wahrheit ist. Für den erfahrenen Lügner heißt es, immer so nah wie möglich an der Wahrheit zu bleiben und mehr durch Unterlassung zu lügen als durch Handeln. Die Lüge ist eine hohe Kunst, und das wissen die Kreise, in die ich mich hineingemogelt habe, am besten.

Wozu brauchten Sie persönlich das viele Geld?

Damals lebte ich nach dem Mohrrübenprinzip – immer ein Ziel vor Augen. Egal was es war – ein Konzert, auf das ich mich schon wochenlang freute, oder der Geburtstag meiner Frau, für die ich vier Wochen vorher die Geschenke einkaufte, um sie ihr dann bereits am nächsten Tag zu geben, obwohl ich es gar nicht wollte. So habe ich sie also rund um die Uhr über das Jahr hinweg beschenkt – mit der allergrößten Hingabe. Mein Leben war verdammt teuer, und am Ende des Tages hatte ich alles ausgegeben.

Ich war schenksüchtig und bildete mir ein, es wäre um der anderen willen, die ich damit glücklich machte. Deshalb habe ich auch immer gerne Spenden verteilt. Heute weiß ich es besser. Ich wollte immer nur die Anerkennung: »Danke, Jürgen, das ist aber schön. Das hast du aber toll gemacht.« Solche Lobessätze brauchte ich, um den Tag zu überstehen, aber ich bekam sie nur, wenn ich irgendwelche käuflichen Dinge herbeischaffte. Meine Kinder waren großzügiger mit ihrem Lob: »Papa, das hast du aber schön gemacht.« Oder: »Das schmeckt aber lecker.«

Nach solchen Worten hungerte ich mehr als nach den Millionen, mit denen ich jonglierte. Wer mir früher gesagt hätte, dass Geld nicht glücklich macht, dem hätte ich nicht geglaubt. Ich brauchte diesen Geldtrip, diese vielen Autos und Villen, das Privatflugzeug, die Motoryacht, fünfhundert Anzüge, dreihundert Paar Schuhe und zweitausend Flaschen Wein im Keller. Ich war genauso gierig wie meine Kunden. Erst nach Jahren im Luxus merkte ich, wie wertlos all das Geld war. Es gab keinen Frieden und kein Glück. Neulich las ich bei dem deutschen Dichter Grillparzer: »Alles, was du hältst, davon bist du gehalten, / und wo du herrschest, bist du auch der Knecht. [. . .] Und in dem Abschied, vom Besitz genommen, / Erhältst du dir das einzig Deine: Dich.«

Wie erklären Sie sich, dass einige Ihrer Kunden trotz Ihres Geständnisses und Ihrer Verurteilung nach wie vor an Ihren sagenhaften Reichtum glauben?

Die Geister, die ich rief! Es gibt Menschen, die ein lebenslanges Bleiberecht im »Dauert-noch-Haus« für sich reklamieren. Wer genügend Geld hat, landet eben trotz Wahnvorstellungen nicht in der Psychiatrie. Ein Verlust ist erst dann ein Verlust, wenn man ihn erkennt. Wer bis heute glaubt, dass das Vermögen echt ist, will seinen Verlust nicht akzeptieren. Sie haben eben so große Angst vor dem Verlust, dass sie ihn mit aller Kraft leugnen. Aber vielleicht glauben diese Menschen einfach an mein Potenzial, und dafür bin ich ihnen sehr dankbar.

In einem Fernsehbericht vom WDR werden schwere Vorwürfe gegen Sie erhoben. Sie sollen die Kosten für ein Kinderheim nicht bezahlt haben. Was ist dran an den Vorwürfen?

Dort kam der Rechtsanwalt meiner Konkursverwalter zu Wort. Man könnte es auch so sehen, dass er es war, der die Kinder auf die Straße geworfen hat, um das Objekt als Konkursmasse zu Geld zu machen. Solange ich verantwortlich war, habe ich das Gebäude und sogar die laufenden Unterhalts- und Personalkosten getragen. Mit einer Ausnahme: Im Jahr 2002, kurz vor der Auslieferung, war ich klamm und bat vor laufender Kamera Mr Jackson, damals Bürgermeister von Kapstadt, um die Übernahme der Stromrechnung. Kinder, insbesondere meine eigenen, liebe ich über alles, denn sie repräsentieren unsere Zukunft.

Sehen Sie sich als Versager?

Ja und nein. Ich bin ein verurteilter Betrüger, meine geliebten Kinder haben einen verurteilten Berüger zum Vater. Ich habe meine Fähigkeiten eingesetzt, um anderen Menschen zu schaden. Ich nahm mich wichtiger als andere, war rücksichtslos, habe gelogen und betrogen. Andererseits habe ich meine Irrtümer bis zum Exzess ausgelebt und mich dabei weiterentwickelt. Immerhin habe ich nebenbei auch Gutes bewirkt. Neulich bekam ich in den Knast hinein ein Dankschreiben vom Zentrum für Knochenmarktransplantation im Universitätsklinikum Hamburg-Eppendorf. Viele Menschen in Südafrika mögen mich und meine Geschichte. 2003 veranstaltete die katholische Kirche ein Preisausschreiben in ganz Südafrika, bei dem gefragt wurde: »Who do you believe said: I'll be back?« Vier Antworten standen zur Verfügung: Schwarzenegger, Harksen, Jesus Christus und Peter Marais, der ehemalige Premierminister.

Warum der auftrumpfende Titel: »Wie ich den Reichen ihr Geld abnahm«?

Geld ist ja genug vorhanden in unserer Gesellschaft, es ist nur falsch verteilt. Die Armen haben zu wenig und die Reichen zu viel. Warum nahm ich? Weil ich es brauchte, weil die Reichen Menschen aus meiner Schicht verachten und weil sie lernen könnten, mit ihrem Geld besser umzugehen. Wenn die Gierigen und Geizigen tonangebend unter den Reichen werden, wenn Reichtum blind und gewalttätig wird, ist die Zeit offenbar reif für einen wie mich. Das Geld, das ich den Reichen wegnahm, habe ich nicht wie sie gehortet, sondern in den Kreislauf der Wirtschaft geworfen – egal, ob als wohltätige Spende oder für meinen verschwenderischen Lebensstil. So sind viele Millionen auf Wanderschaft gegangen – befreit von jeglicher Spekulation.

Hinzu kommt, dass viele meiner Kunden in juristischer Hinsicht oft ebenso viel Dreck am Stecken hatten wie ich. Mein Spiel war ein Zeitvertreib für Halsabschneider: Der Betrüger wollte den Betrüger betrügen, aber der Betrüger, der betrogen werden sollte, drehte den Spieß um und betrog den Betrüger. Das gilt nicht für alle, aber für viele meiner Kunden.

In der ZEIT *wurden Sie im April 2003 als Eulenspiegel-Figur gelobt.*

Ja, Sabine Rückert schrieb einen tollen Artikel über mich und meine Anhänger: »Vereinzelt passiert es, dass Straftäter vom Volk bewundert werden. Dass sie, obwohl sie anderen übel mitgespielt haben, die Lacher auf ihrer Seite wissen. Es sind Schelme und Galgenstricke mit dieser Mischung aus Tücke, Selbstinszenierung, Gewissenlosigkeit und Spaß, deren frevelhafter Einfallsreichtum den angerichteten Schaden beinahe vergessen macht. Till Eulenspiegel war so ein Schalk. Was rettete seinen feixenden Mythos über sieben Jahrhunderte? Dass er den Menschen einen Spiegel vorhielt. Zwar werden seine Opfer geschädigt, aber mit einem höheren Gut entschädigt: der Einsicht in die eigene Fehlerhaftigkeit. Aus dem Holze des Schalks ist auch Jürgen Harksen gemacht.«

Nun, ein Schulterklopfen tut immer gut. Aber ich spielte die Figur mehr unbewusst als bewusst. Die Einsichten, die ich den Reichen durch meinen Schalk vermittelte, begriff ich selbst erst im Knast. Dort hatte ich Muße zum Lesen. Vorher kannte ich all die Namen der großen Dichter und Denker ja nur vom Hörensagen. Aber neulich abends las ich bei Nietzsche, in *Menschliches, Allzumenschliches:*

»Bei allen Betrügern ist ein Vorgang bemerkenswert, dem sie ihre Macht verdanken. Im eigentlichen Akte des Betrugs, unter all den Vorbereitungen, dem Schauerlichen in Stimme, Ausdruck und Gebärden, Kunst und Schauspiel, inmitten der wirkungsvollen Szenerie überkommt sie der Glaube an sich selbst: Dieser ist es, der dann so wundergleich und bezwingend zu den Umgebenden spricht. [. . .] Selbstbetrug muss da sein, damit diese und jene großartig wirken. Denn die Menschen glauben an die Wahrheit dessen, was ersichtlich geglaubt wird.«

Da fühlte ich mich erst ertappt und dann gesehen.

Sie bezeichnen sich selbst als Geschichtenerzähler?

Kennen Sie den Witz von der alten Frau und dem Bankdirektor?

Nie gehört.

Darf ich nachschenken?

Ja, bitte.

Eine alte, wohl situierte Frau kommt zum Direktor ihrer Hausbank und schlägt ihm ein Geschäft vor: »Ich wette 25 000 Euro darauf, dass Ihre Eier eckig sind. Halten Sie dagegen?«

Der Bankdirektor überlegt angesichts der ungewöhnlichen Offerte einen Moment lang, willigt dann aber ein. Bonität hat die Dame, und die Form seiner Eier ist eindeutig.

An einem festgesetzten Vormittag erscheint die alte Dame mit ihrem Rechtsanwalt im Büro des Bankdirektors, um die Wette einzulösen. »Entschuldigen Sie, aber der Form halber muss ich Sie nun bitten, sich mal freizumachen.«

Der Bankdirektor tut, wie ihm aufgetragen.

»Dürfte ich mal tasten?«

Der Bankdirektor nickt zögerlich und sieht dabei, wie der Rechtsanwalt sich die Faust an den Kopf schlägt. »Geht es Ihrem Begleiter nicht gut?«

»Tja, mit ihm habe ich um Hunderttausend gewettet, dass ich Ihnen morgens um zehn an die nackten Eier greife.«

Nach dieser Logik funktionierten die meisten meiner Geschichten. Mach das Absurde noch absurder, und die Wahrscheinlichkeit, dass man es für bare Münze nimmt, wird größer. Da meine Legenden ohnehin abenteuerlich genug waren, konnte ich sie jederzeit aus dem Stegreif ergänzen. Die Geschichten flogen mir nur so zu, auch wenn ich mich immer bemühte, so dicht wie möglich an der Wahrheit zu bleiben.

Sie wurden also wie die meisten Menschen Opfer Ihres Erfolgs?

Meine Legenden führten schließlich ein Eigenleben. Etwas, das zunächst eine klare Lüge ist, verwandelt sich umso mehr in Realität, je mehr Menschen es gibt, die dieses Etwas für Wahrheit halten. Am Ende erscheint die Lüge als Wahrheit, weil sie etwas bewirkt hat, das die nackte Wahrheit nie hätte bewirken können. Als ich diesen Mechanismus entdeckt hatte, fühlte ich mich in maßloser Verblendung wie ein unzerstörbares Wesen, das die Schaltstellen der Macht auf Knopfdruck bewegen kann. Ich war der Größte! Wie meine Anleger konnte ich das Geld sehen, riechen, schmecken. Das große Vermögen, von dem alle Reichen dieser Erde träumen, es war zum Greifen nah. Nur auszahlen konnte ich es nicht! So bekam ich etwas von den Kunden, von dem sie glaubten, dass sie es durch mich bekämen: Geld. Kofferweise schleppten sie mir ihre milden Gaben hinterher, auf dass ihre Mildtätigkeit beim großen Geldgott belohnt würde. Und ich hatte den Dauerstress der Umverteilung, denn ich brauchte ja auch immer mehr Geld, um ständig alte Löcher zu stopfen und meine Versprechungen wenigstens zum Teil zu halten. Bis dann die Löcher sich zu einem einzigen Riesenloch verbanden, das mich verschlang.

Wie sehen Sie Ihre Zeit im Gefängnis?

Bevor ich mit der Justiz in Kontakt kam, hatte ich die naive Ansicht, Richter, Staatsanwälte, Präsidenten, Justizminister, Bürgermeister, und was der ehrenwerten Ämter mehr sind, wären objektive Vertreter des Rechts, frei von privaten Obsessionen und egoistischen Bestrebungen. Ich glaubte wie alle einfachen Menschen an Recht und Gerechtigkeit und rechnete nicht mit den Menschen, die sie walten lassen – nach ihrem ganz eigenen Verständnis von Recht und Vergeltung. Das Recht ist ebenso biegsam wie das Geld beweglich, wenn man weiß, welche Hebel man bewegen muss. Mein praktisches Studium von Recht und Gerechtigkeit hat mich gelehrt, dass nur bestimmte Straftatbestände verfolgt werden, und Sünden, die von den Organen der Rechtspflege begangen werden, sind schwer zu korrigieren. So genießen alle, die Recht sprechen oder Recht durchsetzen, unausgesprochene Narrenfreiheit oder Immunität. Das ist in Südafrika nicht anders als in Deutschland.

Ich musste ins Gefängnis, um zu fühlen, was ich meine Mitmenschen hatte fühlen lassen. Ich musste dort der Mensch werden, der ich heute bin, innerlich gewachsen, weniger abhängig von materieller Zuwendung und bereit, für meine Handlungen Verantwortung zu übernehmen. Ich musste meinem Schicksal begegnen, und dafür bin ich dankbar. Man kann nicht vor seiner eigenen Vergangenheit weglaufen, die Wahrheit holt einen ein, ob im Knast oder im Sarg.

Wie sehen Sie Ihre Zukunft?

Ab jetzt geht es ehrlich weiter. Als passionierter Koch werde ich, wenn mir jemand eine Anschubfinanzierung gibt, mein eigenes kleines Restaurant eröffnen: »Zum lustigen Gläubiger« hieße es, auf der Speisekarte stünde statt Gulaschsuppe »Konkurssuppe«, statt Filetsteak »Auslieferungssteak«. Dort würde ich alle meine Erinnerungen an die Wand kleben – die Einladungskarten von Herrn Mandela zu seinen Veranstaltungen, Bilder meiner Villen und Autos sowie Zeugnisse aus meinen Prozessen. Kunden, die bei mir verloren haben, dürften einmal die Woche umsonst essen. So kämen wir alle billig davon und hätten uns noch manchen schönen Schwank zu erzählen.

Nach dem Knast geht es ab nach Berlin, denn in Hamburg bin ich zu bekannt. In Kreuzberg wohnen so viele Überlebenskünstler, dass es auf einen mehr oder weniger nicht ankommt. In mir ist die tiefe Sehnsucht nach einem unspektakulären Leben, in dem ich sein kann, wie ich will, und nicht sein muss, wie andere mich haben wollen. Ein Leben im Luxus jenseits des Luxus. Ein gutes Glas Wein trinken, ins Kino gehen, kochen, lesen, schreiben, malen, basteln, in der verknautschten Cordhose die Magie der Momente genießen. That's it. Eine Landung zum Zwischenstopp, zum Abschnallen und Auftanken.

Dank

Zuallererst danke ich dafür, dass ich im Gefängnis, der härtesten Zeit meines Lebens, die Bedeutung des kleinen Wörtchens »Danke« verstehen und schätzen lernte.

Ich danke meinen Kindern für all ihre Liebe und ihr Lächeln ebenso wie für die vielen Briefe und selbst gemalten Bilder.

Danke an meine Rechtsanwälte Frau Dr. Ines Woynar und Herrn Dr. Langrock, auch für die moralische und freundschaftliche Unterstützung.

Danke an Herrn Dr. Gerhard Strate und Frau Leonore Gottschalk-Solger, die mir während meines Prozesses im Auslieferungsverfahren zur Seite standen. Danke an Letztere auch dafür, dass sie sich während meiner Haftzeit um meinen ältesten Sohn kümmerte.

Danke an Paul, Dieter, Anton, Tanja, Jonny, Dirk, Gerd, Miltyn, Michael, Piet, Mary, Bernd, Werner, Skalk und an die vielen Rechtsanwälte und Advokaten, deren Erwähnung den Rahmen dieser Danksagung sprengen würde.

Danke an meine Richter Herrn Dr. Schudt, Graf Finkenstein, Frau Wölk, Oberstaatsanwalt Dr. Meine, Richter Haage und all die anderen, die objektiv und im Sinne des Rechts gesprochen haben.

Danke an meinen besonderen Freund, dessen Namen ich nicht erwähnen darf.

Danke an Heiner, der mich in der Haftzeit besucht hat, obwohl es aufgrund der Vergangenheit nicht selbstverständlich war.

Danke an Günter, der mir das Zeichnen beibrachte und immer Zeit für ein Gespräch hatte.

Danke an meine Anstaltsleiter, Abteilungsleiter und Abteilungsleiterin, Vollzugsleiter und Vollzugsleiterin. Danke an die Stationsbeamten, die mich als Mensch behandelten.

Danke an den Pfarrer und den Seelsorger, die mich mit guten Gesprächen durch manchen Tag begleiteten.

Danke an meine Schwester, die mich treu besuchte und immer ein liebes Wort für mich fand.

Besonderen Dank an Gerhard, der mir Grünkohl und Leberwurst nach Kapstadt brachte.

Danke an all die Menschen, die mir schrieben und mir eine zweite Chance geben möchten.

Zu guter Letzt: Dank an meine Exfrau, auch Muckel genannt, für unsere drei wunderbaren Kinder. Und für die Liebe und Aufmerksamkeit, die sie mir viele Jahre lang schenkte – und eines Tages vielleicht wieder schenken wird.

Oliver Schröm

Gefährliche Mission

Die Geschichte des erfolgreichsten
deutschen Terrorfahnders

ISBN 3-502-15016-8

Seine Existenz ist geheim.
Selbst im Bundeskriminalamt wissen nur eine Hand voll Personen, was er wirklich macht. Auf Kommando schlüpft er in eine andere Identität, die ihm über die Jahre zur zweiten Natur geworden ist. Richard Böttcher kam dem berüchtigten Carlos auf die Spur, deckte die Wahrheit über die dritte RAF-Generation auf und verhinderte Anschläge von Terrororganisationen.

Dem preisgekrönten Autor Oliver Schröm hat der »Mann für gefährliche Missionen« die Hintergründe und Abläufe bislang streng geheim gehaltener internationaler Antiterror-Operationen offenbart.

Scherz